JESUS

God's Way of Healing & Power to Promote Health

by
Wilford H. Reidt

Harrison House
Tulsa, Oklahoma

존 G. 레이크 박사의 기적 사역

예수
치유의 길
건강의 능력

윌포드 H. 리트 지음 | 김진호 옮김

믿음의 말씀사

JESUS
God's Way of Healing & Power to Promote Health

Copyright ⓒ 1981 by Wilford H. Reidt
Published by Harrison House
P.O.Box 35035, Tulsa, Oklahoma 74135
Printed in the United States of America
All Rights Reserved
ISBN 0-89274-197-×

2010 / Korean by Word of Faith Company, Korea.
Translated and published by permission
Printed in Korea.

예수 - 치유의 길 건강의 능력

1판 1쇄 인쇄일 · 2010년 6월 17일
1판 1쇄 발행일 · 2010년 6월 19일

지 은 이 윌포드 H. 리트 지음
옮 긴 이 김 진 호
발 행 인 최 순 애
펴 낸 곳 믿음의 말씀사
주   소 경기 용인시 기흥구 마북동 320-2 엔젤빌딩 3층
전화번호 (031) 8005-5483 / 5493   FAX : (031) 8005-5485
홈페이지 http://faithbook.kr
출판등록 제68호 (등록일 2000. 8. 14)

ISBN 89-90836-89-1 03230
값 11,000원

본 저작물의 한국어판 저작권은 Harrison House와의 독점 협약으로 '믿음의
말씀사'가 소유합니다. 저작권법에 의해 한국 내에서 보호를 받는 저작물이므로
무단 전재와 복제를 금합니다.

목 차

역자 서문		6
감사의 말		8
머리말		9
제 1 장	이 책의 목적	11
제 2 장	하나님께서 언제나 치유하시는가?	27
제 3 장	하나님께서는 왜 치유하시나?	63
제 4 장	하나님은 항상 치유하시는가?	73
제 5 장	하나님께서는 어떤 방법들로 치유하시나?	85
제 6 장	무엇으로 고통을 받는가?	95
제 7 장	징계와 질병	109
제 8 장	보호	119
제 9 장	신성한 건강	135
제10장	이 땅에서의 삶은 얼마나 긴가?	147
제11장	특별한 고려 사항들과 반대 의견들	153
제12장	왜 그리스도인이 병에 걸리는가? 치유받기 위해 무엇을 해야 하는가?	187
제13장	치유의 강	217
제14장	생명을 나눠주는 방법론	233
제15장	몸의 치유에 대한 성경의 가르침에 대한 개관	277
제16장	너희는 왕들이니 다스려라	287

역자 서문

예수 그리스도의 구원은 우리가 새로운 생명과 본성과 능력을 가진 하나님의 자녀로 다시 태어날 수 있도록 하여 주셨습니다. 이제 하나님의 자녀의 신분에 따르는 권세와 기업의 풍성함을 누리는 것은 우리의 영적 지식과 성장에 달려 있습니다. 뿐만 아니라 예수님은 우리가 예수의 이름으로 할 수 있는 일을 말씀하셨습니다. "나를 믿는 자는 내가 하는 일을 그도 할 것이요 또한 그보다 큰 일도 하리니 이는 내가 아버지께로 감이라(요 14:12)."

가족들이 한 사람씩 질병으로 속수무책으로 죽어가는 것을 지켜보다가 마침내 하나님이 주신 믿음의 기도로 말미암아 암으로 죽어가던 누이가 살아나는 것을 보자 그에게는 새로운 영적 차원이 열렸습니다. 뿐만 아니라 젊었을 때 이미 일찍이 성공한 사업가로서 탁월한 능력을 발휘하며 살았던 사람으로서 그는 한 번 주님의 소명에 헌신하기로 결단하자 이 세상의 유혹이나 세상의 방법을 의지하지 않고 주님만 의지하는 믿음의 사역(Faith mission)은 자연스러운 일이었습니다. 이와 마찬가지로 한 번 하나님의 능력의 세계를 체험하게 되자 성공적인 사업가로서 기업을 성장시키며 이윤을 남기는 것처럼 신유 사역도 그에게는 그렇게 자연스러운 것이었습니다.

믿음으로 선교 사명을 수행하기 위하여 남아공으로 가서 그 곳에서 그를 통하여 성령이 하신 역사는 그가 남긴 현장에서 기록한 일기와 전해진 설교문 등을 통해 후대에 전해졌습니다. 그러나 아깝게도 그가 주님의 사역에 전념하여 전도의 현장에 나가 있던 어느 날 돌아와 보니 그의 동역자였던 아내는 죽어 있었습니다.

그 후에 미국 스포케인으로 돌아와서 시작한 그의 사역은 아프리카 선교지나 미국의 도시나 장소와 사람에 관계없이 같은 열매를 맺음을 보여 주었습니다. 그의 좋은 제자였고 또한 사위였던 윌포드 리트는 그의 가장 활동적인 미국에서의 사역을 가장 가까이서 지켜보며 이 놀라운 사역의 비밀을 깨닫고 이렇게 귀한 책으로 우리에게 전해주었습니다.

우리 모두 신약의 사도들이 전하였고 레이크가 전했던 그 복음을 믿고 똑같은 성령님의 도구가 되어 주님이 원하시는 곳에서 주님의 도구로 그분의 지체로 마음껏 사용되도록 하는 데 이 책이 큰 도움이 되기를 간절히 간구합니다.

끝으로 초벌 번역에 나와 함께 수고해 준 예닮교회의 일꾼들 노경아 간사와 나의 딸 폴라 그리고 문서 선교 사역의 중요한 동역자인 믿음의말씀사 박혜영 실장에게 감사하고 싶습니다.

2010년 6월 8일

김 진 호
예닮교회 담임목사 · 예수선교사관학교 교장

감사의 말

먼저, 제가 이 책을 쓸 수 있도록 영감을 주고 교정해주고 발전시키고 이 책 내용을 타자로 쳐준 제 아내 거트루드에게 제 감사를 표현하고 싶습니다.

책의 내용을 발전시킨 많은 아이디어들은 리차드 테데스키 덕분입니다. 이 아이디어들이 이 책을 쓰는데 사용되었습니다. 그에게 감사드립니다.

고(故) 고든 린지님께도 존 G. 레이크 박사님의 사역에 관한 그의 책, 『존 G. 레이크 설교문』, 『존 G. 레이크의 설교문 신판』, 『아프리카의 사도 존 G. 레이크』에서 발췌하고 아이디어를 사용할 수 있도록 허락해주신 것에 감사드립니다. 그의 책들은 텍사스 댈러스에 위치한 "열방을 위한 그리스도(Christ For The Nations)"에서 출판되었습니다.

또 저의 장인어른인 고(故) 존 G. 레이크 목사님과 고(故) M. E. 모저 목사님의 사역에 대해 저의 감사를 표현하기 원합니다. 그분들의 사역을 통해 저는 값을 매길 수 없는 소중한 훈련과 지도를 받았습니다.

머리말

저는 오랫동안 하나님의 치유 방법과 하나님께서 주시는 건강에 대한 체계적인 소개가 필요하다고 느껴왔습니다. 몇 년 전에 저는 어떤 성경학교에서 신유(Divine Healing)에 관한 과목을 가르쳐달라는 부탁을 받았습니다. 더불어 학생들에게 나누어줄 수 있는 요약문 형식으로 강의를 준비해달라고 부탁 받았습니다. 이 책은 그 요약문의 포괄적인 뼈대에서 비롯된 산물입니다.

오늘날 우리는 배울 것을 선택할 수 있습니다. 신자들 사이에 교통할 수 있는 연락망이 너무나 많은 오늘날에는 배우기가 훨씬 쉽습니다. 언제쯤 핍박의 폭풍이 일어나서 이 연락망들이 불가능하게 만들 날이 올까요? 어떤 나라에서는 이미 핍박의 폭풍이 경배의 자유를 잃게 하였습니다. 의학 치료도 거절되거나 받을 수가 없습니다. 많은 사람들이 하나님의 놀라운 치유의 방법을 몰라서 죽었습니다. "내 백성이 지식이 없으므로 망하는도다"(호 4:6)

지금 예수님의 삶과 가르침과 사역을 통해 다져진 원리들을 배우고 행동으로 옮기기로 선택하는 사람들은 폭풍이 올 때에 어려움이 더 적을 것입니다. 폭풍의 때가 더 젊은 세대가 성장하기 전까지는 일어나지 않는다고 가정합시다. 그들은 탁월한 훈련을 받게 된 것을 감사해하지 않겠습니까?

제 의도는 의료 행위를 폄하하려는 것이 아닙니다. 의료 행위는 아담의 대반역으로 인해 인류에게 임한 곤경에서 스스로 빠져 나가기 위한 최선의 노력입니다. 저는 하나님의 더 나은 방법을 소개하고 싶을 뿐입니다. 하나님께서는 그분의 천지 만물 안으로 들어온 이 재앙을 상대하기 위한 자신만의 길을 선택하셨습니다. 그분의 길이 최고입니다. 저는 다만 성도들에게 이미 주어진 믿음과 그 믿음의 원리에 헌신할 것을 주장하고 있을 뿐입니다.

성령님의 인도를 통해 저는 제 영혼 안에서 특정한 사실들을 명확히 정리했고, 이 사실들이 믿음 안에서 총명하게 세워지고 하나님의 방법대로 치유를 행하는 사람들을 만들어내는 데 도움이 될 줄 믿습니다. 이 업적을 시대에 맞게 소개하기 위해서, 이 책에서 사용되는 해방과 보호의 실례들은 두 개를 제외하고 모두 21세기에 일어난 기적들입니다.

그러므로 이 책의 주된 목적은 그리스도 안에서 하나님께서 제공하신 가능성들이 무엇인지 기독교 공동체에 소개하기 위함입니다. 하나님께서는 모든 신자들의 삶속에 가능성들이 있기를 원하십니다.

제 1 장

이 책의 목적
The Objectives

당신은 기적이 무엇인지 아십니까? 기적은 하나님께서 그분의 영역 즉 믿음의 영역에서 나와 인간의 영역 즉 지성의 영역으로 내려오시어, 그분의 영역에서는 정상적인 일들이지만 인간의 영역에서는 비정상적인 일들을 행하시는 것입니다. 기적은 하나님께서 이 세상의 일반적인 질서에 개입하셔서 초자연적인 방법이나 능력으로 어떤 필요를 채우시는 것입니다.

제 이름은 카터 부인이고 제 남편은 시 경찰국 소속입니다. 중년의 나이가 되어 제 자신이 더 이상 엄마가 될 수 없는 시기가 가까워지고 있다는 것을 발견했을 때, 저는 엄마가 되기를 간절히 원했습니다. 그러니 엄마가 되었다는 징조들이 나타나기 시작했을 때 저와 제 남편이 얼마나 기뻐했을지 이해하실 수 있을 것입니다. 시간은 너무나 더디게 흘렀습니다. 저는 남편에게 우리 아이를 보여주고 함께 확인할 그 날을 너무나 열망했습니다. 오, 너무나 아름다운 날들이었습니다. 새로운 가족을 위해 해야 할 준비는 이미 마쳤습니다. 저는 자수가 새겨진 작은 아이 옷 하나하나를 끌어안고 얼마나 입을 맞추었는지 모릅니다. 의사와 간호사는 제 출산 준비로 분주하였고, 우리는 기다리고 또 기다렸습니다. 그러나 결국, 너무나 뜻밖에도 자연적인 출산 시기가 지나버렸고, 우리의 기대는 이루어지지 않았습니다. 모든 것이 잘못되었다는 두려움으로 우리는 정밀 검사를 받았습니다. 의사 선생님이 이렇게 말했을 때 저의 공포를 상상해 보십시오. "이건 아기가 아니라 종양입니다." 저는 그 말을 믿을 수 없어서 다른 의사 선생님에게 갔지만, "섬유 종양입니다."라는 말만 들어야 했습니다. 그 후, 저는 저의 개인 간호사와 함께 여러 의사를 전전하며 일곱 명을 만났고, 모두가 저를 진찰하고는 똑같은 끔찍한 판정을 내렸습니다. "이것은 진행성 섬유 종양입니다."

결국 14달이 지나고 제 덩치는 엄청나게 커졌습니다. 의사들은 제 종양이 15파운드(≒7kg) 정도 될 것이라고 추정했습니다. 괴로워서 간호사에게 애원했더니 그녀가 말했습니다. "저와 함께 복음 사역자 레이크 목사님을 만나러 갑시다. 제 친구들이 그가 아픈 사람들을 위해서 기도하면 치유된다고 했어요. 주님께서 당신을 치유하신다면 당신이 수술을 할 필요가 없이 질 수도 있습니다." 우리는 목사님을 뵈러 갔습니다. 레이크 목사님은 우리를 친절하게 맞아 주었습니다. 저는 제 상태를 말했고 그분은 저에게 손을 얹고 기도하셨습니다. 오, 그 기도는 제가 들어보았던 어떤 기도와도 달랐습니다. 그분의 영이 다스림으로 일어나, 그 종양을 예수 그리스도의 이름과 능력으로 꾸짖었습니다. 그 즉시 저는 고통이 완화되는 느낌을 경험하였고, 끔찍한 압박과 목을 조르는 것 같은 느낌은 서서히 사라졌습니다. 저는 하나님께서 저를 치유하셨다는 확신을 가지고 그 방을 떠났습니다.

레이크 목사님은 제게 완쾌 될 때까지 매일 다시 오라고 지시하셨습니다. 저는 다음날에도 가고 그 다음날도 갔습니다. 그러다 마침내 그 영광스러운 날이 왔습니다. 그날은 목요일이었고 레이크 목사님은 낮 2:30에 신유 집회를 인도하셨습니다. 집회가 진행되면서 그곳에 있던 많은 사람들이 일어나서 하나님께서 예수 그리스도를 통하여 그들을 어떻게 치유하셨는지를 간증하였습니다. 집회를 마치고 쇠약한 자, 저는 자, 절뚝거리는 자, 눈먼 자 등 아픈 사람들은 치유사역을 위해 기도실로 들어갔습니다. 마치 예수님의 공생애 중 한 장면 같았습니다. 마침내 제 차례가 되었습니다. 레이크 목사님과 그의 비서 그레이엄 부인이 저에게 손을 얹고 기도하였습니다. 하늘의 능력이 제 안에 전류처럼 부어졌습니다. 제 몸은 발끝까지 짜릿한 느낌이 들었습니다. 저의 모든 고통은 사라졌습니다. 저는 집에 돌아가 그날 밤 푹 잤습니다. 다음날 아침 저는 늦게 일어났습니다. 오, 어떻게 하면 여러분이 이것을 이해하실 수 있을까요? 저는 놀라움을 금치 못하며 제 자신을 바라보았습니다. 제가 꿈을 꾸고 있는 것이었을까요? 제가 미친 것이었을까요? 절대로 그렇지 않았습니다. 저는 화장실로 가서 차가운 물에 목욕을 했습니다. 정말로 제가 치유를 받고 그 끔찍한 종양이 정말로 사라진 것이었을까요? 네,

오, 네, 그것이 사실이었습니다. 저는 급히 옷을 입었습니다. 이제 제 허리 치수가 정상으로 돌아와서 옷들이 전부 너무 컸습니다. 저는 즉시 "치유의 방(The Healing Room)"[1]으로 갔습니다. 레이크 목사님이 언제나와 같이 침착하고 기쁜 태도로 저를 맞아 주셨습니다. 하나님께서 행하신 일을 보신 순간, 레이크 목사님은 말씀하셨습니다. "전부 사라졌군요. 하나님을 찬양합니다. 예수님께서는 여전히 치유하시는 분이십니다." 목사님께서 물으셨습니다. "무언가가 배출되었나요?" 저는 대답했습니다. "아니에요. 그냥 사라졌습니다."

이제 저를 보십시오. 저는 건강합니다. 그리고 그 이후로 저는 예수 그리스도께서 저를 죄에서 구원하신 분이시라는 것을 발견하였고, 그분은 성령으로 저를 침례 하셨습니다. 이것이 제 얼굴에서 빛이 나는 이유입니다.

제가 이 책에서 사용하는 실례들은 대부분 저의 장인어른이신 존 G. 레이크 목사님의 사역에서 있던 기적들 중에 선택된 것입니다. 어떤 문장이나 문단 끝에 별표(*)가 나오면, 그 내용은 그분의 설교 요약문에서 나온 것입니다. 이것이 많은 주석을 사용하는 것을 피할 수 있는 길입니다. 제기 그분의 사역에서 예들을 고른 이유는 그분과 저의 관계 때문이 아니라, 1935년

---

1) 존 G. 레이크 목사가 운영한 치유 센터의 이름 (역자 주)

도에 사역을 마치고 돌아가시기까지 그분께서 사역에 신실한 분이심을 알았기 때문입니다. 그의 사역을 통하여 수천 명이 치유되었습니다.

이 책을 쓴 목적들 중 하나는 믿음이 사람을 얼마나 높이 데려갈 수 있는지와 그리스도 안에서 성취할 수 있는 가능성들을 나타내고 설명하기 위함입니다. 하나님에 대한 믿음이 당신을 얼마나 먼 곳까지 데리고 갈 수 있을까요? 예수님께서 말씀하셨습니다, "… 너희가 못할 것이 없으리라"(마 17:20). 그러므로 우리 앞에 놓인 일은 예수 그리스도 안에서 가능한 일입니다. 바울은 자신이 육체 가운데 사는 것은 하나님의 아들의 믿음[2]으로 사는 것이라고 했습니다(갈 2:20). 믿음은 하나님의 선물이며 당신이 받는 믿음의 분량은 하나님께서 주시는 것을 얼마나 허락하느냐에 달려있습니다. 하나님께서는 불가능한 일을 할 수 있는 믿음을 주실 것입니다. 예수님께서 말씀하셨습니다. "… 나를 믿는 자는 내가 하는 일을 그도 할 것이요 또한 그보다 큰 일도 하리니 …" (요 14:12). 그러므로 우리 앞에 놓인 이 일은 지나치게 이상적인 것이 아닙니다. 믿는 자라면 달성할 수 있는 일입니다.

---

[2] 한글성경에는 "… 하나님의 아들을 믿는 믿음 안에서 사는 것이라"라고 번역했으나, 영어킹제임스성경(KJV)에서는 "… I live by the faith of the Son of God" 즉, **하나님의 아들의 믿음**으로 산다고 적고 있다. (역자 주)

그리스도인의 승리에 대한 예들을 생각하면, 저는 전에도 자주 나누었던 어떤 사역자의 예가 떠오릅니다. 그분은 위대한 분이었습니다. 그의 심령 안에는 그리스도의 통치에 대한 강렬한 의식이 있었습니다.

저는 한번은 그분이 빈민가의 죽어가는 남자의 연락을 받아가는 길에 동행했습니다. 늦은 밤이었습니다. 그의 반짝이는 눈과 그의 영의 빛나는 섬광을 보는 것은 제게 항상 즐거운 일이었습니다. 같이 거리를 걸어가면서 저는 그에게 물었습니다. "이 남자의 상태에 대해서 아는 것이 있으십니까?"

그가 말했습니다. "그는 지금 극심한 고통을 겪고 있고 죽을 가능성이 높다고 들었습니다. 그러나 그는 죽지 않을 것입니다."

저는 "아멘."이라고 말했습니다.

그가 영혼으로 지배력을 의식함으로써, 그의 영으로부터 굉장한 자신감이 터져 나왔습니다. 저는 그날 밤 이렇게 혼잣말을 말했습니다. "오늘 밤은 어렵지 않을 거야. 저 친구는 그의 영혼 안에 이미 승리를 가지고 있어." 마침내 우리는 그 남자 옆에 무릎을 꿇고 앉았고, 제 친구는 그에게 손을 얹고 전능하신 하나님께 그 남자를 해방시켜달라고 했습니다. 그때 저는 그의 영의 그 섬광을 느꼈고, 자리에서 일어나기 전에 그 남자가 치유된 것을 알았습니다. 그리고 그는 치유되었습니다.*

사랑하는 여러분, 저와 당신은 이미 정복된 원수 앞에서 머리를 숙여왔습니다. 우리는 믿음이 부족함으로 말미암아 그리스도께서 주인 되심을 이해하지 못했습니다. 그러나 하나님의 은혜로 우리 주 예수 그리스도의 얼굴을 바라보기로 도전하는 자는 지금 하나님의 그리스도께서 행사하고 계신 신성한 통치를 그의 영혼 안에서 알고 있습니다.*

축복 받은 사람들을 통해 하나님의 능력이 나타나는 것은 당신이나 저에게만 해당되는 개인적인 일이 아닙니다. 이는 하나님의 능력이 어떤 위급 상황에서나 동일하며 모든 영혼을 억눌림으로부터 해방시키기에 충분하다는 것을 당신과 나에게 알도록 하는 성령으로 인하여, 부활하시고 살아계시고 우리의 심령 가운데 거하시고 계신 하나님의 아들의 임재를 의식하는 것입니다.*

또 하나의 목적은 우리 하나님 아버지의 뜻을 아는 것입니다. 가정 안에서 아들은 아버지의 뜻을 잘 압니다. 어떤 것들은 항상 아버지의 뜻에 맞는 것이 확실합니다. 그러나 어떤 것에 대해서는 아들이 아버지의 뜻이 무엇인지 확신하지 못하여서 물어봐야 할 때도 있습니다. 그리고 **어떤 경우에라도** 절대 아버지의 뜻이 아닌 것들도 있습니다. 이는 하나님의 아들들도 마찬가지입니다. 우리는 "모든 신령한 지혜와 총명에 하나님의 뜻을 아는 것으로 채우게" 해야 합니다(골 1:9). 질병에 관한 하나님의 뜻을 발견하는 것은 믿음과 자신감을 세워줄 것입니다.

저는 가끔 저희 누님의 치유만큼 제 삶 속에서 하나님의 대한 믿음과 영혼의 결단을 불러낸 상황은 없다고 생각합니다. 제 누님들 중 한 명은 저와 어릴 때부터 단짝 친구였습니다. 그녀는 저보다 나이가 조금 많았습니다. 그리스도께서 치유자이시라는 비전이 이제 막 저의 영혼에 열린 때였습니다.

그녀는 혈액병으로 죽어가고 있었습니다. 어머니께서 어느 날 밤 저에게 전화를 해서 말씀하셨습니다. "존, 만일 누나가 살아 있는걸 보고 싶다면 지금 당장 와야 해." 제가 도착했을 때 어머니께서 말씀하셨습니다. "이미 너무 늦었어. 네 누나가 죽었어." 저는 침대 곁으로 다가가 그녀의 이마에 손을 얹었습니다. 그녀는 죽은 듯이 차가웠습니다. 손을 심장에 얹었을 때 그녀의 심장은 뛰고 있지 않았습니다. 저는 작은 거울을 집어서 그녀의 입 위에 들고 있었지만 거울의 색깔이 변하지 않았습니다. 그녀는 숨을 쉬고 있지 않았습니다. 저는 멍하니 서있었습니다. 매형은 침대 앞에서 무릎을 꿇고 흐느껴 울고 있었습니다. 조카는 방의 반대편에 있는 아기 침대에 누워 자고 있었습니다. 연로한 아버지와 어머니는 침대 옆에서 무릎 꿇고 울고 계셨습니다. 그들은 자녀 여덟 명이 죽는 것을 보았고 그녀가 아홉 번째가 된 것이었습니다. 제 영혼은 폭풍 가운데 있었습니다.

몇 주 전만 해도 제 아내가 거의 죽을 뻔 했다가 치유되었습니다. 몇 주 전만 해도 제 동생은 22년간 병으로 누워 있다가 치유되었습니다. 바로 얼마 전에는 가슴에 다섯 개의 암을 발견하고 다섯 번이나 수술한 후 죽도록 돌려보내졌던 누님이 치유되었습니다. 저는 누님을 바라보며 말했습니다. "하나님, 이것은 하나님의 뜻이 아닙니다. 저는 이것을 받아들일 수 없습니다. 이것은 어둠과 마귀의 뜻입니다."

저는 이 사실을 발견했습니다. 때로 당신의 영이 다른 사람의 영을 붙잡을 때에 그 사람은 당신을 떠날 수 없습니다. 어떻게 그랬는지는 모르겠지만 저는 제 영이 누님의 영을 붙잡고 있음을 느낄 수 있었습니다. 저는 기도했습니다. "사랑하는 주님, 그녀는 갈 수 없습니다." 저는 한동안 사방을 걸어 다녔습니다. 제 영은 제가 도움을 구할 수 있는, 하나님을 믿는 누군가를 구하며 울부짖고 있었습니다. 누님의 방을 걸어 다니면서 저는 이와 같은 믿음을 가지고 있는 사람을 단 한명 떠올릴 수 있었습니다. 그는 600마일 떨어진 곳에 계신 존 알렉산더 도위였습니다. 저는 우체국에 전화를 해서 도위 씨에게 전보를 부치고 싶다고, 그리고 최대한 빨리 답을 받아야 한다고 말했습니다. 저는 이런 답을 받았습니다. "하나님을 붙잡으십시오. 제가 기도하고 있습니다. 그녀는 살 것입니다."

전보를 통해 그분의 믿음의 힘이 전해져 왔고, 제 영혼 안에는 번개가 일어나고 빛이 났습니다. 저는 기도했습니다. "이런 지옥의 일은 일어날 수 없다. 나는 예수 이름으로 죽음과 질병을 폐하며, 그녀는 살 것이다." 기도를 마치면서 저는 눈을 침대로 돌렸고 그녀가 눈을 깜박이는 것을 보았습니다. 그러나 저는 너무 지친 나머지 이렇게 말했습니다. "내가 헛것을 봤나보다." 그녀의 남편이 일어나 그녀의 머리 가까이로 조심스럽게 다가가는 것을 보았을 때야, 저는 그도 그것을 보았음을 알았습니다. 저는 말했습니다. "피터, 무슨 일인가요?" 그는 대답했습니다. "아내가 눈을 깜박이는 걸 봤다고 생각했어요." 그리고 바로 그때 두 눈이 깜박였습니다. 닷새 후에 그녀는 아버지의 집에 옴으로써 레이크 가(家) 사람들은 모두 앉아서 크리스마스 만찬을 먹을 수 있었고, 난생 처음으로 모두가 건강했습니다.

이 책의 또 하나의 목적을 로마서 2:4에서 찾을 수 있습니다. "네가 하나님의 인자하심(goodness)이 너를 인도하여 회개하게 하심을 알지 못하여 …" 하나님의 선하심(goodness)이 사람들로 하여금 회개하도록 인도하십니다. 예수님의 치유사역이 바로 그 선하심을 나타내신 것입니다. 베드로와 요한이 기도하려고 성전으로 갔을 때 그들은 절름발이가 성전 미문 앞에서 구걸하는 것을 보았습니다. 그들의 사역을 통해 그 남자는 완전히 온전해졌습니다. 그 사람을 향한 하나님의 선하심은 5,000명이 회개하는데 도구로 쓰였습니다(행 3장, 4:4). 동일한 하나님의 선하심이 금세기 20년대 초에 있었던 다음의 예에서도 여전히 나타나고 있습니다.

저, 로이 퍼거슨은 이곳에서 하나님을 찬양하며 저는 건강하고 완전히 치유되었습니다. … 저는 지난 1월 7일에 스물아홉 살이 되었고 오레곤 세일렘 775번지 남쪽 13번가에 거주하고 있었습니다. 산업 보험 위원회에서 회계 장부 담당자로 있을 때 저는 심각한 질병을 앓게 되었고 뼈 결핵 진단을 받았습니다. 의사들은 질병이 제 몸에 얼마나 피졌는지를 확인하려고 제 왼쪽 다리를 허벅지 가까이까지 절단했습니다. 아무 소용없는 수고였습니다. 그 질병은 제 척추에도 나타났고 네 개의 척추골이 영향 받고 분해되고 있었습니다. 저는 그 이후로 깁스를 하게 되었고 고통은 끔찍했습니다. 저는 오레곤 포틀랜드 129번지 4번가에 위치한 레이크 선생님의 신유 협회에 오게 되었고 제 기도에 대한 응답으로 수년간 겪었던 고통은 끝났습니다. 저는 이제 완벽히 건강하고, 빠른 속도로 살이 붙으며, 그분의 구원과 치유의 능력으로 인해 지속적으로 하나님을 찬양하고 있습니다 …

치유된 후, 로이는 그의 심령을 하나님께 드렸고 성령 침례를 받았습니다.

또 다른 목적은 그리스도인의 삶 속에서 고통을 주는 두려움을 폐지시키기 위함입니다(요일 4:18). 말씀을 아는 것과 하나님의 사랑을 아는 것과 하나님의 약속들을 아는 것과 그분이 말씀 그대로의 하나님이심을 아는 것이 두려움을 끝냅니다. 예수님께서 "두려워하지 말라"라고 몇 번이나 말씀하셨는지 보십시오. 예수님께서는 사람들을 두려움으로부터 해방시키기 위하여 두려움의 원인들을 들춰내시고 해결책을 제공하셨습니다.

예를 들어, 죽음에 대한 두려움을 봅시다. "자녀들은 혈과 육에 속하였으매 그도 또한 같은 모양으로 혈과 육을 함께 지니심은 죽음을 통하여 죽음의 세력을 잡은 자 곧 마귀를 멸하시며 또 죽기를 무서워하므로 한평생 매여 종 노릇 하는 모든 자들을 놓아 주려 하심이니"(히 2:14-15). "사망이 쏘는 것은 죄요(The sting of death is sin)"(고전 5:16). "사망이 쏘는 것"은 예수 그리스도의 피가 그리스도인을 죄로부터 깨끗케 할 때 제거됩니다(요일 1:7).

"너희가 씻음을 받았고"(고전 6:11). 죽음은 "나의 장막[육체적 몸]을 벗는 것"입니다(벧후 1:14). "무릇 살아서 나를 믿는 자는 영원히 죽지 아니하리니"(요 11:26). 속사람은 영생을 지금부터 영원토록 가지고 있는 것입니다. "내가 그 둘 사이에 끼었으니 차라리 세상을 떠나서 그리스도와 함께 있는 것이 훨씬 더 좋은 일이라 그렇게 하고 싶으나"(빌 1:23, 고후 5:8도 보십시오). 그리스도는 생명을 나타내셨습니다. 그분은 생명을 가져오셨고, 그리스도인을 위해 죽음을 폐지하셨습니다(딤후 1:10). 그리스도인은 죄인으로 죽지 않습니다. 그리스도는 또한 우리에게 불멸을 나타내셨습니다. 구원을 위한 마지막 행동은 육체적 몸의 부활입니다(고전 15:51-55). 이 모든 과정 가운데 두려워할 것은 없습니다.

그리스도인은 죽음을 두려워하기 때문에 치유를 구하는 것이 아닙니다. 하나님께서 그를 위한 보호와 건강을 제공하셨기 때문입니다.

존 G. 레이크 목사님의 사역에서 한 예를 들 수 있습니다.

이제 생명의 법이 어떻게 작용하는지 보십시오. 믿음은 생명의 법에 속해있습니다. 믿음은 두려움의 정반대입니다. 믿음은 영과 혼과 몸에서 반대의 효과를 냅니다. 믿음은 사람의 영이 자신감을 갖게 합니다. 믿음은 사람의 생각에 쉼을 주고 긍정적이게 합니다. 긍정적인 생각은 질병을 쫓아버립니다. 결과적으로 성령이 발산되어 질병의 세균들을 파괴시킵니다.

그리고 우리가 생명의 성령을 소유하고 있기 때문에, 저와 한 젊은 네덜란드 친구는 나가서 선페스트(bubonic plague)로 죽은 많은 사람들을 묻었습니다. 우리는 그들의 가정을 방문하여, 시체들을 가지고 나가, 무덤을 파고 묻었습니다. 때로 우리는 한 무덤에 서너 명을 묻곤 했습니다. 그러나 우리는 전염병에 걸리지 않았습니다. 왜일까요? 왜냐하면 그리스도 예수 안에 있는 성령의 생명의 법이 우리를 보호했기 때문입니다. 그 법이 역사하고 있었습니다.

사람이 그의 의지로 하나님과 접촉했을 때 믿음은 그의 심령을 소유하게 되고 그의 자연적인 상태는 변화됩니다. 두려운 대신에 그는 믿음으로 충만합니다. 모든 것을 흡수하면서 자신에게 끌어당기기 보다는 그의 영은 아픔과 질병을 쫓아버렸습니다. 그리스도의 성령은 그 사람의 온 존재 안에 흐르고 그의 손과 심장과 그의 몸의 모든 모공으로부터 발산됩니다.[3]

이 연구의 또 다른 목적은 믿음을 세우고 의심을 소멸시키기 위함입니다. "믿음은 들음에서 나며 들음은 그리스도의 말씀으

---

3) 하나님의 성령이 신자를 위한 보호를 가져다줍니다. "너희를 해칠 자가 결코 없으리라"(눅 10:19). 신자를 위한 보호는 8장에서 더 포괄적으로 논의됩니다.

로 말미암았느니라"(롬 10:17). 하나님의 말씀을 아는 것은 의심을 소멸시킵니다. 예수 그리스도를 통해서 하나님께서 제공하신 인간의 (영, 혼, 육의) 완전한 구원이 이해될 때에 의심은 떠나야만 합니다. 예수님은 "마귀의 일들을 멸하러" 오셨습니다(요일 3:8). 의심은 마귀가 행하는 일들 중 하나입니다. 호세아 4:6에 하나님께서 말씀하셨습니다. "내 백성이 지식이 없으므로 망하는도다" 이 책의 목적은 말씀에 대한 체계적인 공부를 제공하여, 알기 원하는 사람은 누구든지 알 수 있게 하기 위함입니다. 모든 성경 말씀의 해석은 예수님의 삶과 사역에 근거하였습니다. 이는 그분 안에 있는 우리의 정체성의 관점에서 설명했습니다.

모든 그리스도인은 "각자가 거룩함과 존귀함으로 어떻게 자기 자신의 그릇을 소유하는가를" 알아야만 합니다(살전 4:4, 한글 킹제임스). 모든 그리스도인이 하나님의 치유의 능력에 대한 말씀을 알아야 할 의무가 생길 때가 올 것입니다. 핍박이 세상의 치유 방식으로부터 우리를 끊어놓을 때가 오고 있습니다. 그때는 어떻게 할 것입니까?

앎은 많은 불필요한 고통을 경감시켰고 사회가 수백만 달러를 절약하게 했습니다.

> 해롤드 루니는 워싱턴 밴쿠버 패어몬트가 2914번지에 사시는 조셉 레이몬드 부인의 손자이며, 일곱 살이라는 나이에 어릴

때부터 간질을 앓고 있었습니다. 그는 잦은 발작으로 말을 못하게 되었습니다. 그의 생각이 손상되었습니다. 의사들은 그를 위해서 아무것도 할 수 없다고 말했습니다. 그는 레이크 목사님의 치유의 방으로 오게 되었습니다. 기도를 드렸습니다. 간질 귀신이 쫓겨났습니다. 발작이 멈췄습니다. 그는 다시 말할 수 있게 되었고, 생각이 정상적으로 회복되었고, 급속도로 살이 붙기 시작했으며, 이제는 밝고 건강하고 행복한 소년의 모습으로 학교를 다니고 있습니다.

여러분, 하나님의 능력으로 인한 이 치료법이 당신에게는 어떤 가치를 가지고 있습니까? 이 치료법이 정신병원에서 평생 죄수로 살아야 하는 비용을 덜었습니다. 이 치료법이 나라에 부요함을 더할 한 생명을 사회 속으로 회복하였고, 한 시민을 회복하였고 한 가정과 가족을 포틀랜드라는 도시 안으로 회복시켰고, 하나님을 믿는 한 사람과 하나님 왕국의 한 그리스도인을 회복하였습니다.*

"베뢰아에 있는 사람들은 이것이 그러한가 하여 날마다 성경을 상고하므로"(행 17:11). 이 책의 도전이 바로 이것입니다. 당신이 이 책을 읽으면서 말씀을 상고하시고 여러분 스스로 이 책에서 소개되는 내용들이 그러한지를 보십시오.

제 2 장

하나님께서 언제나 치유하시는가?
Does God Ever Heal?

신유에 대한 간략한 역사
존 G. 레이크 목사 저

신유(Divine Healing)의 역사의 시작은 먼저 구약의 창세기에서 볼 수 있습니다. 신유는 하나님의 말씀에 사람이 기록된 것만큼이나 오래된 것입니다. 아브라함은 아비멜렉의 아내들을 위해서 기도했고 그들은 불임이 치유되고 자녀를 낳았습니다. 이것이 하나님의 말씀에 처음 기록된 치유입니다.

모세의 시대에는 치유에 대한 지식들이 놀랍게 전진되고 있었습니다. 홍해를 건넌 후, 하나님께서 이스라엘 자녀들을 그들의 거주지 마라에서 만나주신 때에 그런 예를 볼 수 있습니다. 하나님께서는 그들과 함께 확실한 치유의 언약을 맺었습니다. 그 언약의 조건은 다음과 같았습니다. "너희가 너희 하나님 나 여호와의 말을 들어 순종하고 내가 보기에 의를 행하며 내 계명에 귀를 기울이며 내 모든 규례를 지키면 내가 애굽 사람에게 내린 (brought upon) 모든 질병 중 하나도 너희에게 내리지(put) 아니하리니 나는 너희를 치료하는 여호와임이라"(출 15:26). 구약의 많은 번역들이 그 언약을 다음과 같이 말한다는 것에 주목하기 바랍니다. "내가 이집트 사람들에게 내려지도록 **허락한** 이 질병들이 너희에게 내려지는 것을 내가 **허락하지** 않겠다." 여기의 특징은 사역 동사(causative verb)가 아니라, 허가 동사(permissive verb)로 번역되어 있다는 것입니다. 즉 하나님께서는 질병의 창조자가 아니라, 그저 죄가 자연히 되어가는 대로 내버려 두어 죄의 정상적인 추이를 따르도록 하신다는 것입니다. (이것에 대한 질문을 받았을 때. 『분석적인 성경 용어 색인(Analytical Concordance to the Bible)』의 저자인 로버트 영은 "내리다(put, brought)"라는 단어들이 원인의 의미가 아니라 허락의 의미로 쓰이는 동일한 히브리어에서 유래되었음을 확증했습니다.)

이스라엘은 450년 동안 끊임이 없는 한 시간대 안에서 수백만 명의 인구가 치유의 언약 아래 살았습니다.

여기에서 여러분의 영혼 안에 도전하고 싶은 점이 있습니다. 그들은 의사들도 없었고 약도 없었습니다. 의사와 약들은 신성하지 못한 자들에게 속한 것으로, 하나님을 알지 못하는 사람들에게는 일반적인 것이었습니다. 이방인의 세상에서는 의사와 약을 가지고 있었지만, 하나님의 언약의 백성들은 의사도 약도 없었습니다. 그들은 450년 동안 하나님만을 신뢰했습니다. 그 거대한 인구의 모든 상황들은 하나님의 능력으로 채워졌습니다. 자녀들이 태어났고 나이 든 노인들은 죽었습니다. 그 나라에서 인생에 관계된 모든 조건들은 하나님의 능력으로 만족되었습니다. 하나님은 하나님으로서 나타나셨고, 삶의 모든 상황들을 이루시기에 충분하셨습니다.

우리는 우리의 영적 획득물을 자랑하면서도, 예수 그리스도께서 오시기 전에 살던 사람들보다 하나님을 향한 우리의 믿음이 작다는 것이 이상하지 않습니까? 참으로 우리가 크게 비판받을 점입니다. 400년 동안 유대인들은 치유하시는 하나님에 대한 믿음을 나타냈고 솔로몬의 시대 때까지 하나님만을 신뢰하였습니다. 그러므로 하나님을 향한 그들의 믿음의 기초를 검토하는 것이 좋습니다.

솔로몬의 시대 때 솔로몬은 다처주의자가 되었습니다. 그는 이집트로 가서 여러 명의 이집트인 아내들을 맞았고 그들은 각자의 의사를 데리고 왔습니다. 그들은 예루살렘 법정과 온 나라에 소개되었고 나중에 그 나라는 이방인들과 똑같이 의사들과 약을 신뢰하게 되었습니다.

그러나 그들이 하나님으로부터 멀어지고 상한 상태임에도 불구하고 주 예수 그리스도의 날까지 하나님을 향한 그들의 믿음은 탁월했습니다. 말라기와 그리스도 사이에 있었던 통치자 중 한 명인 마카베우스는 그의 군인들 중 부상을 입은 사람들이 치유되었다고 진술했습니다. 평안 가운데 집에서 살고 있는 사람들이 아니라 군대에서 싸우는 남성들이 치유된 것이었습니다. 그들이 하나님을 신뢰하였기 때문에 하나님께서 그들을 만나주시고 그들을 치유하셨습니다.

  이 시점에서 여러분에게 1차 세계 대전의 상황을 설명해드리고 싶습니다. 수년 전 우리가 남아공에서 사역하는 중에 열병이 나라에 돌기 시작했습니다. 하룻밤에 350마일이나 되는 큰 지역 두개가 강타 당했습니다. 다음날 그 지역 안에 있는 모든 가정에서 열이 나기 시작했습니다. 어떤 경우에는 온 가족이 아팠고 어떤 경우에는 몇 명만 아팠습니다. 저는 그 지역으로 가서 사람들이 침대 위에 죽어있는 것을 발견하였습니다. 어떤 때에는 아내가 남편 옆에 죽어있었고 어떤 때에는 남편이 아내 옆에 죽어있었습니다. 가끔 온 가족이 병에 걸려서 간호해 줄 다른 가족이 없을 때도 있었습니다. 저는 이 상황을 트란스발4)의 국무총리이자, 후에 남아프리카 공화국의 국무총리가 된 루이스 보트라에

---

4) 트란스발(Transvaal): 남아프리카 공화국 북동부에 위치한 주(州)로, 과거 자치 정부로 인정되었다가 현재는 폐지되었다. (역자 주)

게 보고하기 위해 75마일을 달려 전보를 부쳤습니다. 저는 아침이 되자 프레토리아 시(市)에서 75개의 우마차들에 보급품을 보내겠다는 전보를 받았습니다.

이 전염병이 도는 동안 어떤 지역에서는 백인과 흑인을 합친 인구의 4분의 1이 한 달 만에 죽었습니다. 그러나 하나님께서 놀라운 방법으로 그분의 치유의 능력을 나타내셨기 때문에 그곳에서 우리와 같은 믿음을 가진 성도들이 성장했습니다.

전쟁이 시작 되어 신병들을 입대시켰을 때, 너무나 많은 사람들이 약이나 수술보다는 신유를 요구하여 보트라는 저에게 군대와 함께 할 수 있는 신유대(Divine Healing Corps)를 구성하고 통솔하기를 부탁했습니다. 저는 이 나라를 떠나는 것이 불가능하다고 그에게 말했고, 그 일을 할 수 있는 사람들을 지명하겠다고 전보를 보냈습니다.

저는 하나님에 대한 믿음으로 확고해지기 원하는 사람들은 반드시 그들의 영혼을 뒷받침하는 참된 기초가 필요하다고 믿습니다. 그들의 영혼이 충분한 근거로 뒷받침되기 위해서는 첫째, 하나님의 말씀과 둘째, 치유의 역사가 필요합니다.

하나님께서 사람과 치유에 관한 확실한 언약을 맺으셨음을 그분의 말씀 안에서 발견했을 때 제 심령 안에 믿음을 위한 새로운 근거가 들어왔습니다. 제 영혼은 살아계신 하나님께 의지하였고 저는 믿음과 신뢰를 위한 충분한 기초가 세워졌음을 느꼈습니다.

이스라엘의 건강 상태에 대한 다윗의 간증은 이 세상 어떤 나라의 백성들이 나눈 간증보다도 놀랍습니다. 다윗이 했던 것과 같은 보고는 없었습니다. 그는 말합니다. "그의 지파 중에 비틀거리는 자가 하나도 없었도다"(시 105:37). 당신은 이 보고의 힘을 느끼실 수 있습니다. 하나님께서 인간의 가정 가운데 사셨습니다. 하나님께서 자녀들이 태어나는 가정 가운데 함께 거하셨습니다. 하나님께서는 그분의 능력으로 그들을 유지하셨고 사람들의 영은 하나님을 신뢰할 수 있게 되어, 그들은 아플 때 치유받을 뿐만 아니라 영구적인 위대한 건강 상태 가운데 살았습니다.

이사야는 치유의 능력에 대한 간증을 나누었고, 열두 명의 소선지자들도 모두 이 복된 전통을 주 예수 그리스도께 이르기까지 이어왔습니다.

예수님께서는 먼저 성령 안에서 천국으로부터 자신의 기름부음을 받으셨습니다. 기름부음을 받은 후, 다음으로 그분은 어느 개혁가나 그러하듯이, 자신 만의 강령을 발표하셨습니다. 우리는 또한 오늘날 우리의 정치적 동지와 당원들에게 이런 것을 요구합니다. 그들은 먼저 우리가 받아들일 수 있는 지적인 강령을 제시해야 하며, 그렇지 않다면 우리의 지지를 받을 수 없습니다.

예수님은 다른 개혁가들처럼, 자신의 강령을 발표하셨습니다. 성령님 안에서 기름부음을 받은 이후, 그분은 나사렛으로 돌아가셨고 소년 시절부터 예배드렸던 옛 회당으로 가셔서 이사야의 예언을 읽고는 그것을 개인적으로 자신에게 적용하셨습니다. 그분은 이렇게 말씀하셨습니다.

주의 영이 내게 임하셨으니, 이는
강령 1 : "가난한 자들에게 복음을 전하게 하시려고 내게 기름을 부으시고"(그러므로 사람들이 하나님의 능력으로 치유받을 때 당신의 섬김에 대한 돈을 요구할 수 없습니다.)
강령 2 : "심령이 상한 자들을 치유하기 위해"[5]
강령 3 : "포로된 자에게 자유를"
강령 4 : "눈 먼 자에게 다시 보게 함을 전파하며"
강령 5 : "눌린 자를 자유롭게 하고"

그리고 누군가 희년을 기다릴까봐 마지막 강령을 주셨습니다. "주의 **은혜의 해**(the acceptable year)를 전파하게 하려 하심이라" 하나님의 은혜의 때가 가까이 다가왔습니다. 더 이상 희년을 기다릴 필요가 없이, 예수 그리스도 안에서 하나님의 영원한 희년은 지금 이미 와 있습니다,

---

5) 영어킹제임스성경에는 눅 4:18에 "he hath sent me to heal the brokenhearted(그는 심령이 상한 자들을 치유하기 위해 내게 임하셨다)" 라는 내용이 있으나, 한글성경에는 누락되었다. (역자 주)

그런 후에, 우리 현대의 개혁자들과는 달리, 예수님은 나가서 그분이 선언한 강령들을 **실행에 옮기셨습니다.** "예수께서 온 갈릴리에 두루 다니사 그들의 회당에서 가르치시며 천국 복음을 전파하시며 백성 중의 모든 병과 모든 약한 것을 고치시니"(마 4:23).

예수님의 모든 선언은 진리를 발견하고 나타냈습니다. 이 진리들은 예수 그리스도께서 하나님 아버지와의 친밀함을 통해 발견하신 진리들입니다. 예수님께서 발견하신 이 진리들은 생명을 나타냈고 성령의 법으로 선포되어졌습니다. 예수님의 말씀은 성령의 법을 증명하였습니다. 당신이 하나님의 법과 접촉한다면 상을 받게 될 것입니다.

사랑하는 여러분, 저는 오늘 밤 여러분에게 **소리 지르려고** 온 것이 아니라 여러분이 **생각할 수 있도록** 하기 위해서 왔습니다. 저는 사람들이 하나님에 대하여 생각의 결론이 나면, 사람들의 생각이 그리스도의 진리 안에서 확고하게 세워지면, 그들의 믿음이 솟아오를 것을 알고 또 그들에게 기반이 있으므로 그들의 영혼이 자신감을 가지게 될 것을 압니다.

예수님은 열두 제자를 불러 그들에게 "예수께서 열두 제자를 불러 모으사 모든 귀신을 제어하며 병을 고치는 능력과 권위를 주시고 하나님의 나라를 전파하며 앓는 자를 고치게 하려고 내보내"셨습니다(눅 9:1-2). 그리고 그들이 어찌할 바를 몰랐을 때, 그들의 예에서 도움을 받아 "따로 칠십 인을 세우"셨고(눅 10장), 그분의 생애에 있어서 가장 주목할 만한 일을 행하셨습니다. 그분은 제자들에게 지시했던 임무를 완전히 바꾸셨습니다. 그분은 열두 제자에게 모든 마귀들을 다스리고 질병들을 고치는 권세를 주셨습니다. 그리고 하나님의 왕국을 전파하고 사람들을 치유하도록 그들을 보내셨습니다. 그러나 칠십 인에게는 이렇게 말씀하셨습니다. "거기 있는 **병자들**을 고치고 또 말하기를 하나님의 나라가 너희에게 가까이 왔다 하라" 세상의 필요를 채우기 위한 이 얼마나 굉장한 발돋움인지요.

마지막으로 하나님의 아들의 부활 이후, 그분의 승천 직전에 대사명이 주어졌습니다. 예수님께서 말씀하셨습니다. "**믿는 자들에게는** 이런 표적이 따르리니 곧 그들이 … 병든 사람에게 손을 얹은즉 나으리라"(막 16:17-18). 말씀은 예수님의 생애 동안, 총 84명이 병자들을 고쳤다고 기록합니다. 84명은 예수님, 열두 제자, 다른 칠십 인, 그리고 다른 한 사람인데 하루는 제자들이 들어오면서 말했습니다. "우리를 따르지 않는 어떤 자가 주의 이름으로 귀신을 내쫓는 것을 우리가 보고 우리를 따르지 아니하므로 금하였나이다" 예수님께서 대답하셨습니다. "금하지 말라 내 이름을 의탁하여 능한 일을 행하고 즉시로 나를 비방할 자가 없느니라" 그렇게 해서 예수님, 열두 제자, 칠십 인, 그리고 "우리를 따르지 않는 자"까지 포함한 84명입니다.

예수님께서 승천하시고 난 이후 모든 경계선들이 제거되었습니다. 태초부터 승천하시기까지 예수님의 치유들은 대부분 이스라엘 왕국 안에서 이스라엘 백성들에게만 제한되어 있었습니다. 그러나 예수 그리스도의 부활과 승천, 그리고 오순절 날 이후로 그들은 치유의 메시지를 이방인들의 세상으로 가지고 갔습니다. 사도들은 주 예수의 명령에 순종하여 온 땅에 치유의 메시지를 전했습니다. 예수님께서 말씀하셨습니다. "온 천하에 다니며 만민에게(to every creature; 모든 피조물에게) 복음을 전파하라 … **믿는 자들에게는** 이런 표적이 따르리니 곧 그들이 내 이름으로 귀신을 쫓아내며 새 방언을 말하며 뱀을 집어올리며 무슨 독을 마실지라도 해를 받지 아니하며 병든 사람에게 손을 얹은즉 나으리라"

저는 여러분을 격려하기 원합니다. 당신은 지금 어떤 선지자나 사제나 선교사가 와서 당신에게 손을 얹어 치유하기를 원하고 있습니다. 그러나 하나님께서는 그 사역을 **당신**, 그 옆의 **당신**, 그리고 **여러분 모두**에게 주기 원하십니다.

예수 그리스도 이후로 400년 동안, 교회는 그리스도 안에서 완전히 확고했습니다. 모든 그리스도인들은 그들의 영혼을 주께 맡기듯 자신들의 몸도 주님께 맡기고 신뢰하였습니다. 이것이 기독교의 공통된 표시이며, 그들을 세상과 구별시키는 요소였습니다.

주후 40년에 바울과 같은 시대 때 존재한 클레멘트는 이렇게 말합니다. "사람은 치유의 선물을 받는다." 바울과 바나바는 예수님의 생애 동안에는 사도가 아니었지만, 우리는 사도행전에서 그들이 많은 사람들을 치유한 것을 읽을 수 있습니다. 바울 자신도 주님께서 주신 환상을 통해 바울에게 보내어진 나이 든 제자 아나니아의 사역을 통해 치유되었습니다.

빌립은 사마리아에서 말씀을 전파하는 복음전도자 중 한 명이었고 그의 사역에서 놀라운 "표적과 기적들"이 일어났습니다. 사도 바울의 사역에서는 아픈 자들이 치유될 뿐만 아니라 죽은 자들도 일으켜졌고 아픈 자들에게 사도 바울이 만진 손수건과 앞치마를 얹으면 그들이 치유받고 귀신들이 쫓겨났습니다.

주후 110년에 이레나이우스는 이렇게 말합니다. "사람들은 그들의 손을 아픈 자들에게 얹음으로 말미암아 치유하였다." 순교자 저스틴(서기 110-163)은 당대 교회를 통한 하나님의 일하심에 대해 다음과 같은 말을 했습니다. "어떤 이는 명철의 영을, 누구는 모략의 영을, 누구는 능력의 영을, 누구는 **치유**의 영을, 누구는 가르침의 영을, 또 누구는 하나님을 경외하는 영을 받았다. **많은 그리스도인들이** 전 세계와 당신의 도시에 있는 수많은 귀신 들린 사람들을 위해, 본디오 빌라도에 의해 십자가에 못 박혀 죽으셨으며, 전에도 치유하셨고 지금도 치유하시는 예수 그리스도의 이름으로 악령을 쫓고 있다." 주후 200

년에 오리겐은 말합니다. "사람들은 신성한 이름을 부름으로써 놀라운 치료의 능력을 가졌다. 그들은 악한 영들을 쫓아내고 많은 치료를 행하고, 로고스(Logos)[6]의 뜻에 근거하여 미래에 일어날 어떤 사건들을 보았다."

밀라노의 주교, 성 암브로스(서기 340-397)는 세베루스라는 푸줏간 주인이 장님이 되었다가 주님의 치유를 받은 것에 대해서 말합니다. 알렉산드리아의 성 마카리우스(서기 375-390년)는 "손발, 특히 발이 마른 한 남자가 주님의 이름으로 기름부음 받았고, 예수 그리스도의 이름으로 명하자 즉시 일어나 뛰며 하나님을 찬양하고 자신의 발로 일어서서 집으로 돌아갔다." 또한 수년간 전신마비로 고통 받던 부유한 귀족 처녀가 데살로니가에서 그에게로 왔습니다. 그는 그녀를 위해 주님께 드리는 기도를 쏟아내며, 손을 얹고 그녀에게 기름을 부었고, 그녀는 치유받고 고향으로 돌아갔습니다.

성 어거스틴은 서기 426년에 이렇게 선포합니다. "이교도들이 그들의 우상들이 이루었다고 하는 기적들은 우리의 순교자들이 이룬 놀라운 일들과 비교할 수 없다." 서기 698년에 베트웨간

---

6) "말씀(the Word)이 육신이 되어 우리 가운데 거하시매 …"(요 1:14). 여기에서 "말씀"은 헬라어 "로고스(Logos)"에서 나온 것입니다. 예수님이 곧 로고스입니다.

이라는 사람이 온 몸 한쪽이 마비되어 성 쿠트베르트의 무덤에서 기도하였습니다. "기도하는 중에 그는 쓰러져 무감각한 상태에 빠졌다. 그는 커다란 손이 그의 아픈 머리를 만지고 있음을 느꼈다. 그는 나약함으로부터 해방되고 발끝까지 건강하게 회복되었다. 그는 온전히 건강하게 일어설 수 있었고 자신의 회복을 하나님께 감사드렸다." 전해지는 바에 의하면 성 쿠트베르트가 살아계실 때 입었던 옷들은 하나님의 신성한 영으로 너무도 충만하여, 그 옷에서 전해진 능력이 마치 바울의 몸에서 가져간 손수건처럼 많은 사람들을 치유했다고 합니다. 이런 기적들은 그의 생애에 관한 책에서 볼 수 있습니다.

중세사는 캔터베리의 성 토마스, 월싱엄의 성모, 웨스트민스터의 고해자 성 에드워드, 요크의 성 윌리엄, 더램의 성 쿠트베르트, 헤리포드의 성 토마스, 솔즈베리의 성 오스문드, 론드의 성 에르켄발도, 링컨의 성 휴, 우스터의 성 울프스탄, 노리치의 성 윌리엄, 체스터의 성녀 워부르가, 옥스포드의 성녀 프리데스위다 등을 통해 치유의 기적들이 일어났다고 기록합니다. 성인으로 시성(諡聖)을 받을 때는, 적어도 두 번의 기적이 실제로 일어났다는 것을 교황청 법원에서 증명해야만 했습니다. "증거물들은 최대한 엄밀하게 감별되어 성인으로서 실격시킬 수 있는 요소들도 최대한 고려되었습니다." 베네딕트 14세가 "요구되는 증거들의 정도가 범죄를 재판할 때 요구되는 수준과 동일했다"라고 말할만합니다.

그러므로 이러한 중세의 기적들은 믿을만하며, 이 기록들이 망상이나 실수라고 생각할 수 없게 공정하고 뛰어난 사람들의 일관된 증언들이 뒷받침합니다.

[가경자(可敬者) 비드에 의하면,] 그리스도의 치유의 능력이 그들의 삶 속에 분명히 확증되고 성인의 반열에 오른 사람에는, 베벌리의 성 요한(서기 721), 성 베르나르도(서기 1091-1153), 아시시의 성 프란시스(서기 1182-1226), 헤르포르트의 성 토마스(서기 1282-1303), 시에나의 성녀 카타리나(서기 1347-1380), 마틴 루터(서기 1483-1546), 성 프란시스 사비에르(서기 1506-1552), 성 필립보 네리(서기 1515-1595), 파스칼의 조카(서기 1646), 조지 폭스(서기 1624-1691), 존 웨슬리(서기 1703-1791), 호헨로헤 왕자(서기 1794-1847), 블룸하르트 신부(1805-1880), 크론스타트의 교부 요한(1829-1908)이 있습니다.

하나님께서 아직도 기적을 행하신다는 사실의 신뢰성에 관해서는, 리차드 홀트 허턴의 말을 인용하겠습니다. 그는 관대한 생각을 가진 저술가들 중 한명으로 꼽히며 충실한 유물론자로 여겨졌습니다.

> 기적이 무엇이든 간에, 역사는 모든 세대에서 이런 일들이 일어났다는 많은 증거들을 보여주고 있다. 이 주제에 관한 실재적인 증거들이 너무나 많기에 광신과 사기라고 설명할 수는 없다.

기록할 수 없는 먼 옛날부터 하나님을 믿는 믿음의 공통된 원리가 확증되었고, 당신과 저의 영혼이 하나님의 말씀과 초대 기독교의 믿음의 수준에 이를 때에 천국으로부터 온 우리의 기름부음이 의미를 가질 수 있을 것입니다. 이는 우리의 영혼에서 빈 깡통 같은 소음대신 능력의 왕관이 될 것입니다.

기독교 수 세기 동안 사람들은 하나님의 치유의 능력을 신뢰하였습니다. 저는 1920년대 초반까지 기독교의 각 세기 동안 일어났던 치유들의 흔적을 추적한 여기 〈하나님께서 언제나 치유하시는가〉 장에 있는 정보들을 얻기 위해 오천달러를 지불하였습니다. 이 정보들을 얻기 위해 세계의 방대한 자료들을 수집하고, 예수님부터 오늘날까지 하나님의 능력이 역사하셨던 일련의 증거들을 제시해야만 했습니다.

발도파(派)[7] 그리스도인들은 그리스도를 그들의 치유자로 알고 있었고, 그들에게 일어난 놀라운 치유들을 기록하였습니다. 창시자는 피터 발도이며, 그는 1218년 이전에 죽었습니다.

1400년의 종교개혁을 시작으로, 치유의 부흥이 일어났습니다. 오, 루터와 같은 분이 어떻게 이것을 놓쳤는지 의문입니다. 그의 개인적인 경험에서도 이런 일이 일어났었습니다. 그의 비

---

[7] 발도파(waldenses) : 12세기 말 프랑스에서 발도가 시작한 그리스도교의 순복음적인 신앙노선의 일파. (역자 주)

서 필립 멜랑히톤은 정말 능력 있고 좋은 사람이었습니다. 루터는 그가 없이는 지내기가 힘들다고 느꼈습니다. 그런데 멜랑히톤이 죽을 정도로 아프게 되었습니다. 사람들은 루터에게 그가 죽어가고 있음을 전했습니다. 루터는 무릎을 꿇고 말했습니다. "하나님, 필립은 죽을 수 없습니다. 저는 필립이 필요합니다. 필립이 없이는 지낼 수 없습니다." 그가 기도하자 마귀가 너무나도 실제적으로 그에게 나타났고 루터는 잉크병을 들어 그에게 던졌습니다. 필립은 치유되었습니다.

감리교의 창시자인 존 웨슬리는 그의 평생 사역 가운데 240번의 치유들이 일어난 것을 기록합니다. 거기에는 그의 말인 댄도 포함되어있습니다. 댄은 걸을 수가 없어 주인을 태우고 멀리 갈 수 없었습니다. 웨슬리는 길가 옆에서 무릎 꿇고 기도했고, 하나님은 즉각적으로 말을 치유하셨습니다.

저는 늙은 댄에게는 믿음이 전혀 없었음을 보장할 수 있습니다. 누구도 댄에게 치유를 위한 믿음을 실행하라고 요구하지 않습니다. 하나님을 아는 사람만이 하나님에 대한 믿음을 가질 수 있는 것입니다. 오늘날 사람들은 우리에게 이렇게 말합니다. "만일 당신이 완벽한 믿음을 가지고 있다면 저에게 오셔서 기도 받으십시오. 그러면 당신이 치유될 것입니다." 형제 여러분, 만일 당신이 완벽한 믿음을 가지고 있다면 아무도 기도할 필요가 없을 것입니다. 당신이 완벽한 믿음을 가지고 있지 않기 때문에 예수님께서 사람의 불완전한 믿음을 아시고 신성한 도움의 사역을 제공하신 것입니다. "만일 너희 중의 두 사람이 합심하여 … " 제가 혼자서만 살아갈 수 있다면 저를 도울 사람이 필요하지 않았을 것입니다. "만일 너희 중의 두 사람이 합심하여 … " 그래서 제 아내와 저는 합심합니다. 우리는 하나님 안에서 이것이 하나님의 뜻임을 믿고, 하나님의 은혜로 말미암아 하나님을 믿을 것입니다. 그래서 그분의 뜻이 나타날 것이고 그대로 될 것입니다. 저는 저에게 사역하러 오시는 장로나 목사님과 믿음의 기도로 합심합니다. 저는 제 영 안에서 하나님과 합심하고 저에게 손을 얹는 사람과도 합심합니다. 만일 제가 완벽한 믿음을 가지고 있다면 저는 아무런 도움도 필요하지 않을 것입니다. 제가 아프기 때문에, 제가 낙심해있기 때문에 하나님의 도움이 필요한 것입니다. 그리고 하나님께서는 우리의 모든 필요를 아시며 저와 당신이 필요로 하는 축복들을 받을 수 있도록 예정하셨고 다른 사람들의 믿음이 우리를 어둠과 죄로부터 건져낼 수 있는 혜택을 예정하셨습니다.

프랑스에는 위그노들이 있었습니다. 그들은 성령침례(세례)를 받은 하나님의 사람들이었습니다. 오순절은 우리가 오늘날 아는 것처럼 새로운 것이 아닙니다. 막스 뮐러가 기록하기를 파리에 있던 많은 위그노들은 대학살이 일어나기 전에 성령침례를 받았습니다. 심지어 어린이들에게도 능력으로 오셔서, 그들은 거리에 모여 하나님을 찬양하고 성령의 능력으로 그리스도를 전파했으며, 그들의 말을 들으려고 온 사람들로 인해 거리가 막혔습니다. 그들 때문에 교통이 너무 막혀서 경찰들이 나와 그들을 감옥에 가두기 시작했고 3천명을 가둔 후에는 더 이상 가둘 곳이 없었습니다. 하나님의 역사가 너무나 강력하여 상황은 나아지기보다는 악화되었습니다. 결국 감옥에 갇힌 사람들은 풀려났습니다.

그런 후에 대학살이 일어났고 하룻밤 만에 오만 명이 죽었습니다. 그들은 네덜란드로, 스코틀랜드로, 방방곡곡 뿔뿔이 흩어졌습니다. 한 회사가 배를 구해 3백 가정이 아프리카로 항해를 떠나 남아프리카공화국에 정착하였습니다. 그들은 네덜란드 사람들과 결혼하였고 그들의 자손들이 바로 지금의 보어인[8]들입니다.

뮐러는 가난해서 나라를 떠날 수 없던 사람들은 사보트(Savote)로 피난하였다고 말합니다. 그들은 성령님께서 임하실 때 흔들고 떨었기 때문에 떠는 자들(Tremblers)로 알려졌습니다. 파리 사람들은 그들을 만나고 이야기를 듣기 위해 산속으로 여행을 가기 시작했습니다. 그들은 성령으로 방언을 말했고 성령의 능력 아래 예언하였고, 하나님의 능력으로 병든 자들을 치유하였습니다. 똑같은 하나님, 똑같은 성령님, 하늘로부터 온 똑

---

8) 보어(boer)인 : 남아프리카공화국의 네덜란드계 백인 (역자 주)

같은 기름부음이었습니다. 하나님의 기름부음이 역사하시는 곳이라면 어디든지, 거기에는 능력이 있습니다. 기독교의 전세기 동안 치유는 입증되었습니다.

존 녹스, 존 칼빈, 울리히 츠빙글리도 각각 다른 치유의 사건들을 기록하였습니다.

신유에 대한 현대적 가르침은 독일 지방의 공장 노동자인 도로테아 트루델을 통해 새로운 힘을 받았습니다. 그녀는 결핵에 걸렸고 자신의 믿음의 기도를 통해 치유되었습니다. 그 결과 그녀의 사역은 마침내 만 명의 사람들이 하나님의 능력으로 치유되는 데까지 발전했습니다. 그녀는 사제도 선지자도 아니었고, 단지 하나님의 손 안에 있는 공장 노동자에 불과했습니다. 독일 정부는 마넨도르프에 그녀의 시설을 세우도록 허락하였습니다. 그곳은 오늘날도 기록되어있기를 근대에 처음으로 설립된 신유 기관이었습니다.

그 때 이후로, 치유에 대한 주제가 여기저기에서 나오기 시작했습니다. 치유에 관한 주제로 글을 쓰는 저술가 중에 기독교 교회 안에서 잘 알려진 사람으로는 A. J. 고든과 기독교선교동맹의 A. B. 심슨 박사와 남아프리카공화국에서 온 앤드류 머레이 목사가 있었습니다. 앤드류 머레이의 책들은 모든 일류 기독교 도서관에서 찾아볼 수 있습니다.

그의 치유 경험은 이렇습니다. 그는 많은 런던의 전문가들로부터 "설교자의 목(Preacher's Throat)"이라는 이름으로 알려진 불치병을 판정 받았습니다. 그는 절망 가운데 런던에 있는 백스터 박사가 운영하는 비티안(Bethean) 신유 선교회를 방문하였습니다. 그는 제단에 무릎을 꿇고 장로들의 기도를 받아 치유되었습니다. 그는 남아프리카공화국으로 돌아가 신유에 관한 책을 써 출판하였고 그 책은 그가 대표 목사로 있던 남아공 네덜란드인 개신교 안에 널리 유포되었습니다. 앤드류 머레이가 돌아왔을 때 남아공의 여러 교회에서는 큰 축하 행사가 열렸고 그리스도의 능력과 치유에 대한 열망의 살아있는 예가 되었습니다.

네덜란드인 개신교의 사역 가운데 그 책이 준 영향은, 우선 예수님께서 여전히 치유하시는 분이시라는 사실에 사람들이 주목하게 했다는 것입니다. 둘째로는 머레이 목사의 치유 사역에 대해서 들은 사람들이 얼마 지나지 않아 자신의 담임 목사들에게 치유 기도를 요청했다는 것입니다. 어떤 경우에는 목사들이 치유에 대한 믿음이 전혀 없음을 고백하면서 진심으로 치유 기도를 할 수가 없다고 했고, 또 어떤 목사들은 이 핑계 저 핑계를 댔습니다. 결국 사람들은 그 목사들이 무엇이 잘못된 것인지 질문하기 시작했습니다. 대표 목사였던 앤드류 머레이는 치유받았습니다. 그는 치유에 관한 책을 썼고, 곳곳의 교회 성도들은 하나님께 끝까지 기도하여 그분께서 자신의 치유자임을 발견하였지만, 대개의 목사들은 부족한 믿음을 고백하였습니다. 그래서 이 책이 유포되는 것은 그들에게 당혹스러운 일이 되었습니다. 그들은 겸손하게 하나님이 필요함을 고백하고 아픈 사람들의 기도에 응답하시는 성령님의 임재와 능력을 구하는 대신, 교회 안에 퍼진 앤드류 머레이의 책을 회수해달라고 요청하기로 결정했습니다. 이는 목사들이 자신의 직분을 유지하면서도, 믿음의 운동에는 무력한 상태로 남아있기를 원했기 때문에 취해진 조치였습니다. 남아프리카공화국의 네덜란드 개신교는 머레이 목사님에게 신유를 가르치지 말 것을 요청했습니다.

저는 하나님 앞에서 솔직하게 말합니다. 저는 제가 세상의 어떤 사람보다도 치유를 더 많이 보았다고 믿습니다. 1907년부터 오늘날까지 저는 치유 능력의 물결이 남아프리카에서처럼 움직이는 것을 본 적이 없습니다.

제가 아프리카에 있는 동안, 영국 국교회가 3명의 대표를 요하네스버그로 파견하였습니다. 이들은 일 년 동안 그곳에 남아서 남아프리카에서 일어나는 사역들을 영국에 보고해야 했습니다. 그 결과 그들은 영국 국교회 목사들을 불러 큰 집회를 열었고 그 집회에서 말씀을 전하도록 저를 불렀습니다. 그 계기를 통해 영국 국교회에 치유 단체들이 설립되었습니다. 최근 그러한 치유자들 중 한명인 힉스 씨를 통해 미국이 축복을 받았습니다. 그는 미국의 다양한 감독파 교회(성공회)에서 집회를 열었습니다. 저는 포틀랜드에서 막 도착했는데, 그의 집회에 참석하려고 아픈 사람들을 태운 차들이 거리를 열 블록이나 막고 있었습니다. 생각해보십시오, 정말 크고 놀랍고 세계적인 부흥이 오고 있습니다.

당신의 영혼이 결론을 내리기 전까지, 당신의 생각이 확립되기 전까지, 당신의 헌신에 가치가 부여되기 전까지는 당신이 하나님의 영광과 고도로 올라갈 수 있을 것이라고 생각하지 마십시오. 누군가가 하나님 안에서 닻을 내리고, 말씀의 역사와 수세기 동안 하나님의 백성에게 나타난 하나님의 은혜의 역사에 대한 균형 잡힌 지식을 갖게 되면, 그 사람은 하나님에게서 멀어지지 않습니다. 지성이 있다면 그럴 수 없습니다.

제가 미국으로 돌아왔을 때, 모든 곳의 상황을 바라보면서 저는 제 마음에 결론을 내렸습니다. 이곳에는 세상을 만족시키고 설득할 하나님의 능력의 역사가 없습니다. 세상은 좀 더 큰 차원의 증거, 더 실제적인 증거가 필요합니다. 결국 하나님께서는 저를 스포케인이라는 곳으로 데려가시고는 제가 갈망하던 것을 위해 문을 열어주셨습니다. 이 간증을 여러분과 나누고 싶습니다. 이 방 안에 있는 사람들의 숫자만큼의 성도가 있는 작은 교회에서, 하나님의 능력으로 5년 동안 10만 번의 치유가 일어났습니다. 하나님의 능력으로 10만 번의 치유가 일어났다는 말입니다. 우리는 의사들과 의심하는 사람들과 변호사들과 교회들과 마귀도 초청하여 와서 보라고 했습니다.

우리는 매일 2백 명의 사람들에게 사역하였습니다. 이해하시겠습니까? 큰 집회에서 가끔가다 한번이 아니라 매일, 일 년 내내, 매년 사역하였습니다. 그 결과 과학 잡지에서도 이것을 화제로 삼기 시작하고 있습니다. 왜입니까? 실제적이기 때문입니다. 그들은 와서 이러한 사실들을 얻어갈 수 있습니다. 사랑하는 자여, 하나님께서는 이런 종류의 간증을 찾고 계십니다.

그러나 그것보다 더 큰 무언가가 있습니다. 오늘 이곳에 앉으면서 저는 하나님께서 제가 시카고에서 제법 큰 규모의 치유의 방을 설립할 수 있게 하시기를 소원했습니다. 5년에 10만 번의 치유가 일어나는 대신 일 년에 10만 번의 치유가 있어야 마땅합니다. 오순절이 여기 시카고에서도 일어나야 마땅합니다. 이곳이 하나님의 중심지가 되어서, 하나님을 신뢰하기 원하는 모든 사람이 와서 도움을 받을 수 있는 곳이 되어야 합니다.

아시다시피, 이스라엘의 몇 도시들이 두드러졌던 이유는 "하나님의 제단이 그곳에 있었기 때문"입니다. 나라 어딘가에 있는 사람의 심령이 하나님을 향할 때, 그들은 언제든 하나님의 제단이 있는 도시를 향해 발길을 돌렸습니다.

우리는 제단을 높이고, 예수 그리스도의 깃발을 다시 들어야 합니다. 우리는 다시 한 번 우리의 깨끗하고 정결하고 건전한 헌신을 곧게 올려 온 세상이 그 능력을 보고 기뻐하고 그 축복의 혜택들을 누릴 수 있게 해야 합니다.

아프리카에 한 남자가 있는데, 제가 그를 처음 만났을 때 그는 염소 가죽으로 만든 8인치(≒20cm)짜리 앞가리개를 입고 있었습니다. 그 사람은 하나님을 만났습니다. 그 사람은 성령침례를 받았습니다. 1912년 크리스마스이브 때 바수토랜드(현 레소토)에서 그는 치유받은 75명의 문둥병자들을 불러 모았고 그들과 성찬식을 했습니다. 그들은 하나님의 능력으로 치유받은 것이었습니다. 하나님의 전능한 능력으로 충만했던 사도들과 위대한 선지자들과 하나님의 사람들을 생각할 때에 제 마음은 아프리카로 돌아갑니다. 그곳에 돌아가서 무릎 꿇고, 제 머리 위에 얹은 그 남자의 나이든 검은 손을 느끼고 또한 저를 위한 그의 축복의 기도가 하나님께 올라가는 것을 느끼고 싶습니다.

예수 그리스도는 하나님의 왕국과 사람의 왕국에서도 가장 민주적인 분이셨습니다. 하나님의 축복들은 모든 영혼을 위한 것입니다. 하나님의 목적은 당신과 저를 그분의 왕과 제사장으로 삼으시는 것입니다. 하나님께서는 당신이 제사장으로서 사역하도록 하실 것입니다. 당신이 가지고 있는 것 중에서 무엇을 주실 수 있습니까? 당신은 온 땅과 하늘의 **하나뿐인 보물**을 가지고 있습니다. 바로 하나님의 성령입니다. 당신은 그분을 가지고 있고 그분을 줄 수 있습니다.

스포케인에서 150마일 떨어진 아이다호의 보너스페리에는 척추에 질병을 앓고 있는 한 여인이 있었습니다. 그 질병은 그녀의 골반으로 퍼졌고 그 결과 골반의 관절이 빠졌습니다. 이는 다리로 퍼져 결국에는 무릎까지 탈구되었고, 발까지 여전히 진행되고 있었습니다. 그 시점에 그녀는 우리에게 기도해달라고 편지를 보내왔습니다. 저의 딸이자 속기사인 에드나는 그 부탁을 받고 제 사무실로 들어와서 저와 레덕스 씨로 하여금 문제를 위해서 그녀와 함께 기도하도록 했습니다. 우리는 기도하기 위해 무릎을 꿇었습니다. 이틀 뒤에 우리는 편지를 받았습니다. 오전 10시 15분에 어떤 능력이 그녀의 발에서부터 시작하여 서서히 다리까지 올라갔다는 내용이었습니다. 그 능력이 올라감과 동시에 고통도 사라졌다고 했습니다. 그 능력이 그녀의 무릎까지 올라왔을 때, 이상한 움직임이 있었고 그녀는 뼈가 제자리로 돌아갔다는 것을 발견했습니다. 그 능력이 계속 그녀의 등까지 올라갔을 때 그녀가 말했습니다. "이제 다 씻어냈네요."

믿음은 소리 지르고 외치는 가운데 역사하는 것이 아닙니다. 그래도 괜찮지만 그보다 더 강한 무언가가 있습니다. 영혼의 확고한 믿음이 하나님을 붙잡는 것입니다. 당신이 예수 그리스도의 이름으로 결단할 때, 하나님의 능력이 하나님의 영광을 위해 당신의 영과 혼과 몸 안으로 들어가고 당신 주변의 세상 안으로도 들어갑니다.

오늘날 하나님께서는 사람들로 하여금 초대 기독교와 같은 헌신을 할 수 있도록 움직이고 계십니다. 초대 그리스도인들은 예수를 영과 혼과 육의 구원자로 영접하였습니다. 하나님에 대한 예수님의 헌신은 모든 그리스도인들과 모든 시대가 따라야 할 헌신의 모형입니다. 예수 그리스도께서 인정받은 치유자이시자 **유일한** 치유자라는 것은 기독교 시대의 첫 400년 동안 교회 안에서 모든 우등생의 간증입니다.

콘스탄티누스의 통치 하에 기독교가 국교로 확립됨으로써 불신자들이 교회 안으로 홍수같이 들어왔습니다. 교회 안으로 들어온 다수의 불신자들로 인해 하나님께서 구원자 되시고 치유자 되신다는 믿음의 생기가 사라졌습니다. 그들은 그리스도에 대해 매우 얕은 지식을 가지고 있었습니다. 그들은 기독교적이지 않은 관습과 풍습들을 들여왔습니다. 이 중 어떤 관습들은 매우 빨리 퍼졌습니다. 그 중에는 **그리스도 대신 사람을 치유자로 믿는 것**도 포함되어 있습니다.

하나님께서는 자신의 마음을 열고 후히 받을 사람을 찾으시고, 그 사람은 하나님께서 후히 주실 준비가 되어 있다는 것을 발견합니다. 러시아의 그리스 정교회에 근대에 가장 능력 있는 사람들 중 한 명이 있었습니다. 그는 교회의 사제였습니다. 러시아 교황청 법원의 기록에 의하면 많은 무리의 사람들이 1908년도에 죽은 존 크론쉬타트 사제의 사역 아래 치유받았으며, 러시아 교회는 지속적으로 자라나는 그의 강력한 영향력을 두려워하여 그를 감금했다고 기록되어 있습니다. 그의 사역 하에 치유받아 그의 신실한 지지자들이 된 사람들이 매우 많았고, 크론쉬타트 사제의 나이가 극심하게 많았기 때문에, 러시아 교회는 직접 이 사제를 통제하기보다는 그가 자연히 늙어 죽도록 내버려 두는 것이 더 지혜롭다고 결정했습니다.

알렉산더 도위의 생애 동안, 과로로 인해 그의 정신에 문제가 생기기 전까지, 수많은 사람들이 치유받았습니다. 한번은 그의 사역으로 치유받은 사람들이 세계 곳곳에서 시카고 오디토리엄에 모였고, 그들에게 카드에 간증을 적어달라고 청하였습니다. 이 카드들을 담기 위해 약 30kg짜리 바구니가 다섯 개나 필요했습니다. 카드는 총 6만장 이었습니다. 절정의 순간에 회중에 있던 만 명이 일어나서 하나님의 능력에 의한 자신의 치유에 대해 간증했습니다. 총 7만 명이 치유받은 것이었습니다. 알렉산더 도위는 1907년도에 죽었습니다.

많은 믿음의 사람들 중에 20세기의 첫 25년 동안에 계셨던 분들 몇 명을 여기서 언급하겠습니다. 첫째로는 F. F. 보스워스와 그의 남동생입니다. 수천 명이 그들의 사역 아래 치유를 받았습니다. 캐나다 오타와에서 7주간 열었던 집회에서 12,000명이 영접을 하러 나왔습니다. 치유받은 사람들이 쓴 간증은 수백 개가 들어왔습니다. 단 하룻밤에 8천명이 참석하기도 했습니다.

또 한 명의 특별한 사람을 소개드리고 싶습니다. 레이몬드 리치는 일리노이 주의 자이온이라는 곳에서 왔습니다. 그의 아버지는 한 때 자이온 시의 시장이었습니다. 레이몬드는 결핵을 앓고 있었습니다. 그의 가족은 그가 겪고 있는 어려움을 이해하지 못하는 것처럼 보였습니다. 그는 아무런 야망도 없어서 다른 소년들처럼 열심히 일하지 못했으며, 무관심한 상태에 빠져있었습니다. 그러던 그는 마침내 그리스도를 자기의 구원자로 영접하였습니다.

어린 리치는 구원받은 후에 가족이 걱정할 정도로 기도에 깊이 빠졌습니다. 그의 아버지는 그에게 생계를 꾸리기 위해 나가서 일하라고 말했습니다. 그러나 소년을 이해하는 한 여인이 말했습니다. "내게 네가 지낼 수 있는 방이 있다." 다른 여인은 그가 살기 위해 필요한 음식을 제공하겠다고 했습니다.

큰 전쟁[1차 세계 대전]이 일어났고 유행성 독감이 돌기 시작했습니다. 미국에서 수천 명이 죽었습니다. 레이몬드는 마음에 감동이 되어 사람들을 위해서 기도하기 시작했고 그들은 치유받았습니다. 군의관들이 이것을 알게 되어 그에게 아픈 군인들을 위해 기도해달라고 부탁했고, 환자들은 치유 되었습니다. 그는 이 사역을 그 때부터 지속하였습니다. 그는 세상에서 가장 놀라운 치유 집회들을 열었습니다.

또 다른 사람은 에이미 셈플 멕퍼슨이었습니다. 그녀는 포스퀘어 복음 교회의 개척자였습니다. 그녀가 어린 소녀이던 당시,

캐나다 온타리오의 한 농장에서 젊은 아일랜드 남자 로버트 셈플이 집회를 열어 성령님의 기름부음 아래 설교하는 것을 보았습니다. 그녀는 자기의 죄를 깨달아 자신의 심령을 하나님께 열어드렸고, 하나님을 만나 성령침례를 받았습니다. 그 둘은 결국 결혼하였고 중국에 선교사로 나갔지만, 로버트는 열병으로 그곳에서 죽었습니다.

그녀의 친구 몇 명이 그녀가 미국으로 돌아올 수 있도록 자금을 댔습니다. 그녀는 나중에 젊고 훌륭한 사업가를 만나 정착하고 복음에 대한 불타는 부르심을 잊기로 하였습니다. 그녀는 잊으려고 노력했고 두 자녀를 낳았습니다. 그러던 어느 날 온타리오의 벌린에서 홀 목사님이 주관한 집회에서 하나님께서 에이미에게 나타나셨습니다. 그녀의 사역 초기 15년 동안 일어났던 일들은 사도 시대 이후로 이 땅에서 본 그 어떤 것보다 탁월했습니다. 그녀의 사역 아래 수 많은 사람들이 치유되었습니다.

하나님께 놀랍게 쓰임 받은 또 다른 사람은 찰스 프라이스 박사입니다. 프라이스 박사는 스포케인에 살았었습니다. 그리고 그는 성령침례를 받았습니다. 그는 즉시 가장 놀라운 치유사역을 나타내기 시작했습니다. 저는 브리티시 콜롬비아의 밴쿠버에서 열렸던 그의 집회에 한번 참석했습니다. 그는 한 번에 15,000명의 회중과 하루 네 번 집회를 가졌습니다. 아픈 사람들이 50명씩 서 있었고 그는 야고보서 5장의 말씀대로 그들을 위해 기름을 붓고 기도했습니다. 그들은 성령님의 능력을 감당하지 못해 바닥에 쓰러졌고 수많은 사람들이 치유받았습니다.

또한 로스앤젤레스의 탁월한 의사이자 비스가 협회의 대표인 닥터 피니어스 D. 요컴은 하나님으로부터 치유받았을 뿐만 아니라, 주 예수 그리스도를 믿음으로 말미암아 치유사역을 받아들인 사람이었습니다. 그의 치유사역은 모든 그리스도인들에게 인정받고 있습니다. 더 나은 치유의 길을 찾은 또 다른 사람인 시카고의 닥터 윌리엄 T. 젠트리는 내과 의사로서 탁월할 뿐만 아니라, 20권이나 되는 『약물학』의 저자였습니다.

25년간의 치유 사역 중 저 개인적으로 있었던 간증도 여기에 추가하려고 합니다. 이 기간 동안 수십 만 명이 사도의 모형을 따라 설립된 교회와 선교 단체를 통해서 주님의 치유를 받았습니다. 하늘로부터 온 하나님의 능력을 발견하여 가능했던 일들입니다.

이 간증의 무게 앞에서, 하나님께서 아픈 자들을 치유하실 수 있는 능력을 가지고 계신지, 또는 과연 치유하기 원하시는지에 대한 논쟁을 계속하는 것은 어리석어 보입니다. 그보다 우리의 심령과 생각을 열고 주 예수 그리스도를 우리의 구원자이자 치유자로 받아들이고, 우리의 영혼을 맡기듯 우리의 몸도 그분께 맡겨 영과 혼과 육의 모든 필요를 위한 그분의 백배의 구원이 실증되게 하여서, 하나님의 자녀인 우리의 헌신이 도전 받지 못하게 해야 합니다.

신유에 관한 이 간략한 역사는 태초부터 1935년도까지를 담았습니다.[9]

1935년도부터, 하나님께서 자신을 기적적인 방법으로 쓰실 수 있도록 허락한 사람들이 몇 명 있었습니다. 지금부터 나눌 세 개의 간증은 치유의 역사가 현재까지 지속되고 있음을 보여 줄 것입니다.

이 간증은 워싱턴 주의 파스코에 사는 제 친구 빈센트 드빌리어스의 간증입니다.

어느 날 아침에 그는 입에서 많은 피를 흘리며 일어났습니다. 그는 즉시 수술실로 수송되었고, 그의 머리 뒤쪽에 있는 동맥을 꿰매고 회복시키는데 밤 12까지 걸렸습니다.

그러나 이것은 그의 질병의 일부분에 불과했습니다. 그 후 2년 동안 빈센트는 내부 출혈로 고생하였습니다. 의사들은 그의 콩팥과 위장과 직장까지 엑스레이를 찍었고 검사 결과, 장 내벽의 상태가 나쁘다는 것을 발견했습니다. 그는 위장에 심각한 고통이 있었고, 앉기도 힘들었으며, 다리에까지 피가 흐르는 바람에 바지가 축축하게 젖어서, 결국 기저귀를 사용해야 했습니다. 그러나 그는 의사들이 수술을 하도록 허락하지 않았습니다.

---

[9] 존 G. 레이크 목사, 『하나님은 언제나 치유하시는가?』와 1935년 라디오 설교 1강

그 시기에, 그는 거실에 혼자 있다가 그리스도를 그의 구원자로 마음속에 영접하였고, 그 뒤 머지않아 방에 혼자 있다가 성령침례를 받았습니다. 그는 자신의 질병을 그리스도에 대한 자신의 필요와는 관련짓지 않았습니다. 사실 그는 치유의 가능성에 대해서는 완전히 무지했습니다. 하루는 치유에 관한 T. L. 오스본의 책이 그의 집에 실수로 배달되었고 그는 그 책을 읽고 치유에 관한 100가지 성경구절들에 밑줄을 쳤습니다.

말씀을 찾아보면서, 그는 치유가 바로 십자가를 통해 예비된 축복이라는 것을 깨달았습니다. 그는 자기가 하나님의 영으로 충만했을 때 왜 저절로 치유를 받지 않았는지 궁금했습니다. 그는 주님께 이것에 대해서 물어보았고 하나님께서는 이렇게 대답하셨습니다. "나는 네가 나의 말씀을 알기를 원한다. 만일 네가 나의 말씀을 안다면, 내가 널 위해 무엇을 해주길 원하느냐?" 하나님께서는 그가 구하기만 한다면 그가 치유받을 것이라고 약속하셨습니다. 그는 대답했습니다. "주님, 저는 치유받고 싶습니다."

빈센트는 아직 불신자였던 자기 아내에 대해서 걱정하기 시작했습니다. 그녀는 매우 세련되고 지적인 여성이었습니다. 하지만 그는 자기가 치유받는 것이 그녀를 믿게 할 것이라고 확신했습니다. 그는 그녀가 기도해서 치유가 이루어지면 그것이 그녀에게 신호가 될 것이라는 것을 알았기 때문에, 주님께 아내 에바가 자기를 위해 기도하게 해달라고 구했습니다. 그는 에바에게 말했습니다. "만일 당신이 오늘 나를 위해 기도하면 내가 치유받을 거라고 주님이 말씀하셨어." 그녀는 대답했습니다. "오, 내가 기도해도 아무 소용없을 거예요." 그가 대답했습니다. "그러면 난 계속해서 아플 거야." 에바가 대답했습니다. "당신은 의사에게 가서 수술을 받아야 해요."

다음 사흘 동안 그의 상태는 악화되었습니다. 아침마다 일어나면 피가 쏟아져 나왔습니다. 다음날 아침에도 그는 같은 일이 반복될 것을 기대했지만, 아무 일도 일어나지 않았습니다. 그는 고통과 출혈이 없어졌음을 발견했고, 속이 완전히 새로워졌음을 느꼈습니다. 완전히 치유된 것이었습니다. 그가 에바에게 자기를 위해 기도했는지 물었을 때, 그녀는 그랬다고 인정했습니다.

오늘, 그가 치유받은 지 2년이 지난 지금, 그는 건강합니다. 그의 아내와 두 자녀는 그리스도를 구원자이자 치유자로 영접하였고 모두 성령충만을 받아 다른 사람들에게 기도와 말씀을 가르치며 사역하고 있습니다.

워싱턴 주의 케너웍에 사는 카렌 테데스키의 간증입니다.

저는 왼쪽 눈에 난시가 있었고 오른쪽 눈은 잘 보이지 않았습니다. 저는 근시였기 때문에 안경을 써서 보완해야 했습니다. 저는 심한 알레르기와 찢어진 무릎관절 같은 다른 것은 많이 치유받아보았지만, 제 눈을 위해서 기도할 생각은 한 적이 없었습니다.

1973년 여름에 저는 비크 코번의 복음 전도 집회에 참석했습니다. 코번 형제는 몸의 치유가 필요한 사람들은 기도 받기 위해서 줄을 서라고 말했습니다. 안경을 쓴 제 친구가 먼저 줄을 섰고 저는 제 눈 생각은 하지 못하고 제 자리에 남았습니다.

저는 제 친구를 위해 기도하기 시작했고 내가 여태껏 전도 집회에서 보아온 모든 기적들에 대해 하나님께 감사드렸습니다. 갑자기 주님께서 제 심령에 말씀하셨습니다. 들리지는 않았지만 성령님은 저에게 매우 실제적이었습니다. 저는 주님께서 제가 왜 눈의 치유를 구하지 않았는지 물으시는 것을 들었습니다. 저는 제가 왜 구하지 않았는지 몰랐습니다. 그래서 주님께서 말씀하셨습니다. "지금 내게 구해 보거라."

저는 매우 간단히 기도했습니다. "주님, 제 눈을 지금 고쳐주세요." 그리고 저는 승리의 치유를 주장했습니다.

기도하는 내내 제 눈은 감겨있었기 때문에, 저는 천천히 눈을 열었습니다. (저는 뒤에서 여섯 번째나 일곱 번째 줄에 앉아 있었습니다. 저는 안경을 쓰지 않고 있었기 때문에 강단이 잘 보이지 않았습니다.) 눈을 뜨자 강단과 앞에 있는 모든 것이 분명하게 보였습니다. 흐르는 눈물 때문에 눈앞이 다시 흐릿해졌고 찬양이 절로 흘렀습니다. 집에 돌아가는 길에 저는 멀리 있는 표시들을 다 읽을 수 있었습니다. 제 눈은 완전히 치유되었고, 저는 오늘날까지도 잘 보입니다.

다른 사람들을 위한 실질적인 증거는 최근에 제가 대학을 가기 위해 건강검진을 하면서 받았습니다. 제 시력은 치유받기 전에 약 0.8이었고 저는 이것을 증명할 의사진단서도 있습니다. 1975년도 3월에 저는 시력 검사를 다시 받았습니다. 결과는 완벽했습니다. 저는 1.0의 시력을 가지고 있습니다. 주님을 찬양합니다. 의사들도 이것이 주님의 기적임을 확증하셨습니다.

제 손녀 타멜라 크리스틴 스톤이 9개월이었을 때 그녀는 발에 교정기를 달아야 했습니다. 손녀는 오른쪽 발이 옆으로 돌려진 채로 걸었습니다. 손녀의 허리를 잡아 올릴 때면 오른쪽 발이 완전히 옆으로 돌려진 채로 매달려있었습니다.

1973년도 여름 비크 코번 전도 집회가 끝난 다음날 아침, 코번 형제는 타멜라를 위해서 기도해주었습니다. 모두가 보는 앞에서 옆으로 돌려져있던 발이 그의 손 위에서 앞을 향해 정상적으로 돌려졌습니다. 다음날에 치유받기 전의 상태처럼 손녀의 발을 옆으로 돌려보자 손녀는 견디지 못했습니다. 손녀는 그 때부터 완벽히 똑바로 걸을 수 있었습니다.

제 3 장

하나님께서는 왜 치유하시나?
Why Does God Heal?

신유는 마태복음 4:23-24에 나오듯이 하나님께서 손상된 인간의 몸(성령의 전)을 회복시키고 침입자(질병)를 쫓아내고 손상을 회복하는 과정입니다. 이는 마른 손을 회복시키는 것과 같은 부분적으로만 발달된 몸을 완성시키는 창조의 행동을 포함합니다. 존 G. 레이크 박사의 삶과 사역에서 다음과 같은 예가 있습니다.

몇 달 전에 제가 스포케인 시를 떠나 있다가 돌아왔을 때 아내는 집에 없었습니다. 저는 오후 예배에 가야 할 시간이 되었습니다. 바로 그때 누군가가 들어와서 말했습니다. "선생님의 비서 그레이엄 부인께서 지금 죽어가고 계십니다. 사모님께서 지금 그녀와 함께 계세요." 그래서 저는 급히 그곳으로 갔습니다. 제가 그곳에 도착하자 저희 사역자들 중 한 분의 사모님을 만났는데, 그분이 말했습니다. "너무 늦으셨어요. 그레이엄 부인은 세상을 떠났어요." 집에 걸어 들어가자, 방에서 나오는 사역자를 만났습니다. 그는 말했습니다. "그레이엄 부인이 숨을 안 쉰지 한참 됐습니다."

그녀를 보자 제 심장이 불타오르는 것 같았습니다. 저는 3년 전에 그녀가 자궁과 난소 절제 수술을 받은 후에도, **전능하신 하나님께서 그녀를 죽음에서 소생시키신** 것을 기억하였습니다. 그녀는 그 후로 결혼하고 아이를 가졌습니다.

저는 그녀를 베개에서 일으키고, 천국의 번개를 내려 죽음의 능력을 폭파시키고 그녀를 해방시켜 달라고 하나님께 부르짖었습니다. 저는 그녀가 돌아오기를 명하였고 그녀는 숨을 안 쉰지 23분이 지난 후에 돌아왔습니다.

육체적인 것의 가치

"하나님이 지으신 그 모든 것을 보시니 보시기에 심히 좋았더라"(창 1:31). 모든 것이 아주 좋았습니다. 이것은 사람의 육체적 몸도 포함한 것이었습니다. 우리는 "놀랍고도 경이롭게(fearfully and wonderfully)" 지어졌습니다(시 139:14).

예수님께서는 인간의 몸에 가치를 주셨습니다. "너희는 많은 참새보다 더 귀하니라"(마 10:31). 심지어 우리의 머리카락까지도 다 세어두셨습니다(마 10:31). 예수님께서는 육신으로 오셨습니다(요일 4:2-3). "자녀들은 혈과 육에 속하였으매 그도 또한 같은 모양으로 혈과 육을 함께 지니"신 것입니다(히 2:14). 그분은 육신으로 오셔야만 했습니다. 그분은 육체적인 몸을 통하여 사람들의 필요를 채우며 사역하실 수 있었습니다. 그것이 사람이 스스로 처하게 된 궁지에서 빠져 나오게 할 속량을 제공할 수 있는 유일한 길이었습니다. 예수님께서는 우리를 위해 그분의 몸을 주셨습니다(눅 22:19). "이 뜻을 따라 예수 그리스도의 몸을 단번에 드리심으로 말미암아 우리가 거룩함을 얻었노라"(히 10:10). 예수님께서는 그분의 몸 없이는 우리를 위해서 아무것도 하실 수 없으셨습니다.

예수님께서 죽음에서 부활하시고 아버지의 오른편으로 승천하신 후에 예수님은 인류를 위한 그분의 사역을 지속할 또 다른 몸이 필요했습니다. 그 몸은 신자들로 구성되었습니다.

육체적 몸이 무슨 가치를 가지고 있습니까? 가치가 너무나 컸기 때문에 예수님께서 당신의 몸을 사셨습니다. "(너희 몸은) 값으로 산 것이 되었으니 그런즉 너희 몸으로 하나님께 영광을 돌리라"(고전 6:20). 그러므로 우리는 우리의 몸을 "하나님이 기뻐하시는 거룩한 산 제물"로 드려야 합니다. 이것이 우리가 드릴 "합당한 예배(reasonable service)"입니다(롬 12:1).

어떻게 몸이 거룩해질 수 있습니까? 옛 언약 아래에서는 "황소와 염소의 피와 암송아지의 재"를 "부정한 자"에게 뿌려 "육체를 정결하게 하여" 거룩하게 했다고 합니다(히 9:13). 새로운 언약 아래에서는 예수님께서 그 보다 더한 일을 하십니다. "(너희가) 씻음을 받았느니라"(고전 6:11). 여기에서 쓰인 "너희"는 사람의 전 존재를 포함하며, 이는 예수님의 보혈로 씻겨 안팎으로 모두 정결하고 거룩해졌습니다. 우리의 몸은 다시 우리 안에 거하시는 하나님의 성령을 통해 살아납니다(quickened, [헬]새로운 생명을 주다)(롬 8:11). 그 결과 인간의 몸은 의의 무기가 됩니다(롬 6:13). 몸은 성령의 전입니다. 우리는 우리의 몸으로 하나님께 영광을 돌려야 마땅합니다(고전 6:19-20). 우리의 육체적 몸은 영과 혼과 함께 주님께서 강림하실 때까지 흠 없이 보존됩니다(살전 5:23).

인간의 몸이 얼마만큼의 가치를 가지고 있습니까? 너무나 큰 가치를 가지고 있기 때문에 예수님께서 우리의 몸을 건강하게 유지하시려고 가혹한 값을 치루셨습니다. "그가 채찍에 맞으므로 우리는 나음을 받았도다"(사 53:5), "그가 채찍에 맞음으로 너희는 나음을 얻었나니"(벧전 2:24), "(그가) 우리의 연약한 것을 친히 담당하시고 병을 짊어지셨도다"(마 8:17). 하나님께서는 건강한 몸들을 통해서 사역하셔야 합니다. 하나님께서는 복음을 위해 고난을 견뎌낼 건강한 몸들이 필요하십니다(딤후 2:3). "이는 우리가 그의 몸과 그의 살과 그의 뼈의 지체임이라"(엡 5:30, 한글킹제임스). 그리스도인의 보이지 않는 일부는 천국에 계신 예수님이십니다. 그리스도인은 이 땅에서 보이는 그리스도의 일부입니다.

인간의 몸이 얼마만큼의 가치를 가지고 있습니까? 개정표준

역성서(Revised Standard)는 "주 예수 그리스도께서 … 우리의 천한 몸을 그분의 영광스러운 몸과 같이 바꾸어주실 것이니라 (the Lord Jesus Christ … will change our lowly body to be like His glorious body)"(빌 3:21)라고 말합니다. 킹제임스역은 '우리의 **타락한**(vile) 몸'이라고 표현했는데 이는 헬라어로 "천한, 또는 표준 이하의"라는 뜻입니다. 육체적인 몸은 부활해야 합니다(고전 15장). 그 부활의 모형은 누가복음 24:39에 주어졌습니다. "또 나를 만져 보라 영은 살과 뼈가 없으되 너희 보는 바와 같이 나는 있느니라"

깨어진 율법을 되돌리기

아담과 하와가 반역하기를 선택하고 자신들의 길을 가기 원했을 때, 인류 안으로 죄와 질병과 죽음이 들어왔습니다. 예수님께서는 그 모든 것에 대한 완전한 대책으로서 오신 것입니다. 그분은 속사람(inner man)을 구원하고 치유하기 위해서 오셨으며, 동시에 겉사람(outer man, 육신)10)도 구원하고 치유하기 위해서 오셨습니다. 마지막 행위는 몸의 부활이 될 것입니다(고전 15:52-54).

---

10) 이 책에서 "겉사람"이란, 항상 육체적 몸(the physical body)을 일컫습니다.

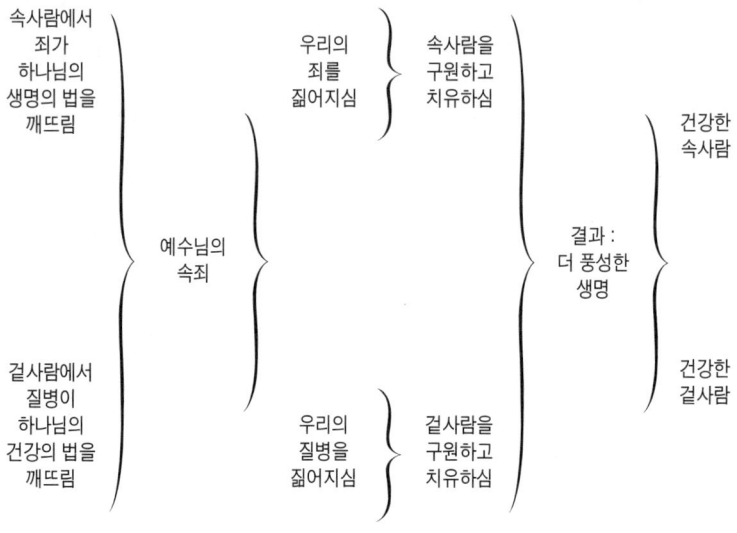

그러므로 몸을 치유함으로써 예수님께서는 깨어진 율법을 회복하시는 것입니다. 그분은 인간의 몸 안에 있는 마귀의 행실들을 파괴하신 것입니다(요일 3:8, 행 10:38).

예수님께서는 사람을 향한 하나님의 큰 긍휼을 나타내셨습니다. 그분은 매정하고 무자비한 원수의 손 안에 상처받고 피 흘리는 사람들이 있는 것을 보셨습니다. 사람을 향한 예수님의 긍휼함이 너무나 컸기 때문에, 그분의 말씀을 자기들이 믿고 싶은 것에 끼워 맞춰 해석함으로써 그분의 치유사역을 방해하는 사람들은 예수님을 화나게 했습니다(막 3:5). 이들 마음이 굳은 사람들과는 달리, 칠십 인이 돌아와 그들의 성공을 보고했을 때, 예수님께서는 기뻐하였습니다(눅 10:21).

하나님은 치유하심으로써 그분의 마음을 아프게 하는 것을 제거하는 것입니다.

치유는 하나님의 본성이십니다. 예수님을 둘러싼 무리 중에 한 여인이 혈루병을 앓고 있었습니다. 그녀는 예수님의 옷자락을 만지겠다고 작정했습니다. 그녀는 그렇게 하면 자기가 치유될 것이라고 믿었습니다. 그녀는 주님께 치유해달라고 구하지 않았습니다. 예수님께서는 그녀를 치유하는 것에 대해 합의하신 적이 없으셨습니다. 그러나 그녀가 믿음으로 예수님을 만졌을 때 자동적으로 예수님으로부터 능력이 흘러나갔습니다(마 9:20-23).

예수님께서 이 땅에서 사셨을 때 그분의 몸에는 어떤 질병도 없었습니다. 신유는 하나님께서 그리스도의 현재 몸인 교회를 질병으로부터 깨끗케 하시는 방법입니다. 예수님의 보혈은 사람의 삶 가운데 있는 죄들을 제거하고, 신유는 죄의 결과인 질병을 사람의 몸으로부터 제거합니다, 그러므로 신유는 그리스도의 몸의 건강이라는 목적을 위한 방법인 것입니다.

표적으로서의 신유

신유는 인류의 건강을 회복시키는 하나님의 방법일 뿐만 아니라 표적이기도 합니다. 이는 신자와 불신자 모두를 위한 표적입니다. 신유는 표적으로서 어떤 가치를 가지고 있을까요? 하나님께서 치유의 능력으로 역사하실 수 있도록 교회가 허락한다면 어떤 성취가 있을까요?

예수님께서는 자신이 행하신 기적들에 큰 가치를 두셨습니다. 예수님은 자신이 침례 요한보다 큰 기적들을 행하셨다고 말씀하셨습니다. 예수님의 기적들은 하나님께서 예수님을 보내셨음을 증명하였습니다(요 5:36). 예수님은 사람들에게 그분의 말은 믿지 못하더라도 그 일들은 믿으라고 권고하셨습니다(요 10:38). 예수님께서 행하신 기적들은 예수님께 너무나 중요했기 때문에 그분은 자신이 이룬 기적들을 강조하셨습니다. "내가 아무도 못한 일을 그들 중에서 하지 아니하였더라면 그들에게 죄가 없었으려니와 …"(요 15:24). 오늘날 예수님의 갈망은 현재 그분의 몸 된 교회의 신자들이 이런 기적들을 행하여 사람들이 그들의 죄에 대한 핑계를 대지 못하도록 하는 것입니다. 그렇기 때문에 이렇게 말씀하셨습니다. "내가 진실로 진실로 너희에게 이르노니 나를 믿는 자는 내가 하는 일을 그도 할 것이요 또한 그보다 큰 일도 하리니 이는 내가 아버지께로 감이라"(요 14:12).

신유는 표적으로서 어떤 가치를 가지고 있을까요? 성전 미문에 있던 앉은뱅이의 치유를 생각해 봅시다(행 3장). 그 결과로 5천명이 그리스도께 나왔습니다(행 4:4). 사도행전 9:32-35에서 아나니아의 치유 또한 한 지역과 마을이 주님께 나오게 하는 결과를 낳았습니다. 멜리데라는 섬에서 보블리오의 부친을 치유한 것은 섬에 사는 모든 아픈 사람들이 나와 해방 받도록 독려했습니다. 치유는 믿음을 독려하고 자라나게 합니다(행 28:8-9).

신유는 그 사람이 신자라는 표시입니다. 그가 하나님과 동행하는 가운데 만나는 사람들의 필요에 따라 사역하는 것은 신자의 책임입니다. 유다 지역에 핍박이 일어나기 시작했을 때 하나님의 백성들은 해외로 흩어졌습니다. 그들이 가는 곳마다 그들의 간증에 표적이 따랐습니다(막 16:20). 성자 바울도 그의 사역에 표적과 기적들이 따름으로써 자신의 사도성을 증명할 수 있었습니다(고후 12:12).

신유는 전도의 능력으로도 가치가 있습니다. 사람들은 표적에 매력을 느낍니다. 표적은 멀리 사는 사람들도 끌어당깁니다. 표적은 하나님의 임재를 의식하도록 사람들을 깨웁니다. 요하네스버그에서 존 G. 레이크 박사가 사역했던 18개월 동안 그의 장막에서 백 명의 회중들이 탄생했습니다. 사람들은 치유받기 위해 먼 거리를 왔고 구원받았습니다.

사도행전 4:29-30의 이 기도에 주목하십시오. "종들로 하여금 담대히 하나님의 말씀을 전하게 하여 주시오며 (주의) 손을 내밀어 병을 낫게 하시옵고 표적과 기사가 거룩한 종 예수의 이름으로 이루어지게 하옵소서" 어떻게 담대함을 줄 수 있을까요?

담대함은 하나님께서 그분의 손을 내밀어 병을 낫게 하시고, 표적과 기사들을 일으킬 때 생깁니다. 초대교인들은 치유와 표적과 기사들이 담대함을 촉진시킨다는 것을 알았습니다.

  예수님의 사역의 가장 중요한 특징 중 하나는 신유였습니다. 그것을 파괴하지 말고 지속시킵시다. 예수님께서 직접 사람으로 이곳에 계셨을 때처럼, 오늘날도 예수님께서 무리들에게 사역하실 수 있는 기회를 드립시다. 그분은 오늘 당신과 저를 통해 개인적으로 또는 집단적으로 사역하실 수 있으십니다. 우리는 그리스도의 몸입니다(엡 1:22-23).

제 4 장

하나님은 항상 치유하시는가?
Does God Always Heal?

존 G. 레이크 박사 저

신유에 대한 주제와 그것을 오늘날의 필요들에 어떻게 적용할 수 있을지를 고려해 볼 때, 가장 먼저 떠오르는 질문은 "하나님은 항상 치유하시는가?"입니다. 교회 전체적으로는 치유가 하나님의 뜻에 좌우되는 것이며, 그리스도인이 취해야 하는 올바른 태도는 "만일 하나님의 뜻이라면"이라고 가르쳐 왔습니다. 그리고 우리는 사람들이 이렇게 말하는 것을 지속적으로 듣습니다. "하나님께서 치유하실 수 있는 건 확실합니다. 그분은 그럴 능력을 가지고 계시고, 그분이 원하신다면 하실 수 있습니다."

우리는 이런 생각의 태도와 이런 이론의 특징이 예수님을 통해서 나타내신 하나님의 말씀과 하나님의 뜻을 오해한 결과라고 믿습니다. 우리는 하나님께서 항상 치유하시는 분이심을 강력히 주장합니다. 나아가 **우리는 하나님께서 더 이상 치유를 뜻하실 필요도 없고, 또한 어떤 개인의 치유 또는 불치를 뜻하실 필요가 없음을 강력히 주장합니다.** 인류를 축복하려는 그분의 열망 안에서, 그분은 예수 그리스도를 세상에 선물로 주심으로써 인간이 축복받고 치유받기 원하시는 자신의 영원한 뜻을 단 한 번에 보여주셨습니다. 하나님은 예수 그리스도를 통하여 이 축복을 나타내셨고 영원히 치유하기 원하시는 그분의 뜻과 갈망을 분명히 하셨습니다.

그리스도인들은 예수님께서 율법과 하나님의 생명과 뜻의 완전한 표현이심을 쉽게 인정하였습니다. 예수님은 자신의 말과 행동으로 세상을 향한 하나님의 생각이 무엇인지 나타내셨습니다. 예수님은 그분께 온 사람들을 절대로 단 한 사람도 거절하지 않고 모두 치유하셨으며, 그들이 갈망하던 축복을 아낌없이 주셨습니다. 결코 단 한명도 거절하지 않고 모두를 치유하심으로써, 예수님은 성도와 죄인 모두를 치유하기 원하시는 하나님의 영원한 뜻을 증명하셨습니다.

예수님께서 오직 선한 사람들만을 치유하셨다고 생각하는 것은 말도 안 됩니다. 그분은 그분께 나온 모든 사람들을 치유하셨습니다. 그들이 온 것만으로도 축복을 확보할 수 있었습니다. **예수님께서 치유하신 이유는 치유가 하나님의 본성이었기 때문입니다.** 하나님의 생각이 변덕스러워서도 아니었고 어떤 개인의 특별한 간청 때문도 아니었습니다. 누구든지 치유를 받기 원하고 받을 준비가 되어 있었으면 주님으로부터 받을 수 있었습니다. 그리고 복음서의 한 사건을 통해 예수님의 슬픔이 표현되었습니다. "그들이 믿지 않음으로 말미암아 거기서[나사렛에서] 많은 능력을 행하지 아니하시니라"(마 13:54-58). 그들은 불신앙 때문에 예수님께 축복을 구하러 나오지도 않았습니다.

사람들은 치유받기 위해서는 하나님을 설득해야 한다고 추측해왔습니다. 우리는 이것을 강력히 부정합니다. 하나님께서는 그리스도를 통해서 인류를 축복하기 원하시는 그분의 뜻을 나타내셨습니다. "하나님이 세상을 이처럼 사랑하사 독생자를 주셨으니 이는 그를 믿는 자마다 멸망하지 않고 영생을 얻게 하려 하심이라 하나님이 그 아들을 세상에 보내신 것은 세상을 심판하려 하심이 아니요 그로 말미암아 세상이 구원을 받게 하려 하심이라"(요 3:16-17).

세상을 구원하시는 하나님의 방법이 바로 그분의 구원을 구성하였고 이것은 마태복음 4:23에 나타나 있습니다. "예수께서 온 갈릴리에 두루 다니사 그들의 회당에서 가르치시며 [하나님의 뜻을 나타내시며] 천국 복음을 전파하시며 백성 중의 모든 병과 모든 약한 것을 고치시니" 하나님의 뜻에 대한 지식과 그리스도의 왕국을 세우기 위한 그분의 목적과 질병으로부터의 해방과 영과 혼과 육을 위한 동일한 축복이 모두를 위한 구원을 통해 제공되었습니다.

예수님의 속량은 십자가 고난에만 의존하지 않습니다. 이는 십자가 고난과 동일하게 예수님의 부활과 승천에도 동일하게 의존합니다. 하나님의 생각에서 각 단계는 한 가지 결말, 즉 성령님이 세상에 주어지는 것을 향해 올라가는 과정이었습니다. 십자가 고난을 통해 예수님은 유대인의 제물의 모형과 실제를 성취하셨습니다. 부활을 통해서 예수님은 죽음을 능가한 그분의 능력과, 죽음은 단지 포로에 불과하다는 사실을 나타내고 증명하셨습니다. 또한 하나님 보좌로의 승천과 아버지로부터 성령의 선물을 받으심으로써 예수님은 누구든지 구원을 받기 원하는 사람에게 보편의 구원을 주실 수 있도록 구비되셨습니다.

오순절 날에 예루살렘 교회에 성령의 홍수가 일어났을 때, 그 영광스러운 능력이 그들의 영혼을 통해 빛났고 불의 혀로 그들에게 머물렀습니다. 그들은 모두 성령으로 충만하였고 **성령님**께서 주시는 말대로 다른 방언으로 말하기 시작하였습니다. 사람들은 이 현상에 대한 설명을 원했고 베드로는 이렇게 대답했습니다. "이 예수를 하나님이 살리신지라 우리가 다 이 일에 증인이로다 하나님이 오른손으로 예수를 높이시매[승천시키시매] 그가 약속하신 성령을 아버지께 받아서 너희가 보고 듣는 이것을 부어 주셨느니라"(행 2:32-33).

그것은 바로 하나님께서 예수 그리스도를 통해 세상에 공급하신 속량의 능력의 최고 정점이었습니다. 그리고 그 날 이후로 오늘날까지 모든 사람들은 이 축복받은 하나님의 영을 기꺼이 받을 자격을 얻었습니다. 예수님께서는 인류는 너무나 큰 가치가 있고 하나님의 영이 인류를 치유하고 구원해야만 한다고 여기셨기 때문에, 우리가 성령님의 유익들을 누릴 수 있도록 자기의 생명을 주셨습니다.

이성적인 그리스도인들 사이에서도 사람들을 **구원하는 것**이 하나님의 뜻임은 논란의 여지가 없습니다. 모든 사람을 치유하는 것은 하나님의 뜻이며 동시에 하나님의 목적입니다. 생명 안으로 들어온 성령님을 통하여, 하나님께서는 우리의 영혼이 축복받고 우리의 몸이 치유받을 뿐만 아니라 성령님의 능력을 다른 사람들에게도 나눠줄 수 있도록 제공하셔서, 그들도 똑같이 축복받고 치유받을 수 있게 하셨습니다. 예수님께서는 "내 이름으로, 병든 사람에게 손을 얹은즉 나으리라"라고 말씀하셨습니다. 특별한 성직자나 사역자가 아니라, 또는 특이한 능력을 받은 특정한 개인이 아니라, 예수 그리스도의 복음을 받아들이고 하나님의 아들의 제자가 되기로 선언한 사람이라면 보통 **신자**나 평범한 사람도 누구나 할 수 있는 것입니다(막 16:14-20을 읽어보십시오).

그러므로 우리가 해야 할 질문은 "하나님께서 항상 치유하시는가?"가 아닙니다. 그런 질문은 유치합니다. 오히려 "우리가 그분의 치유를 기꺼이 받아들일 뜻이 있는가?"를 물어야 합니다. 만약 그렇다면, 오늘날 우리는 그것을 받아야 합니다. 나아가, 온 세상이 받아야 합니다. 주님께 마음을 열고 자신의 본성을 하나님께 접촉한다면 모든 사람이 받을 수 있습니다.

예수님께서는 세상이 치유를 필요로 하는 것을 아시고 자기를 따를 의사들(사역자들, 제자들, 성직자들, 모든 신자들)에게 확실히 공급하셨습니다. 이들은 알약이나 물약이 아닌 **하나님의 능력**을 나눌 자들입니다. 치유의 은사는 교회를 위해서 영원히 지속되도록 성령님께서 준비하신 성령님의 9가지 은사 중 하나입니다(고전 12:8-11).

"하나님께서 항상 치유하시는가?"라는 질문을 계속 논의하는 것은 하나님의 말씀에 대해 무지하다는 증거입니다. 마치 하나님께서 어떤 때는 치유하시고 어떤 때는 치유하시지 않는다고 하는 것과 같습니다. 하나님의 영이 말씀을 통해 계시하시면 하나님께서 항상 치유자이시며 오늘도 치유하시고 영원히 치유하심을 드러낼 것입니다. "예수 그리스도는 어제나 오늘이나 영원토록 동일하시니라"(히 13:8). 결과적으로, 모든 사람을 위한 모든 질병으로부터의 치유가 있으며, 그것은 그들이 하나님께서 약속하신 하나님의 영을 믿음으로 기꺼이 받아들이기만 한다면,

예수 그리스도를 통하여 축복을 열망하는 모든 이의 혼과 몸에 일어나는 일입니다.

베드로는 이 사실에 대해서 이렇게 설명했습니다. "그가 채찍에 맞음으로 너희는 나음을 **얻었나니**" 이 일은 예수님께서 자신을 영원한 희생물로 드렸을 때 하나님의 혼 가운데에서 이미 이루어졌고, 다시는 일어날 필요가 없으며, 그리고 하나님은 한 개인의 치유를 위해 다시 생각하셔야 할 필요가 없습니다. 그분은 일찍이 인간의 치유를 **정하셨고**, 그것은 영원히 이루어졌습니다. 그분은 치유를 제공하시고 온 세상이 치유를 누릴 수 있도록 초대하십니다. 그것은 당신이 가지기 위해 있는 것이고, 당신이 즐기도록 있는 것이고, 당신이 다른 사람들에게 전이할 수 있도록 주어진 것입니다.

학습 가이드

예수님께서는 아버지의 뜻을 나타내셨습니다. 문둥병자가 예수님께 말했습니다. "주여 원하시면 저를 깨끗하게 하실 수 있나이다" 그러자 예수님께서 대답하셨습니다. "내가 원하노니 깨끗함을 받으라"(마 8:1-3). 왜 원하셨을까요? "우리의 연약한 것을 친히 담당하시고 병을 짊어지셨도다"(마 8:17).

예수님께서는 그분에게 나온 모든 사람들을 치유하셨습니다.

1. 마 4:23. "백성 중의 모든 병과 모든 약한 것을 고치시니"
2. 마 4:24. "수리아에 사람들이 모든 앓는 자들을 데려오니 그들을 고치시더라"
3. 마 8:16, 눅 4:39-41. 열병을 꾸짖으시고 마을의 모든 사람을 고시침.
4. 마 12:15. "예수께서 그들의 병을 다 고치시고"
5. 마 15:30-31. 큰 무리가 예수님 앞에 나와 "예수의 발 앞에 앉히매 고쳐 주시니"
6. 마 21:14. "맹인과 저는 자들이 예수께 나아오매 고쳐주시니"
7. 눅 6:17-19. 많은 무리가 예수께 나와 고침을 받음.
8. 눅 5:15. 수많은 무리가 자기 병을 고침 받고자 모여 옴.
9. 눅 7:21. 예수께서 질병과 고통과 맹인을 많이 고치심.
10. 눅 9:11. 예수께서 병 고칠 자들을 모두 고치심.

예수님은 무리를 보고 가엾게 여기시어 그들의 병을 고쳐주셨습니다(마 14:13-14).

치유하는 것이 하나님의 본성이라는 것은 혈루병 앓던 여인의 치유에서 증명됐습니다(마 9:20-21, 눅 8:43-47). 이 여인은 예수님께 자기를 치유해달라고 부탁하지 않았습니다. 예수님도 그녀의 치유에 대해 합의하지 않으셨습니다. 그녀는 믿음으로 예수님의 옷자락을 만졌고 예수님으로부터 능력이 나와 그녀를 온전케 하였습니다.

많은 사람들이 예수님을 만지고 온전해졌습니다(마 14:35-36, 막 6:53-56, 막 3:10).

예수님께서는 사람들이 구하지 않아도 치유하셨습니다. 요한복음 5:6에 그분은 오랫동안 누워 있던 무력한 남자도 치유하셨습니다.

그분은 (선천적 결함을 가진) 비정상의 몸들을 온전케 하셨습니다. 요한복음 9:6-7에서 그분은 장님으로 태어난 남자를 치유하셨습니다. 마태복음 12:13에서 그분은 손이 마른 사람의 손도 정상적으로 회복시키셨습니다.

예수님께서는 그 자리에 함께 있지 않았던 사람들도 다른 사람의 부탁으로 치유하셨습니다(마 8:13). 그분은 백부장의 종도 치유하셨고(마 8:13), 왕의 신하의 아들도 치유하셨습니다(요 4:46-53).

그분은 마귀들을 쫓아내셨습니다(눅 4:33-35). 누가복음 4:41을 보십시오. 그분은 막달라 마리아로부터 일곱 마귀를 쫓아내셨습니다(눅 8:2). 그분은 많은 사람들을 악한 영들로부터 치유하셨습니다(눅 7:21). 누가복음 11:14도 보십시오.

예수님은 그분으로 하여금 치유할 수 있도록 허락하는 모든 사람들을 치유해주셨습니다. 그가 안수하신 모든 사람들은 치유되었습니다. "거기서는 아무 권능도 행하실 수 없어 다만 소수의 병자에게 안수하여 고치실 뿐이었고" 예수님은 치유하기 원하셨고 치유하실 능력이 있으셨기 때문에 만일 무리가 허락만 했다면 모두 치유할 수 있으셨습니다. 그러나 그들은 예수님께 나오지 않았고 예수님께서 그들에게 안수하도록 허락하지 않았습니다. 그것을 예수님의 탓으로 돌릴 수는 없습니다(막 6:4-6).

예수님은 사람들을 치유하도록 열두 제자들을 보내셨습니다(마 10:8, 막 6:12-13). 칠십 명의 사람들도 치유하도록 보내셨습니다(눅 10:9). 예수님께서는 체포된 이후에도 치유하셨습니다(눅 22:50-52).

신자를 통해서 그분의 사역을 지속하기 위한 그분의 마지막 명령에는 치유도 포함되었습니다(막 16:15-18, 20).

그분은 "사람의 생명을 멸망시키러 온 것이 아니요 구원하러" 오신 것입니다(눅 9:55 난외주). 이것은 혼과 함께 몸도 포함하는 것입니다. "하나님이 나사렛 예수에게 성령과 능력을 기름 붓듯 하셨으매 그가 두루 다니시며 선한 일을 행하시고 마귀에게 눌린 모든 사람을 고치셨으니 이는 하나님이 함께 하셨음이라"(행 10:38). 그분은 "마귀의 일을 멸하려" 오셨습니다(요일 3:8). 예수님께서는 사람들을 해방시키는 것을 기뻐하셨습니다(눅 10:21).

예수님께서는 그분께 나온 모든 사람들을 치유하셨습니다. 그분은 아무도 거절하지 않으셨습니다. 예수님은 누구에게도 그 사람의 질병이 그를 더 나은 사람으로 만들고 있다고 하지 않으셨습니다. 그분은 누구에게도 마귀의 억압을 받는 것이 그에게 이득이 되는 숨겨진 축복이라고 하지 않으셨습니다. 그분은 치유받으려면 내년까지 기다리라고 하신 적이 없으십니다. 하나님께서 치유하십니까? 그렇습니다! 항상 치유하십니까? 당연합니다! 그분은 변하지 않으셨고 오늘도 치유하십니다(히 13:8).

예수님의 생명과 그분의 부활의 세력은 사람의 혼과 영과 몸을 스며드는 신성한 실재입니다. 사람의 존재 자체에 힘을 줄뿐만 아니라, 한 사람의 생명 안에서 빛나다가 다른 사람의 생명 안에서도 빛나고, 질병을 파괴하고, 죄를 파괴하며, 사람이 영 안에서 혼 안에서 그리고 몸 안에서 새로워지게 하는 창조적인 세력입니다.*

제 5 장

하나님께서는
어떤 방법들로 치유하시나?
What Means Does God Use in Healing?

1971년도에 우리는 워싱턴의 그랜드뷰에서 신유에 대한 연속 강의를 하고 있었습니다. 로이스 런드라는 젊은 여인이 사역을 받기 위해 올라왔습니다. 그녀의 오른쪽 다리는 왼쪽 다리보다 반 인치(≒1.3cm)가 짧았습니다. 그녀는 허리 문제로 고통스러워하고 있었습니다. 우리는 그녀에게 손을 얹고 회중이 우리와 함께 기도하도록 했습니다. 하나님께서 그 다리를 다른 다리와 똑같은 길이로 자라나게 하셨습니다. 하나님께서 그녀의 등을 치유하시고 정상으로 회복시키셨습니다. 어떤 방법으로 이런 일이 성취될 수 있었을까요?

필자(윌포드 리트)는 20년 전에 심장확장증을 앓고 있었고 지속적인 고통이 있었습니다. 어느 주일 저녁, 우리는 스포케인에 있는 한 작은 교회에 참석했습니다. 누군가 치유 사역이 필요하냐고 물었을 때에 저는 앞으로 나갔습니다. 한 남자가 와서 저에게 안수를 했고 아주 간단한 기도를 해주었습니다. 그 순간 마치 그분의 손이 제 가슴 속으로 들어와 제 심장을 정상적인 크기로 주무르는 것 같이 느껴졌습니다. 너무나 생생하고 실제적이었습니다. 그리고 오늘날까지 그 질병이 재발한 일이 없었습니다. 어떤 방법으로 이런 일이 성취될 수 있었을까요?

1920년도 10월 11일, 오레곤 주의 포틀랜드 파르디 가 874번지에 사는 D. C. 테이핀 부인이 이 간증을 나누셨습니다.

저는 여든세 살입니다. 2년 전에 제 척추의 끝에 암이 생겼습니다. 그 암이 자라서 지름 3인치(≒7.6cm)의 편자 모양으로 퍼져서 심한 고통이 끊임없이 있었습니다. 포틀랜드와 시애틀에 있는 많은 의사들이 가끔 치료해주었지만 암은 꾸준히 악화되었습니다. 병원비로 돈을 다 써버리고 소망이 끊어지고 온 가족이 절망에 빠지고 저는 끔찍한 죽음을 마주하고 있었습니다. 그때 한 친구로부터 레이크 박사님께서 아픈 사람들을 위해 기도해주시고 기도를 통해서 놀라운 기적들이 일어나고 있다는 소식을 전해 들었습니다. 우리의 마음속에 새로운 희망이 태어났고, 우리는 즉시 그분을 찾았지만 레이크 박사님께서 부재중인 관계로 선생님의 동료들로부터 기도를 받길 원했습니다. 레이크 박사님의 비서인 헤리엇 그레이엄 목사님께서 저와 함께 무릎을 꿇고 저를 암으로부터 해방시켜 주시기를 간절히 기도했습니다. 그 즉시 모든 끔찍한 고통은 제 몸을 떠났고 그 이후로 돌아오지 않았습니다. 3개월 동안 제 암은 말라 없어졌고 이제 제게 그 끔찍한 날들을 연상시키는 것은 흉터밖에 없습니다. 하나님께서 어떻게 제 몸을 만지시고 우리의 모든 먹구름들을 흩어지게 하셔서 이제는 햇빛이 우리를 환하게 비추게 하셨는지는 아무도 모를 것입니다. 제 딸은 심한 두통으로 괴로워하고 있었습니다. 저를 치유자들께 인도했던 제 딸은 특별한 기도를 받지 않았음에도 불구하고, 제게 치유가 왔을 때 그녀 또한 그 능력의 만짐을 받고는 즉시 치유되었습니다.*

도대체 어떤 방법으로 이 치유가 성취될 수 있었을까요?

존 G. 레이크 목사님께서 매기 오토라는 자매에 관한 이 간증을 나누십니다. 매기는 유방암을 앓고 있었습니다. 목사님께서 말씀하십니다.

그녀는 미시간 주 디트로이트에서 닥터 카스텐스에게 5번이나 수술을 받고, 결국에는 5개의 암을 가지고 돌아와서 죽음을 기다리게 되었습니다. 우리는 그녀를 들것에 실어 도위 목사님께로 데려갔습니다. 목사님께서는 치유집회를 열고 계셨습니다. 그녀는 간이침대 위에서 고통으로 몸부림치고 있었습니다. 그때 연세 많으신 의사 선생님께서 그분의 성경책을 내려놓으시며 내려와 그녀를 위해서 기도하셨고 그녀는 완전히 치유 되었습니다. 그 후로 며칠 뒤에 저는 그녀의 가슴을 검사했고 암이 당신이 신고 있는 신발 색처럼 새까매졌음을 발견했습니다. 어느 날 아침 저는 손가락으로 암세포를 만졌고 암이 그녀의 몸으로부터 분리되었음을 발견했습니다. 제가 그 암세포를 뒤틀었더니 뿌리 채 뽑혔습니다. 어떤 뿌리는 지름이 8분의 1인치였고, 어떤 뿌리는 16분의 1인치였으며, 어떤 뿌리는 실처럼 가늘었고, 어떤 뿌리는 머리카락처럼 가늘었습니다. 우리는 그 암세포를 알코올에 담았고 카스텐스 선생님의 병원에 수년간 보관했었습니다.

하나님께서 어떤 방법으로 암세포 다섯 개를 죽이시고 그녀의 몸의 온 세포를 온전케 하셨을까요?

하나님께서 치유하시기 위해서 "방법"을 사용하십니까? "방법"은 아픈 사람들에게 처방하기 위해서 세상이 일반적으로 사용하는 여러 가지 치료들과 의약품과 물약들을 말합니다. 한마디로 약물학입니다.

이것은 누구에게나 결정하기 매우 쉬운 질문이 될 것입니다. 세상은 항상 세상만의 치유 시스템을 가지고 있었습니다. 모든 세기 동안 인간이 알고 있는 치유의 시스템들이 있었습니다. 이 치유 시스템들은 인류가 존재한 만큼 오래되었습니다. 그것들은 인간을 질병과 고통으로부터 구해내기 위한 인간의 최고의 노력이었습니다.*

예수님께서는 이 땅에 계실 때 "진통제"를 거부하셨습니다. "쓸개 탄 포도주를 예수께 주어 마시게 하려 하였더니 예수께서 맛보시고 마시고자 하지 아니하시더라"(마 27:34). 쓸개즙 또는 담즙이 신 포도주와 섞여 고통을 진정시키거나 완화했습니다. 마가복음 15:23에 나오듯이 그들은 두 가지 다른 혼합물을 사용했습니다. "몰약을 탄 포도주를 주었으나 예수께서 받지 아니하시니라"

예수님께서는 세상의 치유 시스템을 사용하지도 않으시고 지지하지도 않으셨습니다. 그러면 세상의 치유 시스템을 대체하기 위해 예수님께서 생각하고 계시던 방법은 도대체 무엇이었을까요? **예수님께서 아픈 자들에게 사역하신 하나님의 치료법은 영적인 것이었습니다.*** **그것은 성령님의 능력이었습니다.** 열쇠는 누가복음 6:19에서 찾을 수 있습니다. "온 무리가 예수를 만지려고 힘쓰니 이는 능력이 예수께로 나서 모든 사람을 낫게 함이러라" 여기에서 "능력(virtue)"은 헬라어로 **듀나미스(dunamis)**입니다. 듀나미스의 뜻은 (문자적으로나 비유적으로나) 세력(force)이고, 특히 기적적인 능력을 뜻합니다. 사도행전 1:8에 나오는 "권능(power)"이라는 단어도 똑같은 헬라어 듀나미스에서 왔습니다. "오직 성령이 너희에게 임하시면 너희가 **권능**을 받고…" 예수님께로부터 흘러나온 이 세력이 치유를 성취한 것입니다. 그리고 이와 똑같은 세력이 그리스도인으로부터 흘러나와 똑같은 결과를 성취하는 것입니다.

혈루병을 치유받은 여인은 치료를 받을 수 있을 정도로 자신 안에서 효과와 권능을 의식했습니다. 너무나 의식한 나머지 예수님의 옷자락을 만지기만 하여서 "병이 나은 줄을 몸에 깨달" 았다고 했습니다. 예수님도 그녀와 같이 치유의 능력이 전달되었음을 인식하시고 "내게 손을 댄 자가 있도다 이는 내게서 능력이 나간 줄 앎이로다"라고 말씀하셨습니다(막 5:27-34).*

그들이 성령님을 통하여 하나님으로부터 하나님의 영을 다른 이들에게 전이시킬 수 있는 능력을 받았을 때, 예수님께 있던 이 똑같은 능력이 사도들과 칠십 인과 초대 그리스도인들을 통해서 전이되었습니다. 열두 제자들에 관해서 성경은 "예수께서 열두 제자를 불러 모으사 모든 귀신을 제어하며 병을 고치는 능력과 권위를 주시고 하나님의 나라를 전파하며 앓는 자를 고치게 하려고 내보내시며"(눅 9:1-2)라고 말합니다.*

하나님께서는 칠십 인에게 모든 도시로 가라고 명하시고, "거기 있는 병자들을 고치고 또 말하기를 하나님의 나라가 너희에게 가까이 왔다 하라"라고 하셨습니다(눅 10:9).

초대 그리스도인들의 삶에서는 살아계신 하나님의 영의 능력과 그 치유의 능력이 절대적인 핵심이었습니다. 바울에 대한 기록에서는 사람들이 손수건과 앞치마를 그에게로 가져왔고, 그의 몸을 만지기를 구했다고 적습니다. 그리고 그것을 병든 자들에게 얹을 때에 그들은 치유받고 귀신들이 나갔습니다(행 19:11-12). 이런 경우에는 생명이 없는 손수건과 앞치마 같은 물건들조

차도 성령 충만한 사람인 사도 바울로부터 성령의 능력을 전이 받을 수 있는 도구가 되었습니다.*

이것은 초대 그리스도인뿐 아니라, 대부분의 교회들이 매우 주의 깊게 제기하고 주장하고 있는 마귀의 거짓말, 즉 기적의 날들은 이미 지났다는 말을 담대하게 믿지 않기로 한 사람들이 공통적으로 경험하는 일입니다.*

하나님을 향해 나가고, 성령님의 흥분을 느끼고, 초대 그리스도인들의 때처럼 아들이 성령님을 통해서 자기의 삶 속에 오늘 살아계신다는 것을 믿기로 선택한 모든 진보적인 그리스도인은 자신 안에 그와 똑같은 하나님의 능력이 잉태되었다는 것을 발견하였습니다. 그리고 그가 병든 자들에게 믿음으로 안수할 때에 그의 두 눈으로 아픈 사람들이 치유되는 것을 보았습니다.* 모든 그리스도인은 인간의 해방을 위한 하나님의 모든 공급이 은혜로 주어지는 것임을 알아야 합니다. 구원과 치유는 선물입니다. 만일 행위와 방법들이 관여되기 시작한다면 더 이상 선물이 아닌 것입니다. 그러므로 인간이 제공한 구제책은 의미도 가치도 없습니다. 아무도 의학이 두드러진 성공을 이루었다는 사실을 의문하지 않습니다. 그러나 의학이 미친 손해도 부정할 수는 없습니다. 의학은 인간의 최선의 노력입니다. 우리가 깊이 뉘우치는 것은 인간의 치유 방법을 하나님의 치유 방법으로 만들려 했다는 점입니다. 예수님께서는 하나님의 치유 방법을 밝히셨습니다. 그것은 완전히 영적인 것입니다. 하나님의 방법에는 고통 없는 완벽한 치유가 있습니다.

존 G. 레이크 박사님께서 간증하십니다.

하나님께 찬양 드리며, 그분의 영광을 위해 기록합니다. 이 사역의 지난 25년 동안 저는 온 세상에 있는 수십만 명의 사람들이 하나님의 능력으로 치유받는 것을 목격하였습니다. 인간에게 알려진 모든 질병은 거의 다 치유되었습니다. 치유받은 사람의 대부분은 (특히 워싱턴의 스포케인에서) 의사들에게 가망이 없다고 선고받은 사람들이었고, 대부분은 그들이 가지고 있는 전 재산을 세상의 방법에 허비하며 수천 달러를 쓰고도 원하는 치유를 받지 못했습니다. 그들은 마지막으로 하나님께 나와 주 예수 그리스도를 발견하였고 하나님의 능력으로 역사하는 치유 사역이 이전과 같이 오늘날에도 효과적으로 나타나고 있음을 발견하였습니다. 그리하여 "예수 그리스도는 어제나 오늘이나 영원토록 동일하시니라"(히 13:8)라는 하나님의 말씀의 진리가 증명되어졌습니다.*

성령님은 그리스도인에게 내주하심으로써 그들에게서 하나님의 영이 빛을 발하게 하고, 또 그들로 하여금 그 어떤 악한 세력의 접촉에도 흔들리지 않게 하십니다. 왜 그렇습니까? 그분이 실제적인 세력 그 자체이기 때문입니다! 하나님에 대한 믿음이 활동하고 있는 한 하나님의 영은 그리스도인에게서 빛을 발합니다.*

인간의 해방을 위한 하나님의 모든 공급은 은혜를 통해서 받는 것입니다. 만일 행위와 방법이 관여되기 시작하면 그것은 더 이상 선물이 아니라 대가가 됩니다. 구원과 치유는 선물입니다.

제 6 장

무엇으로 고통을 받는가?
Suffer - What?

어떤 일에서든지 지성 있게 행동하려면 우리는 반드시 하나님의 뜻을 알아야만 합니다.

에덴동산이라는 완벽한 환경에 하나님은 완벽한 사람을 두셨습니다. 그는 고통이라는 것을 몰랐습니다. 사람이 하나님을 반역했을 때, 고통(suffering)이 왔습니다. 그것은 완벽한 환경의 종결이었습니다. 사람은 동산에서 쫓겨났고 온 땅은 저주 받게 되었습니다. 그 고통의 일부는 땅이 소산을 내도록 힘들게 일해야 하는 것이었습니다(창 3:17-19). 그러나 나중에 하나님께서는 순종적인 사람들에게 이 땅의 삼키는 자를 꾸짖기로 약속하셨고 땅이 소산을 낼 것이라고 하셨습니다(말 3:10-11).

1920년대 말이나 1930년대 초에 워싱턴 중부지방의 밀 농장은 매우 메마른 때를 경험하였습니다. 제 친구 폴 게링은 워싱턴의 리츠빌 외각에서 밀 농장을 운영하고 있었습니다. 어느 해 그는 비가 내리지 않아 농작물이 시들어 말라가는 것을 보았습니다. 그가 찰리 홀랜드스워스라는 그리스도인 형제를 불렀는지, 아니면 찰리가 하나님의 인도를 받고 게링의 집에 갔었는지는 기억나지 않습니다. 그는 도움이 필요한 사람들에게 가라는 인도를 하나님께 자주 받았습니다. 게링의 집에 도착한 후 찰리 형제는 헛간 옆을 걷고 있었습니다. 주님께서 그에게 말씀하시기를 이 사람들이 필요한 것은 비가 아니라 하나님에 대한 믿음이라고 하셨습니다. 어떻게 하나님께서 그 농작물을 구하고 그들의 필요를 채워주실 수 있었을까요? 어떻게 그 기도에 응답하셨을까요? 바로 수분이 땅 속에서부터 올라와 농작물은 푸르게 변하고 자라났습니다. 주위에서는 농사가 실패하고 있는 와중에 게링 형제는 좋은 농작물을 거둘 수 있었습니다. 하나님께서는 항상 우리가 그리스도 안에서 승리하게 하십니다. 그분은 그분의 말씀을 지키시며 하나님에 대한 믿음은 항상 고통과 손해를 완화합니다.

"타락"의 또 다른 결과는 슬픔(sorrow)의 증가일 것입니다. 여자는 그로 인해 고생(sorrow)하며 자녀를 낳게 되었습니다(창 3:16). 이 시점에서 우리가 고려해 보아야 할 새로운 언약의 성경 구절이 하나 있습니다. 디모데전서 2:15입니다. "그러나 여자들이 만일 정숙함으로써 믿음과 사랑과 거룩함에 거하면 그의 해산함으로 구원을 얻으리라" 이것은 무엇을 의미할까요? 여자가 자녀를 낳지 않는다면 구원을 받을 수 없다는 것을 의미합니까? 그릴 수는 없습니다. 만일 그랬다면 미혼 여성이나 임신을 하지 못하는 여성들은 구원을 받을 수 없습니다. 이는 하나님의 말씀을 믿는 신실한 여자는 자녀를 낳을 때 슬픔이 덜어질 것을 의미합니다. 그랜드뷰에서 신유에 대한 수업을 하는 중에, 한번은 제 친구 테레사 리틀턴이 그녀의 자녀의 탄생에 관한 간증을 나눴습니다. 그녀와 그녀의 남편인 케빈은 디모데전서 2:15 말씀을 믿고 행하기 시작했습니다. 그녀는 아기를 순산하면서 진통제를 복용하기를 거부했습니다. 그녀는 아기를 순산하는 것을 진심으로 즐겼다고 간증했습니다. 사람들이 하나님의 말씀을 그대로 믿기만 한다면 얼마나 많은 고통이 덜해질까요? 하나님은 그분의 모든 약속과 서약에 있어서 신실하십니다.

"타락"의 또 다른 결과는 인류에 대한 질병과 질환의 침입입니다. 성경에는 홍수가 일어나기 전까지 질병에 대한 언급이 없습니다. 창조주께서 첫 남자와 여자에게 넣어두신 생명력과 힘과 건강이 너무나 놀랍고 엄청나서 죽음이 아담을 무덤에 넣기까지 930년이 걸렸습니다.

그리스도께서는 우리를 위하여 고난을 당하심으로, 우리가 그분의 발자취를 따라 걸을 수 있도록 하셨습니다(벧전 2:19-21). 만일 그리스도인인 제가 고난(suffer)을 받아야 한다면, 그 고난에는 무엇이 있을까요? 거기에 포함되지 않는 고난도 있을까요? 예수님의 예를 볼 때, 우리는 고난의 범주를 하나 이상 정할 수 있을까요? 그분의 뜻에 따른 고난이 있다면, 그분이 뜻하지 않으신 고난도 있을까요? 예수님은 보이지 않는 하나님의 보이는 계시이자 완전한 최종 계시였으므로 우리는 **오직** 예수님의 발자취만을 따를 것입니다. 그분은 우리가 이전에 가졌던 약속들보다 더 나은 약속들 위에 더 좋은 언약을 맺으셨습니다(히 1:1-3, 8:6).

고난(suffering)은 여러 종류로 나눠질 수 있는가?

그리스도의 고난에 참여하는 자들(벧전 4:13)
하나님의 뜻대로 받는 고난(벧전 4:19)

예수님의 고난	사도들의 고난
예수님께서 이 땅에 계신 동안 받으신 고난은 무엇인가? **1. 유혹** a. 사탄에 의해. 마 4장 b. 사람들에 의해. 마 19:3, 22:35 c. 증거. 히 2:18 **2. 거짓 고소** a. 신성 모독으로. 마 26:65 b. 하나님으로부터 온 자가 아니라고. 요 9:16 c. 죄인으로. 요 9:24 d. 귀신 들림으로. 요 8:48 e. 행악자로. 요 18:30 f. 거짓 형제 중의 위험. 눅 22:2, 요 10:31 g. 먹기를 탐하는 자로. 마 11:19	사도들이 이 땅에 계신 동안 받은 고난은 무엇인가? **1. 유혹** a. 벧전 1:6, 고전 10:13 b. 약 1:12 **2. 거짓 고소** a. 신성 모독으로. 행 6:13 b. 범죄로. 행 25:7-8 c. 신행을 욕함. 벧전 3:16

3. **박해** 요 5:16
a. 비웃음. 마 9:24
b. 업신여김. 눅 23:11
c. 희롱함. 마 27:29, 눅 23:11
d. 비방함. 롬 15:3
e. 시내의 위험. 요 8:59
f. 거짓 형제 중의 위험. 눅 22:2, 요 10:31
g. 체포됨. 마 26:57
h. 갇힘. 마 27:1
i. 주먹으로 침. 마 26:67
j. 채찍질 함(scourged). 막 15:15
k. 채찍질 함(stripes). 요 19:1, 벧전 2:24
l. 침 뱉음. 마 26:67
m. 가시나무 관을 씌움. 요 19:2
n. 부인. 마 26:70
o. 배반. 마 26:48
p. 손바닥으로 때림. 마 26:67
q. 거절. 마 8:34
r. 십자가에 못 박음. 마 27:35
s. 죽음. 마 27:35, 50

4. **필요** 마 8:20

5. **피곤** 요 4:6. "그의 모양이 타인보다 상하였고" 사 52:14

3. **박해** 행 8:1-2, 딤후 3:12
a. 능욕. 행 5:41
b. 학대. 히 13:3
c. 폭도. 행 21:30-31
d. 돌로 침. 행 7:59-60, 고후 11:25
e. 비방함. 딤전 4:10
f. 시내의 위험. 고후 11:26
g. 거짓 형제 중의 위험. 갈 2:4, 벧후 2:1
h. 체포됨. 행 16:37
i. 갇힘. 행 4:3-5. 16:23
j. 매를 맞음(bufferes). 행 16:23
k. 매를 맞음(scourged). 행 16:23
l. 매를 맞음(stripes). 행 16:23, 고후 11:24-25
m. 환난. 살전 3:4
n. 죄인처럼 고난당함. 딤후 2:9
o. 죽음. 행 7:60, 12:2
p. 그리스도를 위한 곤고. 고후 12:10
q. 거절. 행 21장
r. 부당한 고난과 슬픔을 참음. 벧전 2:19

4. **필요** 빌 4:12, 고후 12:10

5. **수고** 고후 11:27

6. **모든 것을 잃음** 빌 3:8, 히 10:34

7. **파선** 행 27장
사도 시대부터 인간은 더욱 많은 종류의 괴롭힘을 만들어왔다. 폭스의 『순교자의 책』을 보라.

예리한 관찰자는, 위의 예수님의 고난과 그 제자들의 고난을 비교한 것에서 다음과 같은 성경 구절에 열거된 조건들에 부합하는 고난의 종류들이 있다는 것이 분명히 보일 것입니다.

1. "그리스도의 고난에 참여" 벧전 4:13, 고후 1:7
2. "고난에 참여함" 빌 3:10
3. 그와 함께 고난을 받음. 롬 8:17
4. "그를 위하여 고난도 받게" 빌 1:29
5. 그의 고난이 우리에게 넘침. 고후 1:5
6. "하나님의 뜻대로 고난을 받는 자들" 벧전 4:19

고난이 여러 종류로 나눠질 수 있는가?

첫째로는 병약에 대해 생각해 보겠습니다. "병약(infirmity)"이라는 단어는 헬라어 "아스테니아(asthenia)"를 번역한 말로서 (육 또는 혼의) 허약함을 뜻하며, 암시적으로 질병을 뜻합니다. 우리는 그리스도의 고난에 참여하는 자들입니다. 그렇기 때문에 바울이 병약을 즐거움으로 받았던 것입니다. 그 병약의 원인들은 돌에 맞고, 채찍에 맞고, 매를 맞고, 파선되고, 주리고, 목마르고, 굶고, 헐벗었기 때문입니다(고후 11:24-27, 행 14:19). 아픔(painfulness)은 어떻습니까? 한번 돌을 맞아보거나 두들겨 맞는 대상이 되어 보고, 거기에 어떤 아픔이 있는지 보십시오.

그리스도인에게는 그리스도를 위해서 받는 고난에 대한 분명한 태도가 있습니다. "그러므로 내가 그리스도를 위하여 약한 것들과 능욕과 궁핍과 박해와 곤고를 기뻐하노니 이는 내가 약한 그 때에 강함이라"(고후 12:10). "너는 그리스도 예수의 좋은 병사로 나와 함께 고난을 받으라"(딤후 2:3). 이러한 태도는 골로새서 1:24에 신성하게 표현되었습니다. "나는 이제 너희를 위하여 받는 괴로움을 기뻐하고 그리스도의 남은 고난을 그의 몸된 교회를 위하여 내 육체에 채우노라". "오히려 너희가 그리스도의 고난에 참여하는 것으로 즐거워하라"(벧전 4:13).

성령께서 말할 수 없는 신음으로 우리를 위하여 중보하심으로 우리의 연약함을 도우시기 때문에(롬 8:26-27), 이런 종류의 고난으로부터는 해방이 있습니다. 여기서 "돕는다"는 단어는 "도우려고 옆에서 잡아 주다, 즉 견디어 내도록 도와주다"라는 뜻의 헬라어에서 왔습니다. 그분은 우리가 이 고난을 통과하게 하시고, 그 고난으로부터 우리를 해방시키십니다. "박해를 받음과 고난과 또한 안디옥과 이고니온과 루스드라에서 당한 일과 어떠한 박해를 받은 것을 네가 과연 보고 알았거니와 주께서 이 모든 것 가운데서 나를 건지셨느니라"(딤후 3:11). 중보와 탄식과 성령의 도움은 모두 합력하여 우리를 위한 선과 해방을 이룹니다(롬 8:28). 그리하여 사람은 믿음의 선한 싸움을 계속 싸울 수 있도록 정상으로 돌아오게 됩니다.

그런데 이와 대조적으로, 예수님께서는 병약(infirmity)의 영으로부터 속박 받아 허리를 펴지 못하던 여인을 부르셨습니다. 그녀는 허리가 굽어있었고, 18년 동안 사탄에게 묶여 있었습니다. 예수님께서는 그녀를 병약으로부터 풀려나게 하셨습니다(눅 13:11-13). 이제 질문이 떠오릅니다, 예수님께서는 그녀가 병약을 즐길 수 있는 기회를 뺏으신 것입니까? 아닙니다. 예수님께서는 그러지 않으셨습니다. 이런 종류의 병약은 사탄의 직접적인 역사였으며, 예수님께서 받으신 고난의 종류에는 속하지 않는 것이었습니다. 그녀는 그리스도의 고난에 참여하고 있는 것이 아니었습니다. "우리의 연약한 것(infirmities)을 친히 담당하시고"(마 8:17).

예수님의 속죄로 그분은 우리의 죄를 지셨습니다. 우리는 죄로부터 자유로울 수 있습니다(롬 6:8-11). 죄를 짓는 것은 우리를 향한 하나님의 뜻이 결코 아니었습니다(요일 5:18). 그리고 그분의 속죄로 인하여 예수께서 우리의 연약함을 지셨습니다. 우리는 마귀가 주는 연약함으로부터 자유로울 수 있습니다. 죄가 하나님의 뜻일 수 없듯이 누가복음 13장에 나타나있는 이 여인의 고난도 하나님의 뜻일 수 없습니다. 예수님은 우리의 질병과 연약함을 지셨습니다(마 8:17). "그가 채찍에 맞음으로 너희는 나음을 얻었나니"(벧전 2:24). 베드로의 설교를 들은 수천 명의 사람들이 치유를 받았습니다. 사탄은 억압하는 자이며 예수님은 치유자이십니다(행 10:38). 교회 안에서 신유는 건강이라는 목표를 위한 방법입니다(요삼 2절, 약 5:14-15).

그러므로 병약은 두 가지 부류로 나뉩니다. 하나님의 뜻에 의한 병약과 하나님의 뜻에 의하지 않은 병약이 있습니다. 하나님께서는 사람이 의를 위해서 고난을 받게 되더라도 그가 참되기를 원하십니다. "무릇 그리스도 예수 안에서 경건하게 살고자 하는 자는 박해를 받으리라"(딤후 3:12). 하나님은 그분의 자녀들이 고난을 받는 것을 특별히 즐기지는 않으시지만, 경건하지 못한 사람들이 무엇을 할지는 잘 알고 계십니다. (질병과 질환에 의한) 범주의 고난은 직접적으로 사탄에게서 온 것으로서, 이런 고난으로부터는 즉각적인 해방을 기대할 수 있습니다. 예수님께서는 사람이 반드시 아픈 채로 있어야 한다고 말씀하신 적이 없으십니다.

이제 "환난(affliction)"라는 단어를 보겠습니다. 성경에 나오는 "환난(affliction)", "환란을 주다(afflict)", "환란을 당하다(afflicted)"라는 단어는 아래의 몇 가지 헬라어에서 나왔습니다.

1. 탈라이포레오(Talaiporeo) – 불행해지다, 예) 자신의 비참함을 깨닫다. 약 4:9에서 "슬퍼하다"로 번역됨. 신약에서 단 한 번 사용됨.
2. 수카코파테오(Sugkakopatheo) – 함께 고난을 받다. "고난을 받으라"(딤후 1:8)로 번역됨. 신약에서 단 한 번 사용됨.

3. 카코파테이아(Kakopatheia) – 고난(hardship), "고난"(약 5:10)으로 번역됨. 단 한 번 사용됨.

4. 카코시스(Kakosis) – 학대, 행 7:34에서 "괴로움"으로 번역됨. 단 한 번 사용됨.

5. 틸보(Thilbo) – 밀어 넣다(to crowd), 고후 1:6에서 "환난을 당하다"로 번역됨.

6. 카코파테오(Kakopatheo) – 고난 받다, 약 5:13에서 "고난 당하다"로 번역됨.

7. 파테마(Pathema) – (어려움이나 고통을) 견디는 것, 딤후 3:11에서 "고난"으로 해석됨.

8. 틀립시스(Thlipsis) – 압박, 살전 3:3에서 "환난"으로 번역됨. 이 단어는 열여덟 군데에서 "환난", "환난들", "환난을 당하다"로 번역되었다.

예수님께서 제자들에게 말씀하셨습니다. "그 때에 사람들이 너희를 환난[위의 8번을 뜻함]에 넘겨 주겠으며 너희를 죽이리니 …"(마 24:9). 바울이 말했습니다. "오직 성령이 각 성에서 내게 증언하여 결박과 환난[위의 8번을 뜻함]이 나를 기다린다 하시나"(행 20:23). 바울은 또한 " 그리스도의 남은 고난[위의 8번을 뜻함]을 그의 몸된 교회를 위하여 내 육체에" 채운다고 했습니다(골 1:24). 그리고 바울은 디모데에게 "복음과 함께 고난[위의 2번을 뜻함]을 받으라"고 권고하였습니다(딤후 1:8). 나아가 디모데는 "고난을 견디라"[위의 6번을 뜻함]고 권고 받았습니다 (딤후 4:5). 디모데후서 3:11에서 바울은 "박해를 받음과 고난[위의 7번을 뜻함]과 또한 안디옥과 이고니온과 루스드라에서 당한 일과 어떠한 박해를 받은 것을 네가 과연 보고 알았거니와 주께서 이 모든 것 가운데서 나를 건지셨느니라"라고 말합니다. 루스드라에서 바울은 돌로 맞고 죽도록 내버려졌습니다. 그는 유대인들로부터 다섯 번에 걸쳐 39번의 채찍을 맞았습니다. 그는 또 3번에 걸쳐 몽둥이로 맞았습니다(고후 11:25).

보시다시피 복음을 위한 환난은 질병을 포함하지 않습니다. 그리스도께서 겪으신 고난에는 질병이 포함되지 않았습니다. 예수님께서는 그런 고통을 받으신 적이 없습니다. 그러나 우리는 그분의 고난에 동참하였습니다. 우리는 그분의 고통에 동참하였습니다. 그분은 우리의 본이 되시며, 우리의 생명이 되십니다. "그리스도도 너희를 위하여 고난을 받으사 너희에게 본을 끼쳐 그 자취를 따라오게 하려 하셨느니라"(벧전 2:21). 우리는 그분이 행하신대로 행해야 합니다(요일 2:6).

대조

루스드라에서 성 바울의 경험을 실례로 들겠습니다.

하나님의 뜻에 의한 고난과 하나님의 뜻에 의하지 않은 고난

바울은 사역하기 위해 루스드라로 내려갑니다. 그는 그리스도를 위해 고난을 받을 수도 있다는 것을 알고 있습니다. 그는 돌에 맞았고, 죽도록 방치되었습니다. 그리스도께서 이 고난을 그와 함께 견디시고 그를 건지십니다. 바울은 자신이 건짐 받은 것을 디모데에게 선포합니다(딤후 3:11). 예수님께서 자진하여 고난을 받으신 것같이 그리스도인도 의를 위해서 자진하여 고난을 받아야 마땅합니다. 복음을 선포한 이후에 항상 고난이 따르는 것은 아닙니다. 룻다와 사론에서는 모두가 회심하였으므로, 베드로는 핍박을 받지 않았습니다(행 9:34-35).	바울은 사역하기 위해 루스드라로 내려갑니다. 그는 그곳의 질병, 질환 또는 귀신들을 두려워 할 필요가 없다는 것을 알고 있습니다. 예수님께서는 이를 능가할 능력과 보호를 약속하셨습니다. "내가 너희에게 … 원수의 모든 능력을 제어할 권능을 주었으니 너희를 해칠 자가 결코 없으리라"(눅 10:19). 신자를 위한 보호는 8장에서 더 나누겠습니다. 이 보호는 전염성과 비전염성의 질병 모두에 대한 것입니다.

지금까지 연구한 결과 우리는 두 가지 종류의 고난이 있다고 결론짓습니다.

그리스도를 따르는 자들이 그분과 동참하는 종류의 고난은 그분의 뜻에 의한 것입니다. 이것은 매우 영적인 것입니다. 바울은 수고하였습니다 (갈 4:19).	하나님의 뜻에 의하지 않은 종류의 고난은 결코 그분의 뜻이 될 수 없습니다. 그분은 우리의 연약한 것을 친히 담당하시고 병을 짊어지셨기 때문입니다.

고난의 두 종류를 아는 것은 다양한 상황 가운데에서 그분을 신뢰할 수 있도록 해줍니다.

제 7 장

징계와 질병
Chastisement and Sickness

하나님께서 그분의 자녀들을 훈육하기 위해 질병을 사용하실까요? 예수님께서 우리의 죄를 짊어지셨다면, 그분이 죄를 징계로 사용하실 수 있으실까요? 예수님께서 우리의 질병을 지셨다면, 그분이 질병을 징계로 사용하실 수 있으실까요? "주께서 그 사랑하시는 자를 징계하시고 그가 받아들이시는 아들마다 채찍질하심이라"(히 12:6).

"징계하다(chasteneth)"라는 단어의 뜻이 무엇입니까? 이는 파이듀오(paideuo)라는 헬라어에서 유래됐습니다. 그 뜻은 자녀를 훈련시킨다, 다시 말하면 훈육한다는 뜻입니다. "채찍질하다(scourgeth)"는 헬라어 마스티고오(mastigoo)에서 유래됐습니다. 이는 매로 친다는 뜻입니다. 하나님께서는 받아들이신 모든 아들들을 반드시 훈육하시고 교정하십니다. 하나님의 아들은 빛 가운데 걷도록 반드시 훈련되어야 합니다. 그는 마귀를 패배한 적으로 남게 하기 위해 반드시 하나님의 전신갑주를 사용하는 법을 훈련받아야 합니다. 그는 지옥의 문이 그를 대적하여 이길 수 없도록 반드시 전신갑주를 사용하는 법을 훈련받아야 합니다.

| 우리 하나님 아버지의 징계 | 우리 육신의 아버지의 징계 |

무엇을 위한 것인가?

| "우리로 그의 거룩하심에 참여하게" (히 12:10) | "자기의 뜻대로" (히 12:10) |

위에서 소개한 질문을 이해하고 해답을 찾을 수 있는 열쇠를 줄 일련의 훈련이 신약에 있습니다. 첫째로 예수님을 고려해보겠습니다. 말씀은 "그가 아들이시면서도 받으신 고난으로 순종함을 배워서"(히 5:8)라고 선포합니다. 그분은 절대로 불순종하시지 않으셨음에도 불구하고 유혹과 시련과 압박 가운데 계속 순종하는 법을 배우셔야만 했습니다. 이 배움과 훈련의 과정 속에 아버지께서 질병을 사용하셨다는 기록은 어디에도 없습니다.

둘째로 예수님께서 그분의 제자들을 어떻게 훈련하셨는지 보십시오. 그들은 예수님의 징계(훈육)하시는 손 아래 3년 반을 보냈습니다. 예수님께서는 열두 제자들을 훈련할 때 절대로 질병을 사용하지 않으셨고 누구의 다리도 부러트리지 않으셨고 누구의 눈도 파내지 않으셨습니다. 치유받으려고 나온 자를 모두 치유하시는 예수님의 임재 안에서, 어떻게 그들 중 한 명이라도 아플 수 있었겠습니까? 예수님께서는 질병이나 질환을 벌로 사용하지 않으시고도 이 땅에 살았던 사람들 중에서 가장 능력 있는 11명의 무리를 만들어 내셨습니다.

셋째로 사역을 하고 있던 사도들을 생각해보십시오. 사도들에게 나온 자는 모두 치유받았습니다(행 5:15-16). 훈련 차 받은 질병이라서 치유를 거절당한 사람은 아무도 없었습니다. 멜리데 섬에 있던 모든 사람들이 치유받았습니다. 야고보는 "너희 중에 병든 자가 있느냐 그는 교회의 장로들을 청할 것이요"(약 5:14-15)라고 선언했습니다. 왜 예수님께서는 "훈련 받는 것이 아닌 자들은 장로들을 청할 것이요"라고 하지 않으셨을까요? 게다가 "청하게 하라(Let him call)"는 명령입니다. 아버지께서 우리를 징계하시기 위해서 질병을 사용하신다고 가르치는 것은 "청하게 하라"는 명령을 거역하는 것이 됩니다. 그렇게 배운 사람은 하나님의 징계에 방해가 될까 두려워 청하기를 겁낼 것입니다. 그렇다면 장로들이 그를 위해서 기도하는 것은 무슨 덕이 되겠습니까? 징계를 위한 질병이라면, 징계가 끝나기 전에는 질병이 치유될 수 없을 것입니다. 만약 그렇다면, 여느 좋은 아버지가 그러하듯이 하나님께서도 징계가 끝날 때 자동적으로 질병을 거두실 것입니다. 당신은 장로들을 귀찮게 할 필요가 없습니다.

"아버지가 자식을 긍휼히 여김 같이 여호와께서는 자기를 경외하는 자를 긍휼히 여기시나니"(시 103:13). "사랑하는 자들아 우리가 지금은 하나님의 자녀라 …"(요일 3:2). 예수님께서는 절대로 질병으로 벌을 주지 않으십니다. 예수님께서는 베드로를 훈계하실 때에 질병을 사용하지 않으셨습니다(마 16:22-23). 베드로가 예수님을 부정했을 때에도 절대로 질병을 사용하시지 않으셨습니다(마 26:69-75). 유다가 예수님을 배신하였을 때에도 절대로 사용하시지 않으셨습니다(마 26:48-50). 제자들이 예수님을 받아들이지 않는 사람들을 불로 삼키기 원했을 때에도 예수님은 거절하셨습니다. "인자는 사람의 생명을 멸망시키러 온 것이 아니요 구원하러 왔노라"(눅 9:54-56).

그분은 포도나무시고 우리는 가지입니다(요 15장). 하나님은 농부이십니다. 어떤 농부가 질병을 줌으로써 가지를 잘라내겠습니까?

"이는 우리가 그의 몸과 그의 살과 그의 **뼈**의 지체임이라"(엡 5:23, 30, 한글킹제임스). 예수님의 몸은 거룩하기 때문에 그의 몸의 지체도 거룩합니다(롬 12:1). 몸은 주님을 위한 것이고 주님은 몸을 위해 존재하십니다(고전 6:13). 몸과 지체는 하나님의 처소입니다(엡 2:22). 우리는 그리스도의 지체입니다(고전 6:15). 더러운 마귀가 그의 불결한 손으로 그리스도의 지체를 건드리는 것이 하나님의 뜻이라고 가르치면 되겠습니까? 하나님께서 허락하지 않으십니다! "악한 자가 그를 만지지도 못하느니라"(요일 5:18). 아버지께서는 질병을 사용하여 그의 아들 되신 예수님을 매질하시거나 벌하지 않으셨습니다. 저는 그분의 살아있는 몸의 지체입니다. 그분은 질병을 그의 아들의 몸 된 교회에 사용하지 않으십니다.

이 질문들을 고려해보십시오. 벌을 주기 위해서 당신의 아들이나 딸의 다리를 부러트리겠습니까? 당신의 어린 자녀에게 벌을 주려고 백혈병이나 다른 질병을 주겠습니까? 벌을 주기 위해서 자녀의 건강을 깨겠습니까? 왜 그러지 않습니까? 자녀를 사랑하기 때문입니다. 만일 이런 방법으로 벌을 주었다면 어떤 일이 일어나겠습니까? 당신은 아동학대로 법정으로 끌려갈 것입니다. 하나님은 잔인하지 않으십니다.

어떤 사람들은 하나님께서 훈계하시기 위해 마귀를 사용한다고 생각합니다. 선한 아버지가 자기 아이를 징계하기 위해 원수를 부르겠습니까? 하나님께서 마귀를 부르면서 "사탄아, 내 자녀 중 한 명이 말을 안 듣고 있다. 그에게 질병을 줘서 교정할 수 있게 허락하겠다."라고 하시는 것을 상상할 수 있겠습니까?

거짓의 아비가 이렇게 말하는 것을 상상할 수 있습니까? "네,

하나님, 그렇게 하겠습니다. 그가 믿음을 잃고 지옥에 가는 것을 보고 싶진 않습니다." 마귀가 자기 자신에게 대적하여 일할 정도로 멍청하겠습니까? 누가복음 3:17이 말하기를 예수님께서 정결케 하실 것이라고 하셨습니다. 마귀의 도움은 필요 없습니다. 예수님은 마귀에게 어떤 책임도 지우실 것이 없으십니다. 예수님께서 말씀하셨습니다. "이 세상의 임금이 오겠음이라 그러나 그는 내게 관계할 것이 없으니"(요 14:30). 우리가 그리스도 안에 있다면, 이 세상의 통치자는 우리에게 아무 취할 것이 없습니다. 더 나아가, 하나님의 일을 하기 위해 성도들을 온전케 하는 사역들 중에 마귀라는 직분은 언급되어 있지 않습니다(엡 4:11). 사탄은 하나님을 돕는 자가 아니라, 적입니다. 그는 당신의 훈련을 돕지 않고, 가능한 모든 방법으로 방해할 것입니다.

질병을 하나님의 징계하시는 손이라고 말하는 자들이 있는데, 만일 그들의 질병이 하나님의 징계하는 손이라면 왜 의사를 찾아갑니까? 왜 진통제를 복용합니까? 두 경우 다 그들은 자신의 행동을 통해 하나님의 징계를 얼마나 받을지 또는 받지 않을지를 말하고 있습니다. 그들은 왜 의사 선생님께 진실을 말하지 않습니까? 의사가 무엇이 문제인지 물어보면 그들은 모른다고 합니다. 만일 그들이 의사 선생님께 그들이 믿는 진실을 말했다면 의사는 그들을 치료해주고 싶어 하지 않을지도 모릅니다. 의사 선생님도 자신이 자녀들을 징계할 때 다른 사람이 간섭하면 어떤 기분인지 알기 때문입니다.

어떤 사람들은 하나님께서 징계의 행동을 시작하실 정도로는 크시지만, 그것을 멈추실 정도로 크시지는 않다고 생각합니다. 두려움이 그들을 채우고 그들은 하나님께서 하신 일을 고쳐달라고 의사들에게 가서 도움을 청합니다.

게다가, 만일 질병이 징계였다면 모든 의사들은 실패할 수밖에 없는 운명이 될 것입니다. 만일 한 의사가 성공적이었다면 그가 하나님보다 더 강한 것입니다. 왜 그렇습니까? 그는 하나님의 징계하는 지팡이를 그분의 손으로부터 잡아채가는 것입니다.

어떤 사람들은 질병이 감추어진 축복이라고 주장합니다. 그렇다면 왜 축복을 제거하려고 의사를 찾아갑니까?

만일 질병이 하나님의 징계라면 하나님도 인간의 반역에 대한 책임이 있으십니다. 하나님께서는 인간의 몸 안에 방어 체계를 세우셨습니다. 질병이나 부상을 입었을 때는 우리 몸 전체가 치유를 위해 연합합니다. 백혈구들이 수천 개씩 생산되어 침입자와 싸웁니다. 이것은 자동적인 과정입니다. 만일 질병이 하나님의 뜻이라면 하나님께서 이 체계를 인간 안에 갖추셨을 때 자신을 대적해서 행하신 것입니다.

"그러므로 너희 중에 약한 자와 병든 자가 많고 잠자는 자[죽은 자]도 적지 아니하니"(고전 11:30). 그들이 왜 약했습니까?

그들이 왜 병들었습니까? 왜 많은 사람이 죽었습니까? 그들은 그리스도의 몸을 분별하지 않고 합당치 않게 성찬에 참여하여 저주를 먹고 마신 것입니다. 그들의 죄가 하나님의 보호하는 능력을 잘라낸 것입니다. 그들의 죄가 선한 것들로 하여금 그들에게 손대지 못하게 한 것입니다(렘 5:25). 그들은 깨어있지 아니하고 방심하고 있었던 것입니다. 그 결과 "우는 사자 같이" "삼킬 자를 찾던" 마귀가 한 열린 문을 발견한 것입니다. 그는 사람들의 건강에 파괴를 초래하며 사람들을 죽이기까지 했습니다.

어떤 사람들은 "병약한" 것이 징계라고 생각했습니다. 그렇다면 왜 "자는 것"(죽음)은 징계가 아닙니까? 징계는 교정하고 행동에 변화를 가져오기 위한 목적으로 하는 것입니다. 병약한 것이나 죽는 것이나 모두 사람의 행동에 변화를 가져오지 않습니다. 행동에 변화를 가져온 것은 무엇이었습니까? 사도 바울은 훈육과 교정을 위한 편지를 썼습니다. 그것이 변화를 가져왔습니다. 그들은 "범사에 오래 참음과 가르침으로 경책하며 경계하며 권"한 받았습니다(딤후 4:2) 그러므로 우리는 성령을 통한 **"말"이 훈육의 도구**였다고 결론 내릴 수 있습니다. 그들이 편지에 답장을 하고 나약함과 질병이 떠났다는 것을 고린도후서 7:9-11에서 볼 수 있습니다. 하나님의 생명이 한 번 더 포도나무로부터 가지들에게로 흘렀기 때문입니다.

어떤 사람들은 하나님께서 정결케 하시기 위해 질병을 사용하신다고 생각합니다. 하나님께서 다른 부분을 정결케 하시려고 자신의 성전(인간의 몸)의 한 부분을 오염시킨다는 것은 우스운 일입니다.

우리가 여기서 결론지을 수 있는 것은 하나님께서 결코 질병이나 질환을 우리를 징계하기 위한 채찍으로 사용하실 수 없다는 것입니다. 예수님께서 나를 대신하여 담당하신 죄나 질병이 절대로 나를 향한 하나님의 뜻이 될 수 없습니다. 예수님과 초대교회에 의해 치유를 받은 모든 사람들 중 아무도 질병으로 징계를 받는 중이라는 이유로 거절당한 자가 없었습니다. 그리스도의 군사가 말씀을 알아야 그가 불필요한 고난을 피할 수 있을 것입니다. 말씀을 아는 것은 또한 하나님의 치유능력과 보호능력을 신뢰할 수 있는 튼튼한 기반이 되어줄 것입니다.

제 8 장

보호
Protection

"하나님의 말씀"에 그리스도의 군사로 하여금 안전과 보호를 느끼게 하는 무언가가 있을까요? 하나님의 어떤 약속이 영적인 것과 육체적인 것 모두, 즉 인간 전체에 적용될까요? 질병과 인간들이 "사고"라고 부르는 것으로부터 보호한다는 약속이 말씀에 있을까요? 감정적이고 정신적인 질병들은 어떨까요? 바울은 신자를 위한 전신갑주를 묘사하는데(엡 6:10-18), 이 전신갑주의 보호는 감정과 정신과 영적인 것 또는 속사람에도 해당되는 것인가요? 이것은 영적인 속사람이 거하는 성전도 포함하는 것인가요? 그렇다면 우리의 육체는 무정하고 무자비한 마귀의 처분 아래 있는 것일까요?

예수님은 칠십 인을 내보내시면서, 그들에게 병든 자들을 치유하고 하나님의 왕국이 그들에게 가까이 왔다고 전하라고 하셨습니다(눅 10:9). 병든 자들을 치유하고 복음을 전파하라는 명령

외에도 예수님은 그들이 무엇을 먹고 마실지에 대해서도 지시를 내리셨습니다(눅 10:7-8). 그들이 돌아왔을 때 예수님은 그들에게 확실한 약속과 보증을 주셨습니다.

> 내가 너희에게 뱀과 전갈을 밟으며 원수의 모든 능력을 제어할 권능을 주었으니 너희를 해칠 자가 결코 없으리라 [눅 10:19]

"너희를 해칠 자가 결코 없으리라"라는 말에 주목하십시오. 예수님께서 무엇을 의미하신 것입니까? 무엇에 대해서 말씀하고 계신 것입니까? 이것은 "그분의 고난에 동참하는 것"을 포함하지 않습니다. 이것은 순교의 고난을 포함하지 않습니다. 이것은 반대하는 자들과 반항적인 사람들의 핍박도 포함하지 않습니다. 바울은 복음을 위해서 자기가 받은 고난들을 열거하였는데(고후 11:23-25), 그 중에 위와 같은 고난들은 언급되어 있지 않습니다. 그렇다면 "너희를 해칠 자가 결코 없으리라"라는 말은 질병과 마귀들과 그들 앞에 차려진 독이든 음식이나 물 말고 무엇을 뜻하겠습니까? 어떤 질병도 마귀도 그들을 해칠 수 없었습니다. 음식과 물은 사람에게 매우 중요하고 꼭 필요한 것이지만, 어떤 지역에 가면 그곳의 것들은 고향과 많이 다릅니다. 누가복음 10:19과 더불어, 마가는 한 가지 약속을 추가합니다. "무슨 독을 마실지라도 해를 받지 아니하며"(막 16:18). 오염문제가 갈수록 악화되더라도 신자는 하나님께서 그분의 약속을 꼭 지키신다는 사실에 자신감을 가지고 움직일 수 있습니다. 이는 당신이 과시하면서 하나님을 시험할 수 있다는 뜻은 아닙니다.

  수년 전에 한 선교사가 이 간증을 나눴습니다. 그는 그 지역에서 교회 건축 허가를 받기 위해 추장을 자주 찾아갔습니다. 추장은 한다고 약속 해놓고는 정부 서류에 "×"자를 쓸 시기가 되면[11] 항상 발을 뺐습니다. 선교사는 한 번 더 시도해보기로 했습니다. 그는 친구를 한 명 데려갔습니다. 그들은 추장과 그 부족민들이 밭에서 일하고 있는 것을 발견했습니다. 그들은 면담을 하기 위해 기다렸습니다. 그 동안 그 부족은 잔치를 열기로 했습니다. 그들은 어린 송아지를 죽이고 날고기를 조각조각 잘라서 서로에게 나눠주었습니다. 그들은 방금 죽인 송아지 고기 조각을 그 선교사와 그의 친구에게도 던져주었습니다. 주인에게 무례를 범하고 싶지 않아 그들은 날고기를 먹었습니다. 이 사건이 문을 열고, 허락을 받을 수 있게 하여 교회가 세워졌습니다. 만일 그들이 예수님께서 그들 앞에 차려진 음식을 먹으라는 명령에 순종하지 않았다면(눅 10:8), 수백 명의 영혼들이 하나님의 왕국 안으로 들어오지 못했을 것입니다. "너희를 해칠 자가 결코 없으리라". "무릇 시장에서 파는 것은 … 먹으라"(고전 10:25). "하나님께서 지으신 모든 것이

---

[11] 글을 배우지 않았으므로 "×"자로 사인을 대신했다는 뜻 (역자 주)

선하매 감사함으로 받으면 버릴 것이 없나니"(딤전 4:4). 우리는 하나님께서 그분이 말씀하시는 그대로를 정확히 의미하신다는 것을 신뢰해야 합니다.

그렇다면 사고들은 어떻게 된 것입니까? 성령님께서 자신이 거하시는 성전을 찢고 망가트리는 사고를 당하도록 사람을 인도하고 이끄시겠습니까? 당신의 몸은 하나님의 성전입니다. 하나님께서 당신의 몸을 사심으로써 그것은 하나님께 속했습니다(고전 6:19-20). 시편 91편은 재앙과 전염병으로부터의 보호를 약속합니다. 낮에 날아다니는 화살을 두려워할 필요가 없다고 보여주십니다. 이것이 사냥꾼이 약속하는 보호입니다. 이 시편은 또한 우리가 밝을 때 닥쳐오는 재앙을 두려워할 필요가 없다고 하십니다. "그가 너를 위하여 그의 천사들을 명령하사 네 모든 길에서 너를 지키게 하심이라 그들이 그들의 손으로 너를 붙들어 발이 돌에 부딪히지 아니하게 하리로다"(시 91:11-12). 모든 천사들은 구원받을 상속자들을 섬기는 영입니다(히 1:14). 천사들도 보호의 사역에 참여하고 있습니다.

"… 너희의 온 영과 혼과 몸이 우리 주 예수 그리스도께서 오실 때까지(unto the coming of our Lord Jesus Christ) 책망할 것이 없게 보존되기를 하나님께 기도하노라"(살전 5:23, 한글킹제임스). "오셨을 때" 또는 "오신 이후에"라고 하지 않고, "오실 때까지"라고 하는 것에 주목하십시오. 바로 지금 이 곳과 이 시기를 일컫는 것입니다. 유다서 1절에도 똑같은 내용이 표현되어 있습니다. "예수 그리스도 안에서 보호받고(preserved in Jesus Christ)"(한글킹제임스). 여기서 쓰인 "보호되다(preserve)"라는 단어는 "눈으로 지켜보면서 (피해와 상처로부터) 보호하다"라는 뜻을 가진 헬라어 "테레오(tereo)"에서 유래되었습니다. 하나님는 확실이 당신의 몸을 사고로부터 보호하기 원하시며 또 그렇게 하실 것입니다. 성령님은 당신을 사고로 인도하지 않으시며, 당신이 그분의 음성에 민감하다면 사고를 막아 주실 것입니다.

제가 고속도로에서 운전하는 중에 음성이 들렸습니다. "도로 왼쪽으로 차를 빼서 멈춰라." 당신은 그리스도인의 심령의 음성을 아십니까? 그 음성은 너무나 일상적인 것이어서 저는 아내와도 이것에 대해서 대화한 적이 없었습니다. 저는 이 음성을 너무나 오랫동안 그리고 수년간 들어왔기 때문에 하나님의 음성에 순종하는 법을 배웠습니다. "내 양은 내 음성을 아느니라."

사랑하는 친구들이여, 저는 여러분에게 주님을 아는 것의 가치가 무엇인지, 하나님과의 친교가 무엇을 의미하는지 전달하고 싶습니다. 구원은 그저 하나님께서 당신이 죽고 난 이후에 축복하기 위해서 주시는 것이 아닙니다. 구원은 주님의 임재를 지금 갖게 되는 것을 의미합니다. 그리고 하나님께서는 그리스도인에게 성령님의 인도와 지시를 약속하셨습니다. 그래서 저는 도로 왼쪽으로 차를 뺐고 타이어가 갓길에 다가갔을 때 멈췄습니다. 그때 저는 전에 본 적 없이 커다란 트럭이 커브를 돌면서 무언가를 갈아내는 소리를 내는 것을 들었습니다. 그 트럭은 정상적으로 오는 것이 아니라, 도로의 왼쪽 길로 45도 기울어져서 내려오고 있었습니다. 차는 통제할 수 없는 상태였고 도로 전체를 차지하며 오고 있었습니다. 만일 제가 가던 쪽으로 계속 갔다면 그 차가 저를 스치고 둑 바깥으로 밀어 쓰러뜨려서 100피트(≒30m) 이상은 밀려나갔을 것입니다. 그 트럭은 도로의 반대편에 있었고, 그 커다란 것은 저를 스쳐지나간 후 50에서 100피트 정도 더 나가서는 다시 정신을 차리고 차를 통제하여 계속 운전하였습니다.

　사랑하는 친구들이여, 하나님의 말씀 안에 있는 사람들은 하나님의 음성의 인도를 받습니다. 하나님께서 그들에게 말씀하셨습니다. 그것이 그리스도인의 참된 내적 경험입니다. 이것이 바로 사람들이 하나님의 은혜로 인해 하나님의 진짜 심령과 예수 그리스도의 진짜 영혼 속으로, 그리고 그분이 당신 안에서 사시고 그분의 음성이 당신의 심령 속에 말씀하시는 바로 그 자리로 들어가려고 노력하는 이유입니다.

위 사건은 존 G. 레이크 박사의 간증입니다.

　필자는 신호등이 초록색으로 변했을 때 성령님께 점검을 받고 기다리다가, 빨간 신호등에도 멈추지 않고 달리던 한 차에 치이는 것을 면한 경험이 있습니다. 이런 경험은 여러 번 있었습니다. 당신은 하나님께서 그렇게까지 인간의 일에 관여하시는지 의문할지 모릅니다. 당신은 그분의 아들의 몸의 한 지체이기 때문에, 하나님은 당신의 삶의 모든 세부사항에 관심을 가지십니다. 그리스도는 바로 그리스도인의 생명이십니다.

이 보호는 가장 높으신 분의 은밀한 곳에 거하는 사람을 위한 것입니다. 그는 그가 고용된 산업의 안전규칙들을 지키는 사람입니다. 그는 교통속도를 지키는 사람입니다. "근신하라 깨어라 너희 대적 마귀가 우는 사자 같이 두루 다니며 삼킬 자를 찾나니"(벧전 5:8). 안전규칙을 어기는 것은 정신을 차리고 깨어있는 것이 아닙니다. 당신이 자진해서 선택하여 마귀에게 기회를 주면, 그는 놓치지 않고 당신을 죽이거나 평생 불구로 만들 것입니다. 마귀는 위험을 무릅쓸 자를 찾고 있습니다. 그는 법을 어기는 자를 찾고 있습니다.

여호수아는 먼 나라에서 온 줄 알았던 사람들과 동맹을 맺었습니다. 여호수아 9:14는 여호수아가 주님께 상의하지 않고 이 동맹을 맺었다고 말하고 있습니다. 많은 사람들은 주님께 조언을 구하지 않고 행동하여 모든 종류의 문제 안으로 들어갑니다. 그리고서 하나님께서 허락하셨다고 뻔뻔하게 말합니다. 그들은 하나님의 보호하시는 손 아래로부터 걸어나옴으로써 스스로 허락한 것입니다. "… 너희 죄가 너희로부터 좋은 것을 막았느니라" 이 경우에 좋은 것이란 보호를 말합니다(렘 5:25). 하나님께서는 그분의 말씀을 그대로 믿기를 거절하고 어리석은 일들을 행하는 사람들을 돌보아 주실 수 없습니다. 그분은 잘못된 행동을 정당하다고 확증하실 수 없습니다. 주님의 조언을 구하지 않는 것은 주제넘은 믿음입니다.

우리는 하나님께서 현재 당신의 육체적 건강을 보존하는 것에 깊은 관심을 가지시는 것을 보았습니다. 이제 에베소서 6장에서 바울이 나눴던 속사람에 대한 보호를 사람의 머리 부분에서부터 공부해보겠습니다.

첫 번째 장비는 구원의 투구입니다. 투구의 목적은 정신적인 작용을 보호하기 위한 것입니다. 우리는 마음(mind)을 새롭게 함으로써 변화를 받았습니다(롬 12:2). "우리는 그리스도의 생각(mind)을 가졌느니라"(고전 2:16, 한글킹제임스). 성령님은 그분의 성전 안에 거하십니다. 그분은 뇌의 세포들에 스며드시고 뇌의 기능들을 통제하십니다. 이것이 빌립보서 4:8에서 말하는 바와 같이 우리가 선한 것들을 생각할 수 있는 이유입니다. 이 세상에서는 악한 것들을 들을 수밖에 없습니다. 예수님께서는 우리가 듣는 것에 주의하라고 하셨습니다(눅 8:18). 당신이 듣는 악한 것들이 당신의 생각 속에서 머무르게 하지 마십시오. 그 악한 것들을 거절하십시오. 그 악한 것들은 당신의 심령으로부터 나오는 것이 아닙니다. 사람의 심령(heart)으로부터 오는 것이 사람을 더럽힙니다(마 15:18-20). 당신이 듣는 것들이 당신의 심령으로 들어가게 하는 유일한 방법은 그것들을 계속 생각하는 것입니다. 예수님께서는 이 땅에서 사시는 33년 동안 분명히 악한 것들을 들으셨을 것입니다. 그분은 자신의 정결함을 지키셨습니다. 같은 성령님께서 당신 안에 거하시기 때문에 당신도 생각을 깨끗하게 유지할 수 있습니다. 당신에게 능력을 주시는 그리스도를 통하여 당신은 모든 것을 할 수 있습니다(빌 4:13). 하나님께서는 당신이 건강한 뇌를 갖기를 원하십니다. 필자인 저와 제 아내는 기도를 받기 위해 한 복음전도자를 찾아갔습니다. 그는 하나님께서 우리의 뇌를 치유해주실 것을 기도했습니다. 왜 그렇게 기도했을까요? 그는 그렇게 기도하라고 성령님의 인도를 받은 것입니다. 주님은 그를 통해서 아주 구체적인 방법으로 분명한 필요를 채우고 계셨습니다. 건강한 생각을 하기 위해서는 건강한 뇌가 필요합니다.

다음 장비는 의의 흉배입니다. 이것의 목적은 무엇입니까? 사람의 생명의 중심인 심령(heart)을 보호하기 위한 것입니다. 그 안에는 사람의 감정과 애정과 동기와 목적이 담겨 있습니다. "마음(heart)에 가득한 것을 입으로 말함이라"(마 12:34). 심령은 깨끗해야만 합니다(마 5:8). 깨끗한 심령만이 거룩한 교제를 할 수 있는 것입니다(벧전 1:15). 깨끗한 생각은 깨끗한 심령을 토대로 합니다. 깨끗한 감정과 깨끗한 애정과 올바른 동기와 거룩한 목적들은 바로 참된 그리스도인의 특징입니다.

예수님께서는 죄인들과 함께 앉아 식사하셨습니다(눅 19:7). 그분은 그러면서도 자신의 생각과 심령을 깨끗하게 보존하셨고, 당신 또한 능력의 성령님께서 내주하시는 그분의 몸의 지체로서 그와 같이 행동할 수 있습니다. "너희 안에 계신 이가 세상에 있는 자보다 크심이라"(요일 4:4). 어떤 사람들은 쇼핑할 때 마주친 사람들에게서 묻어 온 더러운 것들에 대해서 내려놓고 회개하고 씻어내야 한다고 생각합니다. 이것은 몇몇의 나약한 그리스도인들에게는 필요한 일이겠지만 그런 사람들은 하나님 안에서 더 성장해야 할 필요가 있습니다. 성숙한 그리스도인은 예수님께서 행하신 대로 행합니다(요일 2:6).

의는 무엇입니까? 그것은 당신의 심령 안에 있는 하나님의 올바름입니다. 당신의 생각 속에 있는 하나님의 올바름입니다. 당신의 대화 속에 있는 하나님의 올바름입니다. 당신의 애정 속에 있는 하나님의 올바름입니다. 당신의 감정 속에 있는 하나님의 올바름입니다. 당신의 동기 속에 있는 하나님의 올바름입니다. 당신의 목적 안에 있는 하나님의 올바름입니다. 당신 안에 있는 그리스도께서 당신의 삶의 주인으로서 완전히 다스리시는 것입니다.

다음 장비는 진리의 허리띠를 매는 것입니다. 허리띠의 목적은 당신의 보행 장비들을 보호하기 위한 것입니다. 우리는 예수님께서 걸으셨던 것 같이 걸어야 합니다(요일 2:6). 그분은 빛이시고 우리는 그 빛 가운데 걸어야 마땅합니다(엡 5:8). "여호와께서 사람의 걸음을 정하시고 …"(시 37:23). 그러나 당신은 협력하여 그 가운데 걸어야 합니다. 성령님께서 당신을 모든 진리 가운데로 인도하실 것입니다. 그분은 사람을 깨끗한 심령과 깨끗한 영과 깨끗한 혼과 깨끗한 몸으로 이끄실 것입니다. 당신을 정결함 가운데 인도하신 후, 그 정결함을 보존해주실 것입니다. 그분은 당신을 건강한 영적 삶과 건강한 육체적 삶 모두로 인도하실 것입니다. 순종이야말로 그리스도인이 자신을 지키고 "악한 자가 그를 만지지도 못하"게 하는 방법입니다(요일 5:18). 여기서 말하는 "그"는 무엇 하나 빠지지 않은 전체의 사람을 말합니다. 하나님께서는 예수님의 본을 따라 선한 영적 전쟁을 치를 수 있는 건강한 군사들을 원하십니다.

다음 장비는 성령의 검인 하나님의 말씀입니다. "내가 주께 **범죄하지 아니하려** 하여 주의 말씀을 내 마음에 두었나이다"(시 119:11). 새 언약 아래 율법은 우리의 심령과 생각 속에 새겨졌습니다(히 10:16, 8:10). 이것이 어떻게 일어나는 일입니까? 말씀을 공부함으로 입니다(딤후 2:15). 당신은 말씀을 올바르게 분별하십니까? 당신은 어떤 교리나 사상을 증명하기 위해 말씀을 문맥에서 벗어나 해석합니까? 각 구절은 반드시 그 배경에 비추어 해석되어야 합니다. 마귀를 패배한 적으로 남게 하기 위해서 당신은 반드시 말씀을 알아야 합니다. "또 우리 형제들이 어린 양의 피와 자기들이 증언하는 말씀으로써 그를 이겼으니 …"(계 12:11). 예수님께서 마귀가 왔을 때 "기록되었으되"라고 말씀을 사용하신 것 같이 당신도 사용하십시오.

사탄은 광명의 천사로 가장하여 다가옵니다(고후 11:14). 지금

이 곳에서도 보호는 필요합니다. 마귀는 하나님의 말씀을 사용하여 속임수를 씁니다. 교회가 치유의 능력을 잃고 핑계를 필요로 했을 때 마귀는 이미 그것에 대한 답을 준비해 놓았습니다. 그래서 "만일 하나님의 뜻이라면"이라는 표현이 치유에 적용된 것입니다. 사람들이 온전히 해방되지 않은 것을 정당화하기 위해 합리화하는 체계를 궁리한 것입니다. 이 체계는 예수님의 사역과는 정반대입니다. 예수님께서는 그분께 나온 모두를 치유하셨습니다. 그분은 변하지 않으셨습니다. "너희는 하나님을 본받는 자[모방하는 자]가 되고"(엡 5:1). 예수님께서 행하고 가르치셨던 것처럼 행하고 가르치십시오. 그와 다르게 행동하는 것은, 예수님의 사역의 가르침과 모범을 마치 잘못된 인도이고 거짓이고 정직하지 못한 것처럼 보이게 합니다. 나약한 기독교는 항상 불완전한 것에 치우치는 경향이 있습니다. 강해지십시오. 말씀을 아십시오. "뜻이 하늘에서 이루어진 것 같이 땅에서도 이루어지이다"(마 6:10). 천국에는 병든 사람이 없으며, 하나님께서는 그분의 아들의 몸인 교회의 모든 지체가 건강하기를 원하십니다.

다음 장비는 "평안의 복음이 준비한 것으로 신을 신고" 입니다. 이 장비의 목적은 복음을 온 세상으로 가져가기 위함입니다. 복음의 충만한 축복들을 온 인류에게 가지고 가는 것입니다(롬 15:29). 그 축복은 분리할 수 없는 하나님의 선물 두 가지를 포함합니다. 영혼을 위한 구원과 그의 성전 된 몸을 위한 치유입니다.

이 모든 것 위에 믿음의 방패를 들어야 합니다. 이것은 천하무적의 방패입니다. 마귀나 악령들로부터 오는 그 무엇도 통과할 수 없습니다. "악한 자의 모든 불화살을 소멸하고"

마귀에게 틈을 주지 마십시오(엡 4:27). 이것은 2차 세계 대전 때 있었던 경험을 통해서 설명될 수 있습니다. 우리 군부대의 한 남자가 척추 수막염에 걸렸습니다. 우리는 즉시 모두 격리되었습니다. 군의관이 질병의 모든 증상들을 간단히 설명해주었고 만일 이 증상들 중 하나라도 나타나면 우리는 즉시 보고를 해야 했습니다. 다음날 아침에 제게 한 증상이 나타났습니다. 두 가지 선택이 있었습니다. 증상을 인정하고 보고를 하거나 증상들을 무시하고 마귀에게 틈을 주지 않는 것이었습니다. 저는 후자를 택하였고 증상들은 떠나갔습니다.

워치만 니도 이와 비슷한 간증을 하였습니다.

우리는 하나님의 말씀에 반대되는 것은 무엇이든지 마귀의 거짓말로 생각해야 합니다. 마귀의 거짓말이 우리의 감각에 매우 실재적인 것이 아니라서가 아니라, 하나님께서는 더 위대한 진리를 선포하셨고 다른 것들은 결국 그것에 반드시 굴복해야만 하기 때문입니다. 이 원리를 설명해줄 한 경험이 있었습니다. 저는 몇 년 전에 아팠습니다. 엿새 동안 심한 열이 있었고 잠을 잘 수가 없었습니다. 하나님께서는 성경을 통해서 저에게 개인적인 치유의 말씀을 주셨고 저는 이것으로 인해 질병의 모든 증상들이 즉시 사라질 것을 기대했습니다. 그러나 저는 한숨도 자지 못했을 뿐만 아니라 그 어떤 때보다도 쉴 수 없었습니다. 저의 체온은 더 높아졌고 맥박은 더 빨라졌으며 머리는 이전보다 더 아팠습니다. 원수가 저에게 물었습니다. "하나님의 약속이 어디로 갔니? 너의 믿음은 어디로 갔니? 너의 기도들은 다 어떻게 된 거야?" 이 모든 것을 다시 기도해서 해결하고 싶은 유혹이 들었지만, 저는 질책 받았고, 이 성경구절이 떠올랐습니다. "아버지의 말씀은 진리니이다"(요 17:17). 저는 생각했습니다. '만일 하나님의 말씀이 진리라면 이 증상들은 도대체 무엇인가? 이것들은 모두 거짓말이여야만 한다!' 그래서 저는 원수에게 선언했습니다. "이 불면증은 거짓말이고, 이 두통도 거짓말이고, 이 열도 거짓말이고, 이 높은 맥박도 거짓말이다. 하나님께서 나에게 말씀하신 것을 비추어볼 때, 이 모든 질병의 증상들은 다 너의 거짓말이고 내게는 하나님의 말씀이 진리이다." 저는 5분 안에 잠들었고 다음날 아침에 완전히 완쾌되어 일어났습니다. 만일 사탄이 우리가 하나님의 말씀을 의심하게만 할 수 있다면, 그의 목표는 확보된 것이고 우리 또한 그의 권세 아래 들어가게 됩니다. 그러나 만일 우리가 하나님께서 선언하신 사실들에 대한 확신 안에서 안식하고 흔들리지 않는다면, 우리가 그분은 그분의 역사하심과 그분의 말씀에 관하여 불의한 일을 행하실 수 없다는 것을 확신한다면, 사탄이 어떤 술수를 쓰든지 문제가 되지 않으며, 우리는 그를 충분히 비웃을 수 있습니다.[12]

---

12) 워치만 니, 『정상적인 그리스도인의 생활』

믿음의 방패는 악한 자의 모든 불화살(미사일)을 끕니다. 그 불화살들은 무엇입니까? 그 중 하나는 의심입니다. 하나님께서 그분의 말씀을 지키지 않으실 것이라는 두려움도 있습니다. "질병은 너를 개선시키기 위한 것이다"라는 말은 또 다른 불화살입니다. 또 다른 불화살은 질병이 징계라거나 또는 벌로 가장한 축복이라는 사상입니다. 또 다른 불화살은 마귀가 당신으로 하여금 능력을 의식하는 대신 문제를 의식하게 만드는 것입니다.

하나님의 전신갑주는 공격적인 전쟁을 위한 것입니다. 우리는 말씀을 가지고 세상으로 나갑니다. 말씀은 사람의 삶의 중심까지 날카롭게 자르고 침투함으로써 죄를 깨닫게 합니다.

또한 이는 방어를 위한 갑옷입니다. 반격을 하는 것은 사탄입니다. 예수님께서 사탄을 패배시키셨습니다. 그 결과 예수님이 우리의 승리가 되셨습니다. 우리는 승리한 위치에서 기능합니다. 원수를 대면하고 전투를 벌일 때 결과는 절대 의심할 여지가 없습니다. 우리는 그리스도 안에서 넉넉히 이기는 자입니다(롬 8:37). 예수 안에 우리는 마귀를 대적할 능력을 가지고 있고 그는 우리를 피할 것입니다(약 4:7). 그리스도 안에서 우리는 마귀에게 틈을 주지 않을 능력을 가지고 있습니다(엡 4:27).

속사람과 겉사람을 위한 보호에는 감정적이고 정신적인 질병도 포함되어 있습니다. "아무 것도 염려하지 말고 [그 무엇도 불안해하거나 걱정하지 말고] 다만 모든 일에 기도와 간구로, 너희

구할 것을 감사함으로 하나님께 아뢰라 그리하면 모든 지각에 뛰어난 하나님의 평강이 그리스도 예수 안에서 너희 마음과 생각을 지키시리라"(빌 4:5-7). "너희 염려를 다 주께 맡기라 이는 그가 너희를 돌보심이라"(벧전 5:7). 만일 우리가 하나님의 왕국을 먼저 구한다면 하나님께서 우리 삶에 필요한 모든 필요들을 얻을 수 있는 길을 여실 것입니다. 우리의 삶은 불안함이나 걱정이 있을 자리가 없을 것입니다(마 6:25-34). "네 길을 여호와께 맡기라 그를 의지하면 그가 이루시고"(시 37:5). "주께서 심지가 견고한 자를 평강하고 평강하도록 지키시리니 이는 그가 주를 신뢰함이니이다"(사 26:3).

신자의 속사람과 겉사람을 위한 보호가 있습니까? 그렇습니다! 그 보호의 범위는 어디까지일까요? 우리가 보았던 것과 같이 질병, 상한 음식과 물, 그리고 성령님의 전을 망가트리는 사고까지도 포함합니다. 속사람을 위한 보호는 마귀가 사람을 하나님에게서 분리하기 위해 시도할 수 있는 모든 일과 오염을 포함합니다.

보호에 대한 하나님의 약속들의 범위를 알 때 명확한 안도감을 가집니다.

신자를 위한 보호는 예수 그리스도의 살아있는 몸의 살아있는 지체로서 반드시 받아들여야 할 정상적인 결과입니다.

제 9 장

신성한 건강
Divine Health

"신성한 건강"이라는 말은 특별히 사람의 육체적인 건강을 일컫습니다. 하나님께서는 건강한 사람을 창조하셨습니다. 그러나 사람이 타락했을 때, 그 타락의 결과로 질병이 따라왔습니다. 사람을 타락으로부터 회복시키는 데 있어 육체적인 인간, 즉 겉사람을 위한 하나님의 기준은 무엇일까요? 하나님께서는 인류를 위한 기준 또는 이상향을 가지고 계실까요?

옛 언약 아래 하나님께서 말씀하셨습니다. "너희 중에서 병을 제하리니"(출 23:25). 그분의 선택받은 백성인 이스라엘 민족에게 이것은 사실이었습니까? 우리는 그 해답을 시편 105:37에서 찾아볼 수 있습니다. "그의 지파 중에 비틀거리는 (연약한) 자가 하나도 없었도다" 이것은 역사상 가장 위대한 건강 보고 기록입니다.

건강을 위한 조건들이 공표되었습니다. "… 여호와를 경외하며 악을 떠날지어다 이것이 네 몸에 양약이 되어 네 골수를 윤택하게 하리라"(잠 3:7-8). "내 아들아 내 말에 주의하며 내가 말하는 것에 네 귀를 기울이라 … 그것은 얻는 자에게 생명이 되며 그의 온 육체의 건강이 됨이니라"(잠 4:20-22). 다윗은 하나님께서 자신의 얼굴을 강건케 하시는 분이라고 했습니다(시 43:5). 만일 이스라엘 자녀들이 하나님의 금지령에 순종하면 "네 치유가 급속할 것"입니다(사 58:8). 하나님께서 이스라엘 자녀들에게 말씀하시기를, 만일 그들이 하나님께로 돌아온다면 그들을 고쳐 주리라고 말씀하셨습니다(렘 30:17). 순종의 결과는 건강입니다.

"여호와를 의지하는 자는 시온 산이 흔들리지 아니하고 영원히 있음 같도다"(시 125:1). 이것은 힘 있는 자들을 묘사하고 있습니다. 이 산은 병약한 산이 아닙니다. "그는 시냇가에 심은 나무가 철을 따라 열매를 맺으며 그 잎사귀가 마르지 아니함 같으니 …"(시 1:3). 이는 하나님의 사람에 대해 말하고 있습니다. 이 나무는 병약한 나무가 아닌 매우 건강한 나무입니다. "의인은 종려나무 같이 번성하며 레바논의 백향목 같이 성장하리로다"(시 92:12). 이것은 우뚝 솟고 힘 있고 높고 깊은 나무를 말하고 있습니다. 그는 종려나무같이 높고 백향목과 같은 뿌리를 가지고 있을 것입니다. 이것이 건강한 사람을 묘사하는 것이 아니라면 무엇이겠습니까?

조건은 순종이며, 주제는 건강이었습니다. 가장 높으신 분의 은밀한 곳에는 예방과 보호가 있었습니다(시 91장). 그 놀라운 결과는 "주의 도를 땅 위에, 주의 구원을 모든 나라에게" 알렸습니다(시 67:2).

그분께로 나온 자들은 모두 치유된 것을 보아, 새로운 언약 아래 예수님은 사람들의 건강에 관심을 가지셨습니다. 4천 명을 먹이셨을 때 그분은 질병과 고통을 예방하기까지 하셨습니다. "내가 무리를 불쌍히 여기노라 그들이 나와 함께 있은 지 이미 사흘이매 먹을 것이 없도다 길에서 **기진할까 하여 굶겨 보내지 못하겠노라**"(마 15:32).

"음식 먹기를 권하노니 이것이 너희의 구원을 위하는 것이요 너희 중 머리카락 하나도 잃을 자가 없으리라"(행 27:34). 14일 동안의 금식 후에, 바울은 배에 타고 있는 선원들과 선객들에게 먹으라고 권고하였습니다. 배에 탑승한 사람은 275명이었습니다. 바울은 빵을 떼어 하나님께 감사드리고 먹었습니다. 다른 사람들도 모두 먹었습니다(행 27:35-36).

예수님께서 기준을 세우셨습니다. "나는 길이요" 그리스도를 영접하는 그 순간부터 영원토록 그분은 우리의 삶의 길이 되십니다. 그분은 육체와 영 모두의 건강의 길이 되십니다. "나는 진리요", "그리스도의 충만한 복을 가지고 갈 줄을 아노라"(롬 15:29). 이 복은 진리 전체를 포함하는 것이고 건강도 그 안에 포함되어있습니다. "나는 생명이라" 더 풍성한 삶이 이제 우리의 권리가 되었습니다(요 10:10). 그 풍성한 삶은 건강도 포함합니다. 예수님은 자신이 육신 가운데 사셨던 삶을 통해서 이것이 가능하다는 것을 증명하셨습니다.

바울은 기록합니다. "… 오직 내 안에 그리스도께서 사시는 것이라 **이제** 내가 육체 가운데 사는 것은 … 하나님의 아들을 믿는 믿음 안에서 사는 것이라"(갈 2:20). 우리가 살아가는 진리로서, 우리가 살아가는 길로서, 그리스도께서 우리 안에 사십니다. 그것은 건강의 길입니다. 하나님께 의지하는 사람은 질병을 능가하여 살 수 있다는 것을 예수님께서는 자신의 삶으로 증명하셨습니다.

"나는 포도나무요 너희는 가지라"(요 15장). 이것은 건강한 포도나무입니다. 포도나무의 생명줄은 가지들을 통해 흐르기 때문에 가지들은 포도나무의 건강에 함께 참여하는 것입니다.

우리는 그리스도의 몸입니다(고전 12:27). "이는 우리가 그의 몸과 그의 살과 그의 뼈의 지체임이라"(엡 5:30, 한글킹제임스). 이 세상에서 현재 예수 그리스도의 몸인 그분의 교회는 예수님께서 갈릴리 물가를 걸으셨을 때의 몸만큼 건강해야 마땅합니다. "내가 그들 가운데 거하며 두루 행하여" (고후 6:16).

"너희 몸을 하나님이 기뻐하시는 거룩한 산 제물로 드리라" 여기서 "거룩한(holy)"이라는 단어는 "신성한(sacred)"(육체적으로 깨끗한, 도덕적으로 나무랄 데 없는, 또는 종교적, 의례적으로 정결하게 바쳐진)이라는 뜻의 헬라어 "하기오스(hagios)"에서 비롯됩니다. 육체적으로 깨끗하다는 것은 건강한 몸을 말합니다.

당신의 몸은 성령님의 전입니다(고전 6:19). 성령님의 전이 죄로 들끓고 질병으로 들끓는 곳이어서야 되겠습니까? 성령님께서 누군가의 삶 속에 들어오실 때에는 그 사람을 정화하시고 하나님께서 거하시기에 걸맞은 처소로 만드십니다. 만일 당신이 허락하기만 한다면 하나님께서는 그분의 성전을 정돈되고 깨끗하고 건강하게 유지하실 것입니다.

우리는 이렇게 기도합니다. "뜻이 하늘에서 이루어진 것 같이 땅에서도 이루어지이다"(마 6:10). 만일 당신이 그분의 뜻을 행한다면 건강은 당신 것입니다. 저는 천국에 병든 사람이 없다는 것을 확신합니다. 저는 또한 성령님에 의해 정신적 육체적 파손이나 사고를 겪도록 인도되는 사람이 천국에는 아무도 없다는 것을 확신합니다. 예수님께서는 그분의 제자들이 이런 상황 가운데 있도록 절대 허락하지 않으셨습니다. "이르시되 너희는 따로 한적한 곳에 가서 잠깐 쉬어라 하시니"(막 6:31). 그분은 인간의 몸의 한계들을 이해하셨고 그에 따라 행동하셨습니다. 사람이 예수님의 본을 따른다면 건강하게 잘 지낼 수 있을 것입니다.

자신의 영과 혼뿐만 아니라 몸도 하나님께 의탁한 하나님의 자녀이자 그리스도의 사람(Christ-man)인 그리스도인은 치유의 대상이 되어서는 안 됩니다. 그는 지속적으로 하나님의 생명으로 충만하여 건강과 동행하는 자가 되어야 마땅합니다. "…내가 온 것은 양으로 생명을 얻게 하고 더 풍성히 얻게 하려는 것이라"(요 10:10). 우리가 **더 풍성한** 생명을 가지고 있는 이유는 하나님을 우리의 심령 안으로 받아들이는 순간 우리의 존재의 모든 샘물들이 그분의 살아있는 임재로 인해 살아나기 때문입니다. 그 결과 우리는 평소에 가지고 있는 에너지에 더하여 하나님의 에너지를 받는 자가 되었고, 더 풍성한 삶을 살게 되었습니다. 그리스도인의 인격에는 성령님이 빛나고, 그는 어떤 악한 세력의 접촉에도 흔들리지 않습니다. 왜 그렇습니까? 그 자신이 객관적인 힘(objective force)이기 때문입니다. 그의 믿음이 활동하고 있는 한 하나님의 영이 그에게서 빛납니다.*

존 G. 레이크 목사님의 삶 속에 있었던 한 사건이 이 요점을 설명해 줄 것입니다.

이제 생명의 법칙이 작용하고 있는 것을 보십시오. 믿음은 생명의 법칙에 속해있습니다. 믿음은 두려움의 정확히 반대입니다. 믿음은 영과 혼과 육에서 두려움과 정반대되는 효과를 냅니다. 믿음은 인간의 영이 자신감을 가지게 합니다. 믿음은 사람의 생각이 안식하고 긍정적이 되도록 합니다. 긍정적인 생각은 질병을 쫓아냅니다. 그 결과, 성령이 발산되어 병균들을 파괴시킵니다.

우리가 생명의 성령과 접촉을 하고 있었기 때문에, 저와 저의 네덜란드인 친구는 나가서 선페스트로 죽은 많은 사람들을 묻어줄 수 있었습니다. 우리는 그 집들에 들어가 시체를 들고 나와서 무덤을 파고 묻었습니다. 때로 우리는 서너 명을 한 무덤 속에 묻었습니다. 우리는 결코 질병에 걸리지 않았습니다.

그 전염병이 돌고 있을 동안에 정부는 필수품과 의사들을 배에 실어 보냈습니다. 한 의사는 저를 불러 말했습니다. "어떤 보호 장비를 사용했나? 우리 군단은 보호 차원에서 사용하는 예방제가 있지만, 사람이 자네만큼 오랫동안 이 땅에서 병든 자들을 보살피고(그들의 사역으로 말미암아 그 특정 지역에서는 사망률이 훨씬 낮았습니다) 죽은 사람들을 묻어줄 수 있었다면, 분명히 비밀이 있을 것이라고 결론을 내렸네. 그게 뭔가?"

저는 대답했습니다. "형제님, 이것은 **그리스도 예수 안에 있는 생명의 성령의 법**입니다. 저는 제 영혼이 살아계신 하나님과 접촉하고 있는 이상, 어떤 세균도 저에게 붙지 못한다는 것을 믿습니다. 왜냐하면 성령님께서 내 혼과 몸을 통해 흐르시고 하나님의 영이 그 세균들을 죽일 것이기 때문입니다."

그는 물었습니다. "우리의 예방약을 사용하는 것이 더 낫다고 생각하지 않는가?"

저는 대답했습니다. "아닙니다, 선생님. 그러나 제 생각에는 선생님께서 저를 실험해보기 원하실 것 같습니다. 만일 선생님께서 이 죽은 사람들 중 한 사람의 폐에서 나온 거품을 현미경을 통해 본다면 살아있는 세균 덩어리들을 볼 것입니다. 사람이 죽은 지 꽤 시간이 지난 후에도 이 세균들이 살아있다는 것을 발견하시겠지요. 제 손 가득 그 세균들을 묻히고 그것을 현미경으로 본다면, 그것들이 살아있지 못하고 바로 죽는 것을 보실 것입니다." 그들은 그렇게 해보았고, 이것이 사실인 것을 발견했습니다.

그들은 물었습니다. "이것이 도대체 무엇인가?"

저는 대답했습니다. "이것이 **그리스도 예수 안에 있는 생명의 성령의 법입니다**." 사람의 영과 육이 하나님의 축복받은 임재로 충만하면, 그 임재가 당신 피부의 모공들을 통해 스며 나오고 세균들을 죽입니다."

1910년도에 아프리카 열병이 주이칸스버그와 워터버그 지역을 파괴했습니다. 한 달도 안 되어 흑인 백인 할 것 없이 인구의 4분의 1이 죽었습니다. 레이크 목사님은 전염병이 도는 동안 이 지역들을 다니며 사역하셨고 절대로 질병에 걸리지 않으셨습니다. 그가 돌보아주었던 환자들은 나라에서 알려진 질병이란 질병에는 다 걸려 있었음에도 불구하고 그 자신은 한 번도 아픈 적이 없었습니다. 하나님의 성령은 죄와 질병을 파괴하고 정결함과 건강을 창조합니다. "너희 안에 계신 이가 세상에 있는 자보다 크심이라"(요일 4:4). 그분은 어떤 죄보다도 크시고 그 어떤 질병보다도 더 크십니다. 하나님께서 말씀하셨습니다. "내가 그들 가운데 거하며 두루 행하여 …"(고후 6:16). 분명히 하나님께서는 깨끗하고 건강한 사람 안에서 행하고 싶으실 것입니다. 그리스도인은 그리스도 안에 있고 그리스도는 그리스도인 안에 계시고 그리스도는 아버지 안에 계십니다(요 14:20). 하나님 안에는 어떠한 죄도 질병도 없습니다. 걸렸던 적도 없고 앞으로도 절대 없을 것입니다. 죄가 속사람을 오염시키는 것처럼, 질병은 겉사람을 오염시킵니다. 예수님께서는 인간의 육체 안에 사셨던 자신의 본을 통하여 "신성한 건강"의 기준이 믿는 자에게는 가능하다는 것을 증명하셨습니다. "자녀들은 혈과 육에 속하였으매 그도 또한 같은 모양으로 혈과 육을 함께 지니심은"(히 2:14).

하나님께서는 신자의 건강을 위해 완벽한 공급을 하셨습니다. "(그가) 우리의 연약한 것을 친히 담당하시고 병을 짊어지셨도다"(마 8:17). 예수님께서는 죄를 담당하신 것처럼 질병도 완전히 담당하셨습니다.

이제 묻고 싶은 질문은 "왜 그렇지 않은가?(Why isn't it so?)"일 것입니다. 그 이유는 한마디로 대부분의 그리스도인들이 이것이 가능하다는 것을 믿지 않기 때문입니다. 불신앙을 조성하는 것은 무엇입니까? 스미스 위글스워스가 자신이 열었던 한 집회에서 어떤 남자를 자기 앞에 데려오게 했습니다. 덩치는 크지만 다리가 미성숙한 것을 보면서 스미스 위글스워스는 자신의 심령에 다음과 같은 질문을 했습니다. "하나님께서 저걸 고치실 수 있을까?" 그는 그 질문 속에 있는 본질적인 불신앙을 즉시 알아챘습니다. 그리고 재빨리 하나님께 용서를 구했습니다.

그는 그 남자에게 사역하였고, 남자는 정상적으로 회복되었습니다.[13] 그리스도인들이 심령 속 깊이 예수님께서 세우신 기준을 의심하기 시작하는 것은 불신앙을 나타냅니다. 이는 지적 동의보다 더한 것을 요구합니다. 만일 이것을 심령에서 완전히 믿는다면 신성한 건강은 실재가 될 것입니다. 믿음은 항상 결과가 뒤따릅니다. 결과가 없는 믿음은 죽은 것입니다(약 2:26).

하나님께서는 사람들의 믿음이 때때로 흔들릴 것을 아셨기 때문에 그것을 예비하셨습니다. 그 예비하심에는 그리스도 안에서 스스로 걷는 법을 배우기 전인 영적 아기들도 포함됩니다. "너희 중에 병든 자가 있느냐(Is any among you sick?) 그는 교회의 장로들을 청할 것이요 …"(약 5:14-15). 야고보는 왜 "너희 중에 누가 **아플 때는**(when any of you get sick)"이라고 말하지 않았을까요? 초대교회는 신성한 생명의 흐름 가운데 살고 있었기 때문에 아무도 아플 것을 기대하지 않았습니다. 그들은 어둠의 능력에 대한 지배력을 가지고 있었습니다(눅 10:19).

"사랑하는 자여 네 영혼이 잘됨 같이 네가 범사에 잘되고 강건하기를 내가 간구하노라"(요삼 2). 당신은 당신이 거듭난 날부터 이 세상을 떠나는 날까지 건강할 수 있습니다. 성령님께서 "너희를 모든 진리 가운데로 인도"하실 것입니다(요 16:13). 그분이 인

---

13) 이 예화는 제가 1920년대 말에 그분으로부터 들은 설교에서 가져왔습니다.

도하시면 당신은 성장할 것입니다. "형통하는" 영혼은 순종하는 영혼입니다. 성장하는 영혼입니다. 형통하는 영혼은 성숙하게 자라나고 그 성숙함 속에서 지속합니다. "형통하다"라는 단어는 "길에서 돕다, 예: (수동태) 목적지에 이르는데 성공하다"라는 뜻의 헬라어 "유오도오(euodoo)"에서 비롯되었습니다. 그리스도인들이 이르러야 할 목적들은 그분이 깨끗하신 것 같이 깨끗해지는 것이며(요일 3:3), 그분이 거룩하셨던 것처럼 거룩해지는 것들입니다. 사랑을 예로 들어보겠습니다. "형통한" 영혼은 손을 뻗어 예수님께서 마태복음 5:44-48에 명령하셨던 온전한(완전한) 사랑의 목표를 성취합니다. 48절은 말합니다. "그러므로 하늘에 계신 너희 아버지의 온전하심과 같이 너희도 온전하라" 이것은 친구와 원수를 함께 포용할 수 있는 온전한 사랑입니다. 이는 두려움을 내쫓는 온전한 사랑입니다(요일 4:17-18). 이는 전심으로 하나님을 향하는 심령입니다(대하 16:9). 하나님의 온전한 사랑을 얻은 우리는 이제 그 사랑 안에서 사랑을 지속시킵니다. 지속적인 형통의 특징은 다른 나그네들을 "길에서 돕기" 위해 손을 뻗는 사랑으로 충만하여 넘쳐흐르는 심령입니다. 지속적인 사랑과 형통은 "모든 이에게 착한 일을 하고"(갈 6:10), "조심하여 선한 일을 힘쓰게 하고"(딛 3:8), "선한 사업을 많이 하는"(딤전 6:18) 것이 특징입니다. 형통하는 영혼은 동일한 믿음을 가진 영혼들과 모여 권고하고 위로하고 격려하고 교제합니다. 그는 지속적인 기도 생활과 하나님과의 교제도 유지합니다. 그는 말씀을 먹는 자입니다. 그리고 그는 사람들 앞에서 말할 수 있는 믿음의 선한 고백, 정결하고 거룩하고 진실한 삶이 뒷받침된 고백을 가지고 있습니다.

우리 겉사람의 건강은 우리 속사람의 형통과 연결되어 있습니다. 형통한 속사람은 하나님의 약속들을 사용할 수 있고 건강한 겉사람 안에서 살 수 있습니다. 그리스도의 몸 된 교회에서 신유는 바로 건강이라는 목적을 향한 수단입니다.

제 10 장

이 땅에서의 삶은 얼마나 긴가?
Life Here - How Long?

수명. 사람들은 수명에 대해서 말합니다. 그들은 평균수명에 대해서 말합니다. 여기에서 우리는 평균수명에는 관심이 없습니다. 우리는 "내가 이 땅에서 살날은 얼마나 남았는가?"와 "내가 의지할 수 있는 것은 무엇인가?"라는 질문에 대한 대답을 원합니다. 하나님의 말씀에 이런 질문에 대한 답이 있을까요? 아니면 인간의 수명에 관해서는 하나님께서 우리를 어둠 속에 두신 것일까요?

왜 사람들이 죽기 싫어하는지 아십니까? 왜 사람들이 가능한 오래 살고 싶어 하는지 아십니까? 왜냐하면 죽음은 인간의 본래 정상적인 상태가 아니기 때문입니다. 인간은 하나님을 대적하기 전까지는 죽음의 지배를 받지 않았습니다. 이렇기 때문에 만인의 심령이 질병과 슬픔과 죽음을 대적하고 울부짖는 것입니다. 사람은 살고 싶어 합니다. 이는 그의 온 존재 속에 선천적으로 갖춰진 갈망입니다.

하나님의 말씀은 이것에 대해서 뭐라고 말합니까? "내 아들아 나의 법을 잊어버리지 말고 네 마음으로 나의 명령을 지키라 그리하면 그것이 네가 장수하여 많은 해를 누리게 하며 평강을 더하게 하리라"(잠 3:1-2). "내 아들아 들으라 내 말을 받으라 그리하면 네 생명의 해가 길리라"(잠 4:10). "나 지혜로 말미암아 네 날이 많아질 것이요 네 생명의 해가 네게 더하리라"(잠 9:11). "여호와를 경외하면 장수하느니라 …"(잠 10:27). "생명을 사모하고 연수를 사랑하여 복 받기를 원하는 사람이 누구뇨 네 혀를 악에서 금하며 네 입술을 거짓말에서 금할지어다 …"(시 34:12-14). "내가 그를 장수하게 함으로 그를 만족하게 하며 나의 구원을 그에게 보이리라"(시 91:16). 하나님께서는 장수하기 원하는 인간의 갈급함을 만족시키기 원하십니다.

그러나 "얼마나 오래" 살 수 있는지에 대한 우리의 질문에 대한 해답은 아직 없습니다. 구약에서 장수함에 대한 마지막 선언은 시편 90:10에서 찾아볼 수 있습니다. "우리의 연수가 칠십이요 강건하면 팔십이라도 …" 이 선언이 아직까지 유효한지를 보기 위해서는 신약을 꼼꼼히 보아야 합니다. 요한복음 7:6에 단서가 있습니다. 예수님께서는 믿지 않는 형제들에게 말씀하셨습니다. "내 때는 아직 이르지 아니하였거니와 너희 때는 늘 준비되어 있느니라" 이는 불신자는 이 순간 이후의 삶에 대한 보장이 없다는 것으로 해석할 수 있습니다. 그러나 예수님께서는 한 번도 신자에게는 그런 변화가 있을 것이라고 암시하신 적이 없으십니다. 그러므로 우리는 신자가 70년 이상을 살 수 있는 것으로 결론지을 수 있습니다. 이것은 에베소서 6:1-3에 주어진 약속들과도 맞습니다. "이로써 네가 잘되고 땅에서 장수하리라" 만일 다음 호흡이나 다음 날이나 다음 달이나 다음 해를 기대할 수 없다면 이런 약속이 무슨 소용 있겠습니까? 시편 91:16에 나오는 약속도 마찬가지 입니다. "장수하게 함으로 그를 만족하게 하며"

이 원칙에는 두 가지 예외가 있습니다. 예수 그리스도의 선한 군사로서 당신은 자신의 믿음 때문에 순교를 겪어야 할 수도 있습니다. 이것은 사도행전에 주어진 예화들로 인해 증명되었습니다. 사도행전 7:59-60에 나와 있듯이 스데반은 자신의 생명을 내주었습니다. 그리고 야고보의 죽음도 사도행전 12:2에 기록되어 있습니다. 이것은 너희의 의로움으로 인해 사람들이 너를 죽이려고 할 것이라는 예수님의 가르침과도 맞습니다. 일반적으로 말해서, 순교는 비교적 극소수에게만 옵니다. 다른 예외는 예수님께서 우리를 하늘로 올리셔서 공중에서 그분과 함께 만나도록 할 날입니다(살전 4:16-17).

그렇다면 왜 어떤 그리스도인들은 일찍 죽습니까? 당신은 믿음에 있어 주제넘을 수도 있습니다. 야고보서 4:13-15에 한 예가 주어졌습니다. 사람들은 "우리는 가겠다"라고 말하고 그것에 관한 하나님의 뜻은 구하지도 않고서는 하나님의 약속으로부터 분리됩니다. 약속은 가장 높으신 분의 은밀한 곳에 거하는 자를 위한 것입니다. 그곳은 순종의 자리입니다. 마귀는 두루 다니며 "그가 삼킬 자"를 찾습니다(벧전 5:8). 그는 믿음에 있어서 겸손하지 않은 사람을 찾아다니고 있습니다.

"너희 생명이 무엇이냐 너희는 잠깐 보이다가 없어지는 안개니라"(약 4:14). 70년도 영원에 비하면 "잠깐"입니다. 신자는 70년을 자기 것으로 주장할 수 있지만 만일 강건하다면 그 이상도 주장할 수 있습니다. 제 친구 중에 80세가 넘어서 하나님으로부터 치유를 받은 친구가 있습니다. 그는 85세 때 병에 걸렸습니다. 그는 수년간 하나님을 신뢰해왔습니다. 그런데 그가 친구라고 일컬었던 사람들이 그에게 수술을 받으라고 설득했습니다. 그는 수술대 위에서 죽었습니다. 그는 자신이 90세까지 살 것이라고 하나님을 신뢰했습니다. 왜 그가 예수님께서 그의 질병을 담당하시도록 허락하지 않았는지는 저도 모르겠습니다. 태아일 때부터 죽을 때까지 나이에 상관없이 예수님께서 우리의 질병들을 지셨습니다.

"그[지혜]의 오른손에는 장수가 있고 …"(잠 3:16). 운전하면서 도로의 모든 안전 규칙들을 어기는 것은 지혜로운 행동이 아닙니다. 만일 당신이 속도위반을 해서 사고가 난다면 하나님을 탓하지 마십시오. 그분은 주를 위하여 인간의 모든 제도를 순종하라고 하셨습니다(벧전 2:13). 만일 어떤 사람이 속도위반을 하여 죽게 되었다면 하나님을 탓하지 마십시오.

우리는 사람들이 왜 일찍 죽는지에 대한 해답을 항상 알지는 못합니다. 우리가 아는 것은 하나님의 약속들은 그것을 믿는 자에게 확실하다는 것입니다. 저는 오늘날 많은 사람들이 병에 걸리고 일찍 생명을 잃는 원인이 지식의 부족이라고 생각합니다. "내 백성이 지식이 없으므로 망하는도다 …"(호 4:6). 만일 사람이 하나님의 말씀을 모른다면 어떻게 말씀을 사용하겠습니까? 그가 알지 못하는 것을 어떻게 믿을 수 있겠습니까? 그가 말씀을 읽고 공부하지 않는다면 어떻게 알 수 있겠습니까?

"네가 장수하다가 무덤에 이르리니 마치 곡식단을 제 때에 들어올림 같으니라"(욥 5:26). "내가 그를 장수하게 함으로 그를 만족하게 하며 …"(시 91:16). 이것은 오랫동안 건강한 삶을 살고 노년에 죽음이 올 것을 의미합니다. 이것은 마치 옥수수 단이 질병의 손상 없이 완전히 성숙해져 추수꾼을 맞이할 준비가 되어 있는 그림과 같습니다. 이것은 마치 잘 익은 과일이 자기 무게에 못 이겨 나뭇가지에서 떨어지는 것과 같습니다. 아브라함과 이삭과 야곱은 나이 들고 연수가 가득 찼을 때까지 살았다고 합니다. 그들은 수년간 섬겨왔던 그들의 하나님과 함께 하려고 떠났습니다(창 25:8, 35:29, 49:33). 그들은 떠날 준비가 되어 있었습니다. 그들은 천국에 가기 위해서 암이나 열병이나 전염병이나 종양과 같은 마귀의 신세를 질 필요가 없었습니다. 우리도 마귀에게 그런 신세를 질 필요가 없습니다.

가장 높으신 분의 은밀한 곳에 거하는 그리스도인은 충만하고 풍성한 삶을 살 것입니다. 가장 높으신 분의 은밀한 곳이 어디에 있습니까? "이는 너희가 죽었고 너희 생명이 그리스도와 함께 하나님 안에 감추어졌음이라"(골 3:3). 여기에서 죽었다는 것은 죄에 대해 죽은 것을 의미합니다. 우리는 가장 거룩한 지성소에 삽니다(히 10:19-20). 그리스도 안에서 거하는 것과 우리가 얼마나 오랫동안 살 수 있는지 아는 것은, 치유하시는 하나님을 신뢰하고 미래를 계획하는데 있어 자신감과 안정을 갖게 합니다. 만일 하나님께서 당신을 부르셨을 때 당신이 순종적이라면 무엇도 그 부르심을 방해할 수 없습니다. "우리에게 우리 날 계수함을 가르치사 지혜로운 마음을 얻게 하소서"(시 90:12). 우리는 그분의 뜻에 따라 미래를 계획하는데 있어 지혜롭기 위해서, 우리의 날들을 계수해야 합니다. 그것이 바로 이 장의 목적입니다.

제 11 장

특별한 고려 사항들과 반대 의견들
Special Considerations and Objections

욥 14)

이번 연구의 목표는 욥의 경험이 "더 좋은 약속으로 세우신 더 좋은 언약"(히 8:6) 아래 살고 있는 사람들에게도 가능한 것인지 아닌지를 연구하는 것입니다.

어셔의 연구에 의하면, 욥은 대략 기원전 1520년에 살았습니다. 이는 율법이 주어진 주전 1491년 보다 앞선 시대였습니다. 율법 아래서는 제사장만 드릴 수 있는 희생제물을 욥이 직접 드렸다는 사실을 통해서도 그 시기로 보는 것에 더 힘이 실립니다.

욥은 왜 고난을 받았을까요? 그가 받은 고난은 어떤 목적이

---

14) 욥의 경험에는 이 장이 논의 범위 외에도 우리가 배울 수 있는 많은 교훈이 있습니다.

있었을까요? 다른 사람이 그와 비슷한 경험을 겪었다는 기록이 있습니까? 욥의 고난은 고난의 모범입니까, 아니면 어떤 특별한 도전을 가리키는 것입니까?

욥이 살았던 시대는 하나님에 대한 인간의 계시가 부분적이고 불완전했다는 것을 반드시 기억해야 합니다. 예수님은 "그 본체의 형상"(히 1:3)이시므로 예수님이 하나님에 대한 완전한 계시입니다. 부분적인 계시 아래 살았던 사람들에게 온전한 계시 아래 살고 있는 사람들과 똑같은 정도의 책임을 요구할 수는 없습니다. 그들에게 주어진 적이 없는 기준으로 우리가 옛적의 족장들을 판단하는 것은 공정한 일이 아닙니다. 예수님께서 처음 출현하시기 전에 살았던 사람들은 아무도 신약성경에서 요구하는 온전함에 도달할 수 없었습니다. "하나님이 우리를 위하여 더 좋은 것을 예비하셨은즉 우리가 아니면 그들로 온전함을 이루지 못하게 하려 하심이라"(히 11:40). 예수님께서 오시기 전, "알지 못하던 시대에는 하나님이 간과하셨거니와 이제는 어디든지 사람에게 다 명하사 회개하라"(행 17:30) 하셨습니다. 여기서 "간과하다"라는 말은 눈감아 준다는 말입니다. 하나님께서는 그 시대에 주어진 계시의 수준에 준하여 욥을 "온전하고 정직한 자"라고 하셨습니다. 신약성경에서 온전함의 표시 중의 하나는 "두려움을 내쫓는 온전한 사랑"입니다(요일 4:18). 욥에게는 이 수준에 도달할 것이 요구되지 않았습니다. 욥이 "내가 두려워하는 그것이 내게 임하고 내가 무서워하는 그것이 내 몸에 미쳤구나"
(욥 3:25)라며 두려움을 가지고 있었음에도 불구하고, 하나님께서 그를 온전하고 정직한 자라고 한 사실에서 증명됩니다. 이 사실은 욥에게 일어난 일은 까닭이 없다고 말씀하신 것으로 더욱 확실해졌습니다(욥 2:3).

욥의 고난의 원인은 사탄의 두 가지 도전이었습니다. 첫 번째 도전은 "자신의 소유를 다 잃은 사람"은 하나님께 신실하지 않을 것이라는 것이었습니다. 욥의 신실함을 건드릴 수 없게 되자, 사탄은 사람은 자신의 건강을 잃으면 진실할 수 없게 될 것이라는 두 번째 도전을 내놓았습니다(욥 2:5). 그러나 욥은 하나님 외에는 어떤 것도 신뢰하기를 거절했고, 사탄은 다시 실패하였습니다. 이 두 가지의 도전 외에 어떤 이유도 주어지지 않았습니다. 이에 관하여 하나님께서 하신 말씀을 들어 보십시오. "… 네가 나를 충동하여 까닭 없이 그를 치게 하였어도 …"(욥 2:3). 욥의 삶에는 어떤 이유도 발견되지 않습니다. 욥은 사탄의 처음 공격도 신실하게 통과하였습니다. 그러므로 두 번째 공격을 받을 만한 아무 이유도 없었습니다. 심지어 욥 자신도 이유가 없다는 것을 알고 있었습니다(욥 9:17).

욥은 자기의 고난이 어디서 오는지 알았을까요? 욥은 너무나 혼돈된다고 말했습니다(욥 10:15). 욥은 하나님께서 폭풍으로 자신을 치신다고 생각했습니다(욥 9:17). 욥은 자신에게 독이 된 것은 하나님의 화살이라고 생각했습니다(욥 6:4). 욥은 하나님께서 자신을 벗기신다고 생각했습니다(욥 19:9). 욥은 하나님께서 자신을 허신다고 생각했습니다(욥 19:10). 욥은 하나님께서 자신을 원수 같이 보신다고 생각했습니다(욥 19:11). 욥은 자신은 알 수 없다는 사실도 인정했습니다. "… 나는 깨닫지도 못한 일을 말하였고 …"(욥 42:3). 그는 자신의 고통의 근원을 알지 못했습니다. 바로 사탄이 멸망시키는 자였습니다(욥 1:12-19, 2:7).

이런 혼돈 가운데서 욥은 자신이 정제되고 있다고 생각했습니다. "… 그가 나를 단련하신 후에는 내가 순금 같이 되어 나오리라"(욥 23:10). 이는 하나님께서 욥을 시험하시는(try) 것이 아니었습니다. 왜냐하면 이 말이 이유가 되면 "까닭이 없다"고 하신 하나님의 말씀에(욥 2:3) 모순되기 때문입니다. 그렇습니다. 이것은 사탄이 욥을 시험하는 것이었습니다. 사탄은 욥이 하나님으로부터 등을 돌리게 하려고 시험하였습니다. 사탄은 욥이 신실하지 못하게 되도록 시험하였습니다. 사탄은 욥이 하나님을 저주하도록 시험하였습니다. "사람이 그의 모든 소유물로 자기의 생명을 바꾸올지라"(욥 2:4)라는 자신의 말을 옹호하기 위한 사탄의 시험이었습니다.

하나님께서는 욥을 온전하고 정직한 자라고 선언하셨기 때문에, 욥은 정제되고 있었던 것이 아닙니다. 우리는 이렇게 묻고 싶습니다. "언제부터 마귀가 하나님의 자녀들을 정제하는 자(refiner)가 되었단 말입니까?" 마귀는 하나님의 원수입니다. 마귀가 하나님의 사람들을 정제하고 있다면 그는 스스로 자신을 대적하는 것입니다. 이 과정을 통하여 욥이 정제되지 않았다는 것은 그러므로 내가 스스로 거두어들이고 티끌과 재 가운데에서 회개하나이다"(욥 42:6)라는 그의 선언이 보여주고 있습니다. 정제되는 과정을 통과하였다면 그는 깨끗함과 정결함과 온전함을 느껴야 마땅했을 것입니다. 새 언약 아래서는 예수님께서 정제하시는 분입니다(말 3:3, 마 3:11-12). 예수님은 그의 원수인 마귀의 어떤 도움 없이도 그의 사람들을 깨끗하게 정제하실 수 있습니다. 우리 구주께서는 마귀에게 어떤 신세도 지지 않으십니다.

"무지한 말로 생각을 어둡게 하는 자가 누구냐"(욥 38:2). 지식 없이 한 말은 언제나 혼돈을 초래합니다. 왜 욥은 알 수 없었을까요? 그는 부분적인 계시만 가지고 있었기 때문입니다.

욥이 당한 고난은 고난의 모범입니까? 아닙니다. 이런 고난은 다시 반복되지 않았습니다. 그의 경험이 어떤 도전을 가리키는 것입니까? 그렇습니다. 사람이 자신의 생명을 위해 자기의 모든 소유를 내놓을지에 대한 사탄의 도전은 실패로 끝났습니다.

이제 이런 질문을 생각해 봅시다. "우리의 더 좋은 언약 아래서도 이런 경험을 할 수 있을까요? 거듭난 신자들에게도 이런 일이 일어날 수 있을까요?"

"내가 너희에게 뱀과 전갈을 밟으며 원수의 모든 능력을 제어할 권능을 주었으니 …"(눅 10:19). 욥에 관해서 하나님은 사탄에게 이렇게 말씀하셨습니다. "내가 그를 네 손에 맡기노라"(욥 2:6). 하나님께서 한 그리스도인을 사탄의 손에 넘겨준다면 사탄은 그 사람에 대한 권세를 행사할 것입니다. 이렇게 되면 우리가 방금 인용한 예수님의 약속에 대한 확신이 분명히 무너질 것입니다. 사실상, 하나님께서 그 아들의 약속을 깨뜨리는 것입니다. 예수님께서는 자신이 하는 말은 자신의 말이 아니라 아버지의 말씀이라고 하셨습니다(요 14:10).

"마귀에게 틈을 주지 말라"(엡 4:27). 마귀에게 틈을 줄지 말지에 대한 선택권이 파괴될 것입니다. 욥의 경험이 새 언약에도 적용될 수 있다면 당신은 마귀에게 자리를 내어 줄 수밖에 없습니다.

"… 마귀를 대적하라 그리하면 너희를 피하리라"(약 4:7). 사탄이 그의 손에 당신을 가지게 되었다면 저항하는 것은 시간 낭비가 될 것입니다. 그에게 보장된 시간이 끝나면, 우리가 아무 저항을 하지 않더라도 사탄은 떠나야 할 것입니다.

"내가 그들 안에 있고 아버지께서 내 안에 계시어 …"(요 17:23). "내 안에 거하라 나도 너희 안에 거하리라 …"(요 15:4). "여호와께서 사탄에게 이르시되 내가 그를 네 손에 맡기노라 …"(욥 2:6) 그리스도 안에 있는 신자가 욥의 경험을 겪어야 한다면, 그 사람은 그리스도 밖에 있게 되든지 아니면 사탄이 그리스도 안으로 들어오도록 허락되어야 할 것입니다. 예수님은 지극히 높으신 분의 비밀 장소입니다. 당신이 그 곳에 산다면 어떤 전염병도 당신이 거하는 곳 가까이에 올 수 없습니다. 이것은 그리스도의 영혼뿐만 아니라 몸도 그 비밀 장소 안에 있다는 것을 증명하는 것입니다. "이는 우리가 그의 몸과 그의 살과 그의 뼈의 지체임이라"(엡 5:30, 한글킹제임스). 만일 당신이 사탄의 손아귀에 들어가게 된다면 "내 안에 거하라"는 명령은 지켜질 수 없는 것입니다. 당신은 아무 선택권이 없기 때문입니다.

예수님은 포도나무요 우리는 그 가지들입니다. 하나님은 농부입니다. 어떤 농부가 원수를 불러서 그의 가지들을 마귀에게 넘겨주어 병들게 하겠습니까?

"나는 선한 목자라 …"(요 10:14). "… 나는 양의 문이라"(요 10:7). 이것은 안전한 문입니다. 어떤 목자가 늑대가 들어와서 양들을 물어뜯도록 허락하겠습니까?

"누구든지 하나님의 성전을 더럽히면 하나님이 그 사람을 멸하시리라 하나님의 성전은 거룩하니 너희도 그러하니라"(고전 3:16-17). 하나님께서 하나님의 성전을 더럽힌 사람을 멸하셨다면, 그분은 당연히 성전을 사탄에게 넘겨주어 더럽히게 하지 않을 것입니다. 사탄이 손을 대면 항상 오염됩니다.

"너희 중에 병든 자가 있느냐 그는 교회의 장로들을 청할 것이요 …"(약 5:14). 장로들을 부르는 것이 무슨 소용이 있겠습니까? 그 사람은 정해진 기간 동안 사탄의 손에 있고 그 시간이 다 해야 사탄이 떠날 것이기 때문입니다. 믿음의 기도를 하는 것은 아무 소용이 없을 것입니다. 욥이 당한 일이 오늘도 가능하다고 가르치는 것은 "장로들을 청하라"는 명령을 범하는 것입니다. 아픈 사람은 장로를 불러야할지 말아야 할지를 결코 알 수가 없을 것입니다.

예수님은 마귀의 일을 멸하려고 오셨습니다(요일 3:8). 예수님께서는 질병이나 아픈 것을 만나셨을 때 언제나 고쳐주시고 마귀의 일을 없애셨습니다. 만일 욥이 경험한 것이 오늘날도 가능한 일이라면 예수님께서는 자신이 멸하려고 오신 바로 그것을 지지하는 것이 됩니다.

예수님은 우리의 구원의 창시자입니다(히 2:10). 우리는 그리스도의 좋은 군사가 되어야 마땅합니다(딤후 2:3). 어떤 지휘관이 적을 불러서 자기 군사들이 병들게 하겠습니까?

욥이 했던 경험과 같은 경험을 하는 것은 그리스도 밖에 있거나 가지로부터 잘려있기 때문입니다. 우리가 본 바와 같이 이런 일은 약속을 깨뜨리는 일이며 명령을 거역하는 일입니다. 하나님께서 욥의 시대 이래로 주셨던 보호의 약속을 깨뜨려야만 가능한 일입니다. 이런 일은 하나님의 약속에 대한 확신을 깨뜨리게 될 것입니다. "하나님의 약속은 얼마든지 그리스도 안에서 예가 되니 그런즉 그로 말미암아 우리가 아멘 하여 하나님께 영광을 돌리게 되느니라"(고후 1:20). 예수님께서 말씀하셨습니다. "이 세상의 임금이 오겠음이라 그러나 그는 내게 관계할 것이 없으니"(요 14:30). 우리가 그리스도 안에 있으면 마귀는 우리에게 관계할 것이 전혀 없습니다.

"주여, 우리가 하늘에서 불이 내리도록 명하여, 마치 엘리야가 한 것처럼 그들을 살라 버리기를 원하시나이까?" 주님께서 대답한 것에 비추어서 욥의 경험을 생각해 보십시오. "주께서 돌아서서 그들을 꾸짖으시며 말씀하시기를 '너희는 너희가 어떤 영을 지녔는지 알지 못하고 있도다. 인자는 사람들의 생명을 멸하려고 온 것이 아니라 구원하려고 왔느니라'"(눅 9:54-56, 한글킹제임스). 하나님께서는 사탄에게 "내가 그의 소유물을 다 네 손에 맡기노라"라고 하셨습니다(욥 1:12). 이 말은 그의 재산과 종들과 가족을 포함하는 것임에 주목하십시오. 사람의 생명에 대한 파괴가 있었습니다. 종들이 살해당했습니다(욥 1:15, 17). 욥의 자녀들도 죽게 되었습니다(욥 1:13, 19). 마귀는 욥을 괴롭히는 자로서 더 쓸모가 있는 그의 아내는 죽이지 않았습니다(욥 2:9). 그러나 새 언약 아래서 어떤 사람의 자녀들을 죽이도록 예수님께서 마귀에게 허락한다는 것은 우리가 방금 누가복음에서 인용한 성경에 어긋나는 것입니다. 이는 예수님께서 공범이 되는 것입니다. 혹시 하나님은 그렇게 하실 수 있다고 말할지도 모르겠습니다. 그렇지 않습니다. 왜냐하면 예수님께서 이렇게 말씀하셨기 때문입니다. "하늘과 땅의 모든 권세[능력]을 내게 주셨으니"(마 28:18). 하나님께서는 오직 아들을 통하여만 움직이십니다.

그러면 구약과 신약이 잘 연결되지 않는다고 말할지 모르겠습니다. 신약은 더 좋은 약속에 근거하여 세워진 더 좋은 언약이라는 것을 잊지 마십시오(히 8:6). 뭔가 더 **좋아야만** 합니다. 무엇이 더 좋은 것인지 몇 가지만 알아보겠습니다.

하나님께서는 히스기야를 시험하시려고 그를 떠나셨습니다(대하 32:31). 예수님께서는 이렇게 말씀하셨습니다. "볼지어다 내가 세상 끝날까지 너희와 항상 함께 있으리라"(마 28:20). 만일 하나님께서 당신을 떠나셨다면 하나님께서는 당신에게서 성령을 거두어 가셔야만 했을 것입니다. 그렇게 된다면 당신은 육신에 있는 자요 잃은 바 된 자일 것입니다. "누구든지 그리스도의 영이 없으면 그리스도의 사람이 아니라"(롬 8:9). 예수님께서는 "나를 떠나서는 너희가 아무 것도 할 수 없음이라"(요 15:5)라고 말씀하셨습니다. 그리스도를 떠나서는 하나님을 기쁘시게 하는 일을 아무것도 할 수 없습니다. 하나님께서 당신을 떠나셨는데도 당신이 스스로 설 수 있다면 "보세요. 나는 하나님이 없어도 설 수 있답니다. 나는 그리스도 없이 그리스도인의 삶을 살 수 있습니다."라고 자랑할 수 있을 것입니다. 그렇다면 "나를 떠나서는 너희가 아무 것도 할 수 없음이라"라고 하신 예수님의 말씀은 진리가 아닌 것입니다. 그분은 당신을 시험하려고 당신을 떠나시는 분이 아닙니다.

"네 주인의 집을 네게 주고 네 주인의 아내들을 네 품에 두고 이스라엘과 유다 족속을 네게 맡겼느니라 만일 그것이 부족하였을 것 같으면 내가 네게 이것 저것을 더 주었으리라"(삼하 12:8). 우리가 살펴보고 있는 관점에서 이 말씀을 이해하는 열쇠는 창세기 16:5에서 사래가 아브라함에게 자기가 자신의 여종을 "당신의 품에" 주었다고 하는 곳에서 발견됩니다. 그 결과는 이스마엘의 출생입니다. 즉 그의 주인의 아내들을 다윗의 품에 내어 주어서 그의 아내나 첩들이 되게 하였다는 말입니다. 하나님께서 하신 이런 일은 신약 성경의 가르침에 그대로 적용되어서는 안 됩니다. 예수님은 일부다처 제도나 첩을 두는 제도를 가르치시지 않았습니다.

"… 죽임을 당하여 무덤에 누운 자 같으니이다 주께서 그들을 다시 기억하지 아니하시니 …"(시 88:5). 무덤에 있는 자들 중에서 하나님께서 다시 기억하지 않을 자가 있습니까? 영원한 심판을 받기 위해 모두 일으켜지는 것은 아니라는 말입니까? 그렇다면 누운 자들은 기억될 것입니다. 시편 기자는 왜 이렇게 말하고 있습니까? 부분적인 계시 때문이 아니겠습니까? 온전한 계시는 예수님과 새 언약을 통해서 왔습니다.

예수님은 구약 아래서 명령한 것이나 허락된 것들 중에서 어떤 것들은 바꾸셨지만, 새 언약 아래서는 그런 것들을 바꾼 것이 없습니다.

"여호와여 내가 주를 미워하는 자들을 미워하지 아니하오며 주를 치러 일어나는 자들을 미워하지 아니하나이까 내가 그들을 심히 미워하니 …"(시 139:21-22). 여기서 말하는 원수들은 사람들입니다. "또 네 이웃을 사랑하고 네 원수를 미워하라 하였다는 것을 너희가 들었으나 나는 너희에게 이르노니 너희 원수를 사랑하며 너희를 박해하는 자를 위하여 기도하라 이같이 한즉 하늘에 계신 너희 아버지의 아들이 되리니 이는 하나님이 그 해를 악인과 선인에게 비추시며 비를 의로운 자와 불의한 자에게 내려주심이라"(마 5:43-45)라고 말씀하실 때, 예수님께서는 그런 증오심을 폐지하셨습니다. 우리는 사랑 가운데 온전해야 합니다. 이는 사랑에 관한 말씀 끝에 "그러므로 하늘에 계신 너희 아버지의 온전하심과 같이 너희도 온전하라"(마 5:48)라는 언급을 하셨다는 사실을 통해서도 강조됩니다. 그러므로 원수를 증오하는 것은 신약의 일부가 아닙니다.

"상처에는 상처로, 눈에는 눈으로, 이에는 이로 갚을지라 남에게 상해를 입힌 그대로 그에게 그렇게 할 것이며"(레 24:20). "또 눈은 눈으로, 이는 이로 갚으라 하였다는 것을 너희가 들었으나 나는 너희에게 이르노니 악한 자를 대적하지 말라 누구든지 네 오른편 뺨을 치거든 왼편도 돌려 대며 또는 악을 또 너를 고발하여 속옷을 가지고자 하는 자에게 겉옷까지도 가지게 하며"(마 5:38-40). 예수님은 옛날 법을 없애고 다른 것으로 대체하셨습니다.

"사람이 여호와께 서원하였거나 결심하고 서약하였으면 깨뜨리지 말고 그가 입으로 말한 대로 다 이행할 것이니라"(민 30:2). "또 옛 사람에게 말한 바 헛 맹세를 하지 말고 네 맹세한 것을 주께 지키라 하였다는 것을 너희가 들었으나 나는 너희에게 이르노니 도무지 맹세하지 말지니 하늘로도 하지 말라 이는 하나님의 보좌임이요 땅으로도 하지 말라 이는 하나님의 발등상임이요 예루살렘으로도 하지 말라 이는 큰 임금의 성임이요 네 머리로도 하지 말라 이는 네가 한 터럭도 희고 검게 할 수 없음이라 오직 너희 말은 옳다 옳다, 아니라 아니라 하라 이에서 지나는 것은 악으로부터 나느니라"(마 5:33-37). 새 언약 아래서는 어떤 맹세도 허락되지 않습니다.

"간음하지 말라"(출 20:14). "또 간음하지 말라 하였다는 것을 너희가 들었으나 나는 너희에게 이르노니 음욕을 품고 여자를 보는 자마다 마음에 이미 간음하였느니라"(마 5:27-28). 새 언약 아래서는 간음을 욕망까지 포함하는 것으로 확장되었습니다.

예수님은 포로된 자들을 풀어주시려고 오셨습니다(눅 4:18). 주님은 사람들을 마귀의 포로로 만들려고 오시지 않았습니다.

제자들은 "그리스도의 고난에 함께 참여하는 자"(벧전 4:13)가 된 것을 기뻐하였습니다.

결론적으로 욥의 경험은 새 언약 아래 있는 신자들의 경험이 될 수 없다는 것입니다. 이는 생명의 파괴도 포함합니다. 그러나 예수님은 생명을 구하러 오셨습니다. 아내가 남편에게 대항하고 자녀들이 죽는 것은 하나님께서 그리스도인의 가정에 기대하는 조화의 원칙을 위반하는 것입니다. 지극히 높으신 분의 은밀한 곳에 사는 사람에게 마귀가 질병을 보내는 것을 하나님께서 허락하신다면 새 언약의 약속들은 깨어져야만 합니다(눅 10:19, 요일 5:18). 욥의 시대 이래로 시편 91편에 주어진 하나님의 결연한 의지를 살펴보십시오.

욥은 의지할 수 있는 기록된 성경을 가지고 있지 않았다는 것을 기억하십시오. 욥의 시대 이래로 하나님께서 하신 모든 약속들을 간과하지 마십시오. 이 약속과 공약들은 우리의 위대한 대장되신 예수 그리스도의 지도력 아래서는 욥과 같은 일이 일어날 수 없도록 하나님께서 스스로 묶어두신 것입니다.

여기서 하나님께서 사람들을 다루는 데 있어서 그의 원수를 어떻게 하시는지 잠깐 살펴보는 것이 좋을 것 같습니다.

"여호와께서 사탄에게 이르시되 네가 어디서 왔느냐?" 그러자 사탄이 여호와께 대답하였습니다. "땅을 두루 돌아 여기저기 다녀왔나이다"(욥 1:7). 이는 평정의 장면입니다. 여기저기 걸어 다니는 것은 만족한 모습을 보여줍니다. 모든 것이 잘 되어가는 듯이 보입니다. 만족하지 않을 리가 없지 않겠습니까? 사탄은 사람이 하나님을 거역하도록 말로 속였습니다. 사탄은 하나의 문명을 파괴하였습니다. 그는 노아의 가족에게 저주를 가져다주었습니다. 이스라엘 백성들은 이집트에서 노예로 살았습니다. 모세는 산 뒤에서 그의 장인의 양을 치고 있었습니다. 그러나 사탄의 평화가 얼마나 오래 갈 수 있을까요?

성경을 철저히 공부해 보면 사탄에게 점차적으로 제한이 가해지는 것을 알 수 있습니다. 하나님께서 사람을 위한 일을 넓혀나가시면서, 하나님께서 자신을 계시하시고 더 큰 약속들을 하시면서, 사람과 하나님의 관계가 긍정적으로 변하면서, 마귀의 영역이 제한되는 것을 발견할 수 있을 것입니다.

출애굽기 23:25에서, 하나님께서는 이스라엘 사람들에게 그들 가운데서 질병을 제하여 버리겠다고 약속하심으로써 사탄을 제한하고 있습니다.

시편 91편에서는, 하나님께서 사탄을 더 제한하고 있습니다. 이제 하나님께서는 지극히 높으신 분의 은밀한 곳에 사는 사람은 역병으로부터 안전할 것이라고 선언하고 계십니다(시 91:5-6). 뿐만 아니라 "어떤 전염병도 너의 거처에 가까이 오지 못할 것"이라고 말씀하십니다(시 91:9-10). 하나님께서 보호의 영역을 확장하면 사탄은 제한 받고 제외됩니다. 사탄은 지극히 높으신 분의 비밀스런 장소라는 하나님이 만드신 보호의 울타리 안에 사는 사람을 다시는 손대지 못할 것입니다. 이제 이 울타리는 영원한 것입니다.

예수님은 큰 약속과 큰 명령을 주셨습니다. 이제 하나님을 경외하는 사람은 자신이 살고 있는 안전지대를 떠나 전염병이 있는 곳으로 가서 사람들을 섬겨야합니다. 그는 그 전염병으로부터 안전할 것입니다. "내가 너희에게 … **원수의 모든 능력을 제어할 권능**을 주었으니 **너희를 해칠 자가 결코 없으리라**"(눅 10:19). "너희는 온 천하에 다니며 만민에게 복음을 전파하라"(막 16:15-18). 그리스도와 연합한 사람은 마귀를 능가하는 능력이 있으므로 이제는 악에게 종노릇할 필요가 없습니다. 마귀가 역사할 때 움츠러들 필요가 없습니다. "우리를 사랑하시는 이로 말미암아 우리가 넉넉히 이기느니라"(롬 8:37).

하나님의 전신갑주로 무장한 그리스도인은 무적입니다. 믿음의 방패는 악한 자의 모든 불화살들(미사일들)을 꺼뜨립니다(엡 6:13-17). "… 하나님께로부터 나신 자가 그를 지키시매 악한 자가 그를 만지지도 못하느니라"(요일 5:18). 사탄은 그리스도인이 아닙니다. 사탄은 당신에게 불화살을 쏘고 있습니다. 믿는 자에게는 불가능한 것이 없습니다(마 17:20). 사탄은 예수님께 철저하게 패했습니다. 사탄을 패한 상태로 머물게 하는 것은 우리의 책임입니다. 이것이 그리스도인이 무장한 이유입니다. 오늘 사탄은 조용하게 오르락내리락하고 있지 않습니다. 그는 우는 사자와 같이 삼킬 자를 찾고 있습니다(벧전 5:8). 사탄의 삼키려는 능력을 느꼈던 그리스도인들도 있습니다. 왜 그럴까요? 그들은 하나님의 보호의 손 밖으로 스스로 나갔기 때문입니다. 어떤 사람들은 하나님께서 허락하셨다고 말합니다. 하나님께서는 당신이 그분의 보호의 손 밖으로 나가는 것을 허락하지 않으십니다. 당신이 자신의 자유의지로 나간 것입니다. 하나님은 당신의 자유의지를 무시하지 않으십니다. 당신이 허락하지 않는 한 사탄은 당신에게 손을 댈 수 없습니다. "이는 너희 안에 계신 이가 세상에 있는 자보다 크심이라"(요일 4:4).

모든 그리스도인들은 예수님과 함께 이렇게 말할 수 있어야 합니다. "… 이 세상의 임금이 오겠음이라 그러나 그는 내게 관계할 것이 없으니"(요 14:30). "하나님의 나라는 너희 안에 있느니라"(눅 17:21). 하나님은 우리 안에 사시면서 우리 안에서 행하십니다(고후 6:16). 사람이 하나님으로 충만하면 그 사람 안에는 마귀가 일인 죄와 질병이 역사할 수 없습니다. 우리는 실제로 자유합니다(요 8:36).

욥이 살던 때에는 사탄이 평온했던 것을 볼 수 있습니다. 오늘날 사탄은 삼킬 자를 찾아 울면서 다니고 있습니다. 오늘 그는 자신의 시간이 얼마 남지 않은 것을 알기 때문에 너무나 화가 나 있습니다(계 12:12). 오늘날 신자는 사탄의 능력을 이기는 힘을 가지고 있습니다.

바울의 "육체의 가시"(고후 12:7-10)

여기에서 "가시"가 질병이나 질환인지 아닌지를 알아보겠습니다.

"육체의 가시(thorn in the flesh)"란 말은 구약성경에서 사용되었던 비유적 표현입니다. "… 너희가 남겨둔 자들이 너희의 눈에 가시와 너희의 옆구리에 찌르는 것(thorn)이 되어 …"(민 33:55), "… 그들이 너희에게 올무가 되며 덫이 되며 너희의 옆구리에 채찍이 되며 너희의 눈에 가시(thron)가 되어서 …"(수 23:13). 이는 하나님의 백성들이 멸망시켜야 했음에도 불구하고 멸망시키지 않았던 사람들과 그들의 관계를 묘사하는 데 하나님께서 사용하셨던 비유적 표현이었습니다. 또한 이는 바울이 자신의 어려움을 묘사하는 데 사용하는 비유적 표현입니다. 이런 비유는 "내가 사자의 입에서 건짐을 받았느니라"(딤후 4:14-17)라는 말에서도 사용되었습니다. 이 말은 바울이 모든 사람들이 그를 저버리고 혼자 남아서 구리 세공업자 알렉산더가 주도한 반대에 직면했던 상황을 묘사하는 데 사용한 말입니다. 이 구절을 가지고 바울이 실제로 사자 굴에 있었다고 주장하지 않는 것이 이상합니다. 로마의 콜로세움에서 그리스도인들이 사자들의 밥이 되었지만, 이는 바울의 시대 이후였습니다.

"육체의 가시"가 무엇을 의미하는 지에 대한 다양한 해석이 있습니다. 어떤 사람들은 알 수 없다고 합니다. 또 어떤 사람들은 바울을 쫓아다녔던 유대교의 교사들이라고 합니다. 그들은 갈라디아의 교회들에 큰 영향을 끼쳤습니다. 또 어떤 사람들은 아픈 것이나 질병이라고 합니다. 바울은 그것이 "사탄의 사자(the messenger of Satan)"였다고 말합니다. "사자(messenger)"라는 단어는 "천사(angel)"라는 뜻의 그리스어와 같은 단어에서 나왔습니다. 당신이 인정한다면, 이는 "사탄의 천사" 즉 귀신(demon)이었습니다. 바울을 괴롭혔던(buffet) 것은 사탄의 천사이자 사자인 이 귀신의 활동이었습니다. 우리는 귀신, 마귀는 바울에게 손을 댈 수 없었던 것을 보았습니다. 귀신은 사람을 사용해야만 합니다. 바울이 지극히 높으신 분의 은밀한 곳에 살고 있었기 때문에 그는 질병을 사용할 수 없었습니다. "친다(buffet)"는 단어는 계속해서 타격을 가한다는 뜻입니다. 예수님은 매를 맞으셨습니다(마 26:67). 바울도 자신이 매 맞은 것에 대하여 고린도전서 4:11에서 말하고 있습니다.

"육체의 가시"와 그가 그것을 떠나게 해달라고 간구한 것을 말한 후에, 바울은 이렇게 기록했습니다. "그러므로 내가 그리스도를 위하여 약한 것들과 능욕과 궁핍과 박해와 곤고를 기뻐하노니 …"(고후 12:10). 여기서 "그러므로"라는 단어는 약한 것들과 능욕과 궁핍과 박해와 곤고를 "육체의 가시"와 동일한 범주에 놓고 있습니다. 약한 것들과 능욕과 궁핍과 박해는 바울이 "육체의 가시"라고 부른 매 맞음, 즉 계속되는 타격을 말하는 것입니다. 그의 약한 것들은 무엇으로 말미암았을까요? 이들은 매 맞는 것과 돌에 맞는 것 등에서 비롯되었습니다. 이런 것이 약함을 일으킨다고 생각하지 않는다면, 당신이 한 번 그 대상이 되어 보기 바랍니다.

"보호"에 대해 다룬 이 책의 8장에서, 우리는 하나님께서 그의 일꾼들을 보호해 주신다는 것을 알았습니다(눅 10:1-19). 이 보호는 질병과 아픈 것들을 비롯한 사탄이 가진 모든 것으로부터의 보호를 말합니다. 마귀가 주관하고 하나님을 거역하는 사람들에게서 오는 모든 외적인 타격으로부터의 보호가 아닙니다.

만일 바울의 가시가 질병이라면 그 비유는 잘못된 것입니다. 가나안 사람들이 실제로 이스라엘 사람들의 눈에 달라붙어 있었습니까? 가나안 사람들이 정말로 이스라엘 사람들의 옆구리를 찔렀습니까?

예수님은 자기에게 오는 모든 사람들을 고치셨습니다. 만일 "가시"가 질병이라면 왜 주님께서 바울 같이 충성된 제자를 예외의 경우가 되게 했겠습니까? 이것은 "… 정직하게 행하는 자에게 좋은 것을 아끼지 아니하실 것임이니이다"고 하신 시편 84:11의 약속을 위반하는 것이 아니겠습니까?

예수님은 우리의 질병과 연약함을 짊어지셨습니다(마 8:17). 만일 바울의 가시가 질병이었다면, 바울은 자신의 질병을 감당하도록 요구 받은 것입니다. 하나님께서는 자신의 아들을 통해 이루신 공급을 거절하지 않으십니다.

만일 바울의 "가시"가 질병이었다면, 예수님은 어떤 사람은 병을 고쳐 주시고 어떤 사람은 거절하시는, 사람을 차별하시는 분이 됩니다.

만일 예수님께서 바울을 치유하기를 거절하셨다면, 그분은 어제나 오늘이나 영원토록 동일하신 분이 아닙니다(히 13:8).

만일 바울의 "가시"가 질병이었고 예수님께서 그의 해방을 거절하셨다면, 그리스도께서는 마귀의 일을 장려하시는 것이 됩니다. 그리스도께서는 마귀의 일을 멸하려고 오셨습니다(요일 3:8).

어떤 사람들은 바울의 "가시"가 "오프탈미아(ophthalmia)"라고 불리는 전염성 눈병이었다고 주장합니다. 만일 그렇다면, 누가 그가 사용하던 앞치마와 손수건을 가지기를 바랐겠습니까?(행 19:11-12) 눈에서 고름을 흘리면서 어떻게 다른 사람의 믿음을 불러일으킬 수 있었겠습니까?

치유는 "복음의 충만한 축복"의 일부입니다. 어떻게 바울이 이런 축복을 누리면서 동시에 아플 수 있겠습니까?(롬 15:29)

어떤 사람들은 바울이 회심할 때 그의 눈을 멀게 했던 그 빛으로 말미암아 이런 문제가 있었다고 주장합니다. 예수님으로부터 나온 영광스런 빛이 사탄의 사자였다고 하는 것은 불경에 가까운 말입니다.

성경은 이 위대한 사도는 다른 모든 사람들보다 더 많이 수고했다고 선언하고 있습니다(고전 15:10). 만일 그의 "가시"가 질병이었다면, 이것은 그를 조금도 방해하지 못했습니다. 자신들이 앓는 병을 "육체의 가시"라고 부르는 사람들이 많습니다. 그들 중 대다수는 침대에 누워서 전혀 일을 할 수가 없습니다. 실제로, 주님의 포도원에 나가서 일을 해야 했을 이 사람들을 돌보느라고 많은 사람들이 묶여 있습니다.

바울의 "가시"를 하나님께서 고쳐주시지 않은 질병이라고 말하는 것은 믿음으로 병을 고치는 기초를 파괴합니다. 이는 예수님께서 모든 사람의 질병이 아니라 몇몇 사람들의 질병만 짊어지셨다고 말하는 것입니다.

믿음은 들음에서 생깁니다. 바울의 "가시"가 질병이었다고 가르치는 것을 들으면 믿음이 떠나게 됩니다.

그렇다면 바울은 그가 "육체의 가시"라고 불렸던 매 맞음으로부터 구출된 적이 있습니까?

바울은 그가 맞은 것들에 관하여 주후 60년경 고린도후서 11:23-25에 기록했습니다. 그가 매 맞은 것은 약 14년 전쯤에 일어났던 일이었습니다. 이 시기는 그가 루스드라와 이고니움으로 여행을 하던 때로 여겨집니다. 하나님께서는 그의 은혜가 충분하다고 말씀하셨습니다. 충분함이란 이 정도였습니다. "박해를 받음과 고난과 또한 안디옥과 이고니온과 루스드라에서 당한 일과 어떠한 박해를 받은 것을 네가 과연 보고 알았거니와 주께서 이 모든 것 가운데서 나를 건지셨느니라"(딤후 3:11). 바울은 루스드라에서 돌에 맞아 죽도록 버려져 있었습니다. 이로 말미암아 바울의 육체에 약한 것{[헬] 미약함(feebleness)}이 있었다는 것을 아무도 부인할 수 없을 것입니다. 하나님께서 여기서 그를 구출하셨습니까? 그는 일어나서 그 도시로 다시 들어갔습니다. 그는 그 다음날 떠났습니다(행 14:20-21).

궁핍을 봅시다. 그의 필요는 늘 공급되었습니까? 하나님께서 그의 은혜가 넉넉하다고 말씀하셨습니다. 그래서 바울은 엄청난 확신을 가지고 이렇게 쓸 수 있었습니다. "나의 하나님이 그리스도 예수 안에서 영광 가운데 그 풍성한 대로 너희 모든 쓸 것을 채우시리라"(빌 4:19).

8장에서 배운 바와 같이 하나님께서는 우리에게 아픔과 질병과 귀신들로부터의 보호를 약속하십니다. 그러나 하나님을 거역하는 믿지 않는 사람들의 손을 통하여 사탄이 우리에게 가하는 외적인 타격으로부터의 보호를 약속하지는 않으십니다. 우리는 이런 것들을 그리스도와 함께 통과하면서 인내합니다. 이것이 바로 바울이 당한 고난의 범주에 속한 것입니다.

누가는 바울의 개인 주치의였는가?

"이제 내가 육체 가운데 사는 것은 … 하나님의 아들을 믿는 믿음 안에서 사는 것이라"(갈 2:20), "육체를 신뢰하지 아니하는 …" (빌 3:3). 바울은 오직 "네 모든 병을 고치시는"(시 103:3) 그리스도 안에서만 확신을 가졌습니다. 회심한 후에 누가가 의사의 일을 계속했다고 하는 성경의 근거는 전혀 없습니다. 그리스어로 "이아트로스(iatros)"라는 말은 단순히 의사란 뜻입니다. 영어에서와 마찬가지로 당신이 물어보기 전에는 그 의사가 개업의인지 아닌지 알 수 없습니다. 회심 이후에 마태가 세금을 징수했었다는 기록이 없는 것처럼 누가도 의사 일을 계속했다는 성경 기록이 없다는 사실을 우리는 확실히 알고 있습니다.

그리스도께 돌아와서 신유에 관해 배운 이 의사에게 무슨 일이 일어났을까요? 나는 그리스도인이 된 후 하나님께서 항상 병을 치유하신다는 것을 배운 의사가 했던 설교 한 편을 가지고 있습니다. 인용하겠습니다. "내가 의사라는 직업을 그만 둔 이유는 의사가 좋은 직업이 아니어서가 아니라 더 좋은 것을 발견했기 때문입니다."[15] "능력이 예수께로부터 나와서 모든 사람을 낫게 함이러라"(눅 6:19)는 말은 오늘도 여전히 충분하고, 이것이 전부입니다.

---

15) 헤르만 B. 베튼 박사의 1917년 4월 22일 설교에서.

드로비모

"… 드로비모는 병들어서 밀레도에 두었노니"(딤후 4:20). 어떤 사람들은 즉시 치유되지만 또 어떤 사람들은 점차적으로 치유됩니다. 나는 둘 다 경험했습니다. 바울의 심령은 모든 사람을 향한 하나님의 사랑으로 충만했습니다. 나는 그가 드로비모에게 사역하지 않은 채 그를 두고 떠나지는 않았을 것이라고 확신합니다. 그는 드로비모를 선하신 손에 맡기고 떠났습니다. "그의 영원하신 팔이 네 아래에 있도다"(신 33:27).

날 때부터 맹인 된 사람

예수께서 길을 가실 때에 날 때부터 맹인 된 사람을 보신지라 제자들이 물어 이르되 랍비여 이 사람이 맹인으로 난 것이 누구의 죄로 인함이니이까 자기니이까 그의 부모니이까 예수께서 대답하시되 이 사람이나 그 부모의 죄로 인한 것이 아니라 그에게서 하나님이 하시는 일을 나타내고자 하심이라 … 나를 보내신 이의 일을 우리가 하여야 하리라 … [요 9:1-7]

이를 온전한 말씀의 빛에 비추어 해석해 봅시다. 하나님께서 단지 그분이 얼마나 크고 능력 있는지 보여주기 위해서 태어나지 않은 아기의 눈을 멀게 하셨을까요? 하나님께서는 자신의 형상을 따라 인간을 완전하게 창조하셨습니다(창 1:27). 불완전함은 죄의 결과로 온 것입니다. 눈 먼 아이의 문제는 그의 부모를 넘어 가계의 유전으로 거슬러 올라갑니다. 예수께서는 "두루 다니시며 선한 일을 행하시고 마귀에게 눌린 모든 사람을 고치셨"습니다(행 10:38). 그분은 그분의 아버지 되신 하나님께 눌린 사람들을 고치고 다니지 않으셨습니다. 그런 사람은 없었습니다. 하나님께서는 죄로 인한 불완전함을 취하셔서, 마귀의 일을 멸하심으로써 그분의 이름을 영광스럽게 하셨으며, 훼손된 생명을 회복하셨습니다.

어떤 사람은 모든 선천적인 신체장애와 눈 먼 것과 결함들이 하늘 아버지의 일이라고 말합니다. 그분은 영광받기를 원하십니다. 이런 경우라면, 이 모든 결함들은 살면서 언젠가는 반드시 치유되어야만 합니다. 더욱이, 하나님께서 이 모든 결함의 창조자인데 극소수의 사람들만 치유를 받는다면, 이것이야말로 불공평함의 극치가 아니겠습니까? 그런데도 하나님께서 이런 일들의 주권자라고 말해지고 있습니다. 그러나 하나님께서는 주권을 행사하실 때 자신의 정의와 공정과 의를 위반할 수 없다는 것을 잊지 마십시오.

예수님과 나사로

예수님께서는 나사로를 죽도록 내버려 두시려고 지체하신 것인가요? 나사로가 아팠을 때, 예수님께서는 요단강 건너편에 계셨습니다(요 10:40, 11:7).

마리아와 마르다가 사람을 보냈습니다(요 11:3). 그 당시 가능한 교통수단의 종류를 고려할 때, 예수님께서 계셨던 요단강 건너편으로 오는 것은 하루 정도의 여정이었습니다. 만일 그가 아침에 떠났다면, 그는 오후 즘, 아마도 늦은 오후에야 도착하여 소식을 전했을 것입니다.

소식을 들은 후, 예수님께서는 이틀을 더 머무셨습니다(요 11:6). 소식을 전하는데 걸린 하루에 예수님께서 머무신 이틀을 더하면, 사흘이 됩니다. 예수께서 넷째 날 아침에 떠나셨다면, 그분은 베다니에 늦은 오후 즘에 도착하셨을 것입니다. 나흘째입니다. 그분이 오셨을 때 나사로는 죽은 지 나흘이 되었습니다. 그러므로, 나사로는 예수님께 소식을 전하러 떠난 바로 그 날 죽은 것입니다. 그는 예수님께서 소식을 접하신 바로 그 시각에 죽었을 수도 있습니다. 예수님께서는 나사로가 죽을 때까지 늑장을 부리지 않으셨습니다.

에바브로디도

그는 과로로 병에 걸렸습니다. 과로는 결코 후유증을 피할 수 없습니다. 그럼에도 불구하고, 하나님께서는 그의 건강을 회복하셨습니다. 나는 이것이 왜 신유를 믿는 데 방해가 되어야 하는지 이유를 찾을 수가 없습니다. 이는 하나님께서 과로로 인해 상한 사람들도 치유하신다는 것을 알리는 촉진제가 되어야 합니다(빌 2:27-30).

바울의 약함

"내가 처음에 육체의 약함(infirmity)으로 말미암아 너희에게 복음을 전한 것을 너희가 아는 바라"(갈 4:13). 분명히 바울은 매를 맞은 흔적을 몸에 지니고 있었습니다. 그는 세 번 태장으로 맞았습니다(고후 11:25). 우리는 그가 그렇게 맞았던 시기는 모릅니다. 그러나 "처음에"라고 칭하는 것을 보아, 바울은 거의 완벽하게 회복되었을 것입니다.

딤전 5:23

"이제부터는 물만 마시지 말고 네 위장과 자주 나는 병을 위하여는 포도주를 조금씩 쓰라"
　여기에서 "병(infirmities)"이라는 단어는 몸이나 정신의 약함을 뜻하는 그리스어 "아스테네이아(astheneia)"에서 왔습니다. 이는 분명히 예수께서 가나에서 만드셨던 포도주와(요 2:7-10)

같은 종류였습니다. 디모데가 사역했던 지역의 물은 최상의 상태가 아니었습니다. 물대신 포도주를 쓰거나 물에 포도주를 약간 섞는 것은 지금도 이들 지역 일부에서 행해지고 있습니다.

베데스다

예수님께서는 베데스다 연못에서 서른여덟 해 된 병자를 고치셨습니다. 어떤 사람들은 다른 모든 사람들도 "저도 고쳐 주세요."라고 울부짖었음에도 예수께서는 그들의 필요를 채우지 않으시고 가버리셨다고 이 사건을 해석합니다. 우리는 예수님은 그런 분이 아니라고 강력히 주장합니다. 그분은 무리 중에서 예수님께 집중한 유일한 사람을 고치신 것입니다. 나머지는 이 낯선 사람에게 주의를 기울이기에는 오직 연못에 가장 먼저 들어가는 것에 너무나 열중해 있었습니다. 심지어 치유된 사람조차 그분이 어떤 분이신지 아는 사람이 없었습니다(요 5:1-14).

반대 의견

예수님께서 십자가 이전에 치유 사역을 하셨기 때문에, 어떤 사람은 그분께서 우리의 질병을 가버나움에서 사역하시는 동안 담당하셨다고 주장합니다. 그들은 마태복음 8:17에서 구약의 예언이 성취되었다고 언급되었을 때 그 장소가 가버나움이었다고 말합니다. 그러므로, 그들은 치유는 예수님의 속죄에 속한 것이 아니며, 오늘날 해당되는 것이 아니라는 것입니다.

우리의 대답은 이것입니다. 그분은 십자가 이전에도 죄를 사하셨습니다(마 9:2). 죄 사함도 속죄에 속한 것이 아니라고 말하겠습니까? 예수님께서는 장차 이루실 속죄를 근거로 죄를 사하시고 질병을 치유하셨습니다.

"육은 무익하니라" (요 6:63)

"육은 무익"하다는 말은 종종 인간의 육체와 그것을 위해 예수님께서 주신 치유를 싸잡아 격하시키는데 사용됩니다. 우리는 "그의 육체의 죽음으로 말미암아 화목하게" 되었습니다(골 1:21-22). 우리는 우리의 몸을 "산 제물"로 드려야 합니다(롬 12:1). 이 말이 육은 무익하다는 말처럼 들리십니까? 예수님께서 진짜 의미하신 바가 무엇입니까? 문맥을 살펴보십시오. "인자의 살을 먹지 아니하고 인자의 피를 마시지 아니하면 너희 속에 생명이 없느니라"(요 6:52-54). 이는 유대인들에게는 식인 행위처럼 들렸습니다.

"그러면 너희는 인자가 이전에 있던 곳으로 올라가는 것을 본다면 어떻게 하겠느냐?" 그들은 예수님의 몸이 올라가는 것을 보았습니다. 문자 그대로 먹히기 위해 접시에 차려진 것이 아니라, 몸 전체를 말하는 것이었습니다. "살리는 것은 영이니 [문자 그대로 인자의 살을 먹는다면] 육은 무익하니라 내가 너희에게 이른 말은 영이요 생명이라"(요 6:62-63). 문자 그대로 그의 살을 먹는 것은 얼마 되지도 않고 무익합니다. 이는 영적인 것이어야 합니다. 이는 이런 영적인 의미였고 예수님께서는 오직 이런 의미로 "육은 무익하니라"라고 말씀하신 것입니다. "… 내가 너희에게 이른 말은 영이요 생명이라" 이제 예수님은 영광을 받으셨고, 성찬 예배를 통해 모두가 그분의 살을 먹고 그분의 피를 마실 수 있습니다. 이제 무수한 사람들이 그분의 생명의 흐름에 동참합니다.

"진리의 말씀을 옳게 분별하며"(딤후 2:15). 이는 성경의 의미를 그 문맥과 상황과의 관계에서 해석하라는 뜻입니다.

미문 앞의 남자 (행 3)

어느 날 두 맹인이 예수님께 치유를 부르짖었습니다. 예수님께서는 그들을 치유하기 위해 그 자리에 멈추지 않으시고 집으로 들어가셨습니다. 맹인들은 그 집으로 들어갔고 예수님은 그들을 치유하셨습니다. 그분은 집 안에서 사역하기로 하셨던 것입니다(마 9:27-29).

예수님께서 성전으로 들어가셨습니다. 그분은 맹인과 걷지 못하는 자를 지나치셨고, 거기에는 아마도 성전 미문 앞의 그 남자도 있었을 것입니다. 그분께서 성전에 들어가신 후, 맹인과 저는 자가 그분께 나와 치유받았습니다. 그분은 성전 안에서 사역하기로 하셨습니다(마 21:14). 이 사건은 예수님께서 성전 문 앞의 남자를 일부러 지나치시고 그를 치유하기 거부하셨다는 것을 보여주는 예로 사용되곤 합니다. 그러나 그 걷지 못하는 남자는 왜 위에 언급된 맹인들처럼 예수님께 구하지 않았습니까? 왜 그는 예수님께서 사역하시는 성전 안으로 들어갈 수 있도록 도움을 구하지 않았습니까? 예수님은 그분께 나온 모든 사람을 치유하셨습니다. 그분은 구하는 모두를 치유하셨습니다.

야고보와 베드로 (행 12)

헤롯은 야고보를 칼로 베어 죽였습니다. 그는 같은 목적으로 베드로를 잡아 감옥에 가두었습니다. 하나님은 기도에 대한 응답으로 베드로를 풀어 주셨습니다. 이 사건은 하나님께서 어떤 사람은 구해 주시지만 어떤 사람은 구하지 않으시고, 마찬가지로 어떤 사람은 치유하시지만 어떤 사람은 치유하지 않으신다는 예로 사용되곤 합니다. 순교에서 구출 또는 구출되지 못하는 것과 질병에서 구출되는 것이 무슨 관계가 있습니까? 이들은 너무나도 다른, 구별된 활동의 영역입니다. 그들 사이에는 아무런 연관이 없습니다. 순교는 그리스도의 고난에 동참하는 것입니다. 예수님께서는 사람들이 당신을 죽일 것이라고 말씀하셨습니다 (마 24:9, 요 16:2). 그러나 그분은 결코 질병이 당신을 죽일 것이라고 말씀하시지 않았습니다. 그분은 자신에게 나온 모든 이들을 치유하셨습니다. 질병과 질환은 그리스도의 고난의 범주에 속하지 않습니다.

신유를 제시하는 법

복음의 축복의 충만함(롬 15:29)에는 신약의 완전한 가르침이 포함되므로, 거기에는 신유도 포함되어야 합니다. 구원과 마찬가지로, 선포되지 않는다면 사람들이 어떻게 치유에 대해 알 수 있겠습니까?(롬 10:13-15) 우리는 신유에 대한 진리를 전파하고 가르칠 의무가 있습니다. 이 가르침을 어떻게 제시해야 할까요?

구원을 어떻게 제시합니까? 구도자(seeker; 불신자)들에게 모든 실패를 언급합니까? 대답은 '아니다' 입니다. 그것들은 그를 낙담시킬 것입니다. 그들을 구원하는 것이 하나님의 뜻이라는 것에 대해 어떤 의심이 있습니까? 없습니다. 하나님께서 원하신다는 것을 증명하는 많은 구절을 인용할 수 있습니다(벧후 3:9). 때로는 구도자의 이름을 요한복음 3:16 말씀의 "세상"이라는 단어의 자리에 넣기도 합니다. 그는 하나님께서 그에게 하나님의 자녀가 되는 권세를 주실 것을 보장받습니다(요 1:12). 왜 그렇게 확신합니까? 왜냐하면 예수님께서 구원의 선물을 위한 모든 값을 기불하셨기 때문입니다. 그분은 오는 모든 사람에게 주실 것입니다(계 22:17).

그렇다면! 왜 치유에 대해서는 확신하지 않습니까? 그분은 우리의 죄를 담당하신 것과 마찬가지로 우리의 질병도 담당하셨습니다. 실패를 언급하지 마십시오. 구원에서와 마찬가지로, 성공을 말하십시오. 요한복음 6:37에서 예수님은 "내게 오는 자는 내가 결코 내쫓지 아니하리라"라고 말씀하셨습니다. 육체도 포함한 말입니다. 요한복음 6:38은 예수님께서 아버지의 뜻을 행하기 위해 오셨음을 보여주며, 그분의 전체 사역은 치유가 하나님의 뜻임을 증명합니다. 그분은 그분께 나오는 모든 사람을 구원하실 것입니다. 또한 그분은 그분께 나오는 모든 사람을 치유하실 것입니다. 구원에서와 마찬가지로, 치유의 약속이 각 개인을 위한 것임을 지적하십시오. 그것을 명확하게 하고, 그리스도께 집중하게 하십시오. 하나님께서는 그분이 거하시는 성전이 건강하기를 열망하신다는 것을 언급하십시오. 신유의 목적 중 하나는 교회의 건강임을 지적하십시오. 왜냐하면 예수님은 치유의 선물을 위한 모든 값을 지불하셨기 때문입니다.

제 12 장

왜 그리스도인이 병에 걸리는가?
치유받기 위해 무엇을 해야 하는가?
Why Do Christians Get Sick?
What Must I Do to Be Healed?

 왜 그리스도인들이 병에 걸리는 것일까요? 이 질문에 대해 각 상황에 모두 맞는 특별한 답은 없습니다. 각 경우가 개별적으로 다루어져야 합니다. 많은 경우에는 오직 병자 자신만이 원인을 알 수 있습니다. 그러나 어떤 경우에는 다른 사람들이 알 수도 있습니다. 그 원인으로 몇 가지 제안을 생각해 볼 수 있을 것입니다.

 한 가지 커다란 이유는 말씀에 대한 무지입니다. "내 백성이 지식이 없으므로 망하는도다"(호 4:6). 신유라는 주제에 대한 대부분의 가르침이 일관성이 적습니다. 만일 구원에 대해서도 치유와 같은 불일치를 보인다면, 극소수만이 구원받았을 것입니다. 사람들은, 하나님께서 치유하신다는 것과 그분은 언제나 치유하신다는 것과 그분이 그들 자신을 치유하신다는 것을 확신하지 않습니다. 그들은 질병을 하나님의 징계, 저주로 가장된 축복, 또는 자신을 완전하게 하기 위한 것이라고 여깁니다. 하나님께서 그분의 성전(당신의 몸)의 한 부분을 오염시키실 것이라고 생각하는 것은 바보 같은 일입니다. 병자들은 실패를 보았고, 그 결과 의심과 두려움이 그들의 삶을 채웠습니다. 그 결과, 기도 요청을 할 때도 그들의 믿음은 흔들립니다. "오직 믿음으로 구하고 조금도 의심하지 말라 … 이런 사람은 무엇이든지 주께 얻기를 생각하지 말라"(약 1:6-10). 믿음은 옳게 분별되고 긍정적인 측면을 제시하는 말씀을 들음으로써 옵니다. 그러나 어떤 사람들이 신유를 가르치는 방식은 들음으로써 믿음이 떠나게 합니다. 그러므로 사람의 수명이 사탄이 주는 질병으로 인해 단축되는 것은 당연한 일입니다.

당신은 질병이 개인적인 죄의 결과가 아니냐고 물을지 모릅니다. 사람들은 그 심령은 순수하지만, 빈약한 가르침 또는 좋은 가르침의 부족으로 인해 복음의 충만한 복으로부터 스스로를 단절시킵니다. 그 결과, 그들의 믿음은 하나님께서 정하신 건강을 지킬 정도로 충분히 깊이 닻을 내리지 못합니다. 야고보는 모든 질병이 개인의 죄에서 비롯된 것은 아니라고 적습니다. "… **혹시 죄를 범하였을지라도 사하심을 받으리라**"(약 5:15). 반면, 야고보서 5:16에 나온 것처럼 개인의 죄가 원인일 수도 있습니다. 넓게 보면 질병은 죄, 즉 인간의 타락의 결과입니다.

유전을 통해 잠복되어 있다가 나타나는 것들도 있습니다. 손이 마른 사람과(마 12:10-13) 날 때부터 맹인인 사람을(요 9:1-6) 해방시키신 것에서 나타나듯, 예수님은 이런 결함들도 치유하셨습니다.

많은 사람들은 사탄이 질병의 징후를 주면 아무 저항도 없이 그것을 받아들입니다. 이런 징후들은 다른 유혹들과 동일하게 다루어져야 합니다.

어떤 사람들은 건강보다 아픈 것을 더 원합니다. 그들은 사람들이 자기에게 더 신경써주는 것을 즐깁니다. 그들은 오직 질병이 너무나 고통스러울 때만 도움을 원합니다.

진리를 알고 추구하려는 열망이 부족한 경우도 있습니다. 어떤 사람들은 자기가 듣는 것에만 항상 만족하면서 많은 경우 반쪽 진리를 고수합니다.

당신이 질병이라는 주제를 분석하기 시작할 때, 당신은 보통 그 어려움 뒤에 죄가 있다는 것을 발견하게 될 것입니다. 그것은 꼭 죄의 행동이나 어떤 개인적인 죄가 아니라, 우리 영혼의 나태함이나 우리 영이 활동하지 않는 것 또는 하나님의 말씀과 믿음, 사랑, 기도 등에 대한 무지함 같은 것들입니다. 보통 이런 것들이 잠재하여 인간의 삶에서 어려움들을 만들어냅니다.*

부실한 식단은 많은 질병의 원인입니다. 어떤 사람들은 적절한 휴식이 부족하여 건강을 해칩니다. 예수님께서는 그분의 제자들을 한적한 곳에서 쉬게 할 정도로 주의 깊으셨습니다(막 6:31).

의학 전문가가 다루는 질병의 높은 비율, 아마도 50퍼센트 이상이 정신 문제에 관한 것입니다. 어떤 것은 감정이 잘못되었고, 어떤 것은 사람의 태도와 생각이 잘못되었습니다. 하나님께서는 속사람을 치유하시며, 이는 감정도 포함하는 것입니다. "그러나 우리가 그리스도의 마음(mind)을 가졌느니라"(고전 2:16). "오직 너희의 심령(the spirit of mind)이 새롭게 되어"(엡 4:23). "너희 마음의 허리를 동이고"(벧전 1:13). 하나님은 우리에게 건전한 생각(sound mind)을 주십니다(딤후 1:7). 건전하고 건강한 생각은 좋은 것들을 생각합니다. 빌립보서 4:8을 보십시오. "선한 사람은 마음에 쌓은 선에서 선을 내고 …"(눅 6:45). 건강한 겉사람(인간의 몸)은 건강하고 번영하는 속사람에 기반을 두고 있습니다.

건강한 그리스도인의 삶은 다른 것들도 있지만, 주로 이 세 가지에 근거합니다. 그것은 하나님과 지속적으로 교제하는 것(기도), 말씀을 먹는 것, 사람들에게 지속적으로 믿음의 선한 고백을 하는 것입니다.

어떤 사람이 주의 몸을 분별하지 않고 합당하지 않게 성찬에 참여하면, 그는 자기의 심판을 먹고 마시는 것입니다(고전 11:27-30).

어떤 사람들은 하나님의 용서를 받아들이지 않고 스스로 용서하지 못하기 때문에 아픕니다. 용서하지 않는 영은, 그 대상이 자기 자신일지라도 당신 안에서 하나님의 생명의 흐름을 가로막습니다.

"네 하나님 여호와를 섬기라 그리하면 … 너희 중에서 병을 제하리니"(출 23:25). 여기에서 핵심어는 "섬기다"입니다. "(만약) 너희가 너희 하나님 나 여호와의 말을 들어 순종하고 … 나는 너희를 치료하는 여호와임이라"(출 15:26). "만약"이 핵심어입니다. 만약 네가 나를 **섬기면**, 내가 너를 치유하리라. **만약** 네가 순종하면 내가 너를 치유하리라. 그리스도인들에게 있어서, 순종은 건강과 치유를 위한 열쇠입니다. 불순종은 그 사람을 하나님의 치유하시는 생명의 흐름으로부터 단절시킵니다. 불순종은 "우는 사자 같이 삼킬 자를 찾으며" 다니는 마귀에게 문을 열어 주는 것입니다. 그에게 틈을 주면, 그는 당신의 건강을 황폐화시킬 것입니다. 불신앙의 한 면인 의심은 하나님께서 당신을 치유하시는 것을 방해할 것입니다.

사람들은 뒷말을 하는 것과 같은 몇몇 죄에 빠지면서도, 왜 자신을 위한 하나님의 역사가 방해받고 가로막히는지 궁금해합니다.

만일 그리스도인의 심령에 질병이나 질환에 대한 두려움이 나타난다면, 그는 두려움이 없는 사람보다 질병의 영향을 받기가 더 쉽습니다. 두려움은 온전한 사랑이 부족함을 나타냅니다. "온전한 사랑이 두려움을 내쫓나니 두려움에는 형벌이 있음이라"(요일 4:18). 온전한 사랑은 하나님의 약속에 대한 온전한 신뢰를 뜻합니다. 질병에 대한 두려움은 그가 "너희를 해칠 자가 결코 없으리라"(눅 10:19)라는 하나님의 약속을 의심하고 있음을 나타냅니다.

"… 구하노니 너희로 하여금 모든 신령한 지혜와 총명에 하나님의 뜻을 아는 것으로 채우게 하시고"(골 1:9). 이는 사람들이 하나님의 뜻을 알기 바라는 바울의 기도입니다. 나 또한 이 글을 읽는 분들이, 이 땅에 계셨을 때나 지금이나 동일하신 예수님의 보호와 치유 사역을 아는 지식으로 채워지기를 바라며 기도합니다. 또한 예수님께서는 그분의 몸 된 교회에 병을 주시거나 교회를 파괴하지 않으신다는 것을 당신이 알기 원합니다.

치유받기 위해 무엇을 해야 하는가?

하나님께서 당신을 얼마나 치유하기 원하실까요? 우리는 열왕기하 20장에서 사람을 치유하기 원하시는 하나님의 열망에 대한 가장 독보적인 기록 하나를 볼 수 있습니다. 히스기야는 병들어 죽게 되었습니다. 그의 기도에 대한 응답으로, 하나님께서는 이사야 선지자를 다시 보내어 하나님께서 그의 기도를 들으셨고 그의 날에 15년을 더할 것임을 선포하셨습니다. 히스기야는 징표를 구했고, 이에 해 그림자가 10도를 나아갈 것인지 아니면 10도를 물러갈 것인지에 대한 선택권을 받았습니다. 히스기야는 10도 물러가는 것을 택했습니다. 우주를 뒤로 돌려서 해 그림자를 물러가게 하는 것에 비하면 치유는 사소한 일인 것 같습니다.

치유에 대한 얼마나 큰 확신입니까! 존 G. 레이크 목사님께서 이것을 다음의 말을 통해 잘 표현하셨습니다.

> 사랑하는 여러분, 하나님의 시각과 생각에서는, 왕이나 다른 누구를 치유하는 것이, 해를 10도 물러가게 하는 것이나 아얄론 골짜기에서 해를 멈추게 하는 것만큼이나 위대하고 놀랍다는 것이 증명되지 않았습니까? 하나님의 생각에서는 히스기야를 축복하고 치유하는 것이나 해를 되돌리고 해 그림자를 물러가게 하는 것이나 같은 활동을 요구합니다.
>
> 여러분, 나는 왜 우리가 마치 장난감을 가지고 노는 것처럼, 우주의 영원한 하나님께서 우리를 치유하시는데 시간도 노력도 들지 않으시는 것처럼, 위대한 하나님의 치유를 받아들이고 그것을 취하지 않는지 궁금합니다. 오, 우리가 어떻게 이것들이 생명과 죽음의 문제인 것을 잊겠습니까. 그러므로 하나님의 생각에서 우리의 건강은 그것을 이루기 위해 필요하다면 이 세상 천체의 움직임도 멈추실 정도로 중요한 것입니다.*

하나님께서는 사람들이 구원받기 원하는 것보다 더 그들을 구원하기 열망하십니다. 하나님께서는 사람들이 치유받기 원하는 것보다 더 그들을 치유하기 열망하십니다. 예수께서 우리의 죄와 질병을 담당하셨습니다(마 8:17). 구원은 선물이며, 치유도 선물입니다. 이는 이미 그것을 받아들이는 우리 각 사람과 모두를 위해 지불되었습니다. 이 선물을 받는 것을 다른 사람의 경험에 근거하여 해석하지 마십시오. 이 약속은 개인적인 것입니다. 당신의 눈을 말씀에 고정하십시오. 말씀이 믿음을 세웁니다. 나는 다른 사람의 경험을 따를 수 없습니다. 왜냐하면 나는 그들이 왜 하나님께서 주신 치유의 선물을 받지 못했는지 그 이유를 알 수 없기 때문입니다.

예수님을 믿는 믿음으로 곧장 치유를 받을 수도 있습니다. 혈액 문제가 있던 여성은 믿음으로 치유를 취했습니다. 내게 경이로운 것 중 하나가 바로 내 장모님이신 존 G. 레이크 박사님의 사모님의 능력입니다. 그녀는 집회에 가서 회중 가운데 앉아 있다가 치유를 받았습니다. 그녀는 부러진 뼈가 치유되었습니다. 비밀이 무엇입니까? "두세 사람이 내 이름으로 모인 곳에는 나도 그들 중에 있느니라"(마 18:20). 그녀는 영으로 하나님을 접촉했습니다.

1972년 초, 나는 워싱턴의 모지스 레이크에서 복음전도자인 비크 코번이 인도하는 집회에 참석했습니다. 나는 종종 복부에

통증이 있었습니다. 나는 회중 가운데 앉아 있는 동안 믿음의 손을 뻗어 치유를 취하기로 결심했습니다. 그것은 역사했습니다. 나는 예수님에게서 흘러나와서 모든 사람을 치유하셨던 그 능력과 동일한 능력이 나에게 흘러오는 것을 느꼈습니다. 나는 내가 치유받은 것을 알았습니다. 전도자님은 내 쪽을 가리키며 궤양이 치유된 사람은 일어나라고 말했습니다. 나는 내 문제가 궤양이었는지 몰랐기 때문에 일어나지 않았습니다. 아무도 일어나지 않았고 그는 나에 대해 말하고 있는 것이었습니다. 나의 나머지 경험도 누군가에게 유용할 것 같습니다. 다음 날 아침, 또 같은 증상이 있었고, 통증이 계속되었습니다. 마귀는 내가 어제 일어나지 않았기 때문에 치유받지 않았다고 말했습니다. 나는 마귀에게 나의 치유는 내가 일어나는 것에 좌우되지 않는다고 말했습니다. 전도자님께서도 내가 나았다고 말했습니다. 마귀가 속이려고 하는 순간에 내 심령 안에는 평강과 웃음이 있었습니다. 나는 그에게 증상은 거짓이라고 한마디로 말했습니다. 며칠 후에 그의 거짓 증상은 나를 매우 불쾌하게 했습니다. 내가 무릎을 꿇고 그들을 꾸짖자 그들은 영원히 떠났습니다. "마귀를 대적하라 그리하면 너희를 피하리라"(약 4:7). 인내는 반드시 그 보람이 있습니다. 나는 그의 거짓된 증상을 받아들이고 여전히 아픈 채로 있을 수도 있었습니다.

병자들에게 열린 또 다른 길은 교회의 장로들을 청하는 것입니다. 아픈 사람이 누군가에게 부탁하여 청할 수도 있고, 관계된 사람이 자발적으로 청할 수도 있습니다. 교회의 장로들에게 자신이 아픈 것을 알리는 것은 아픈 사람의 의무입니다. 그들을 부르는 것은 당신이 믿음을 가졌음을 나타냅니다. 그것이 하나님께서 당신에게 요구하신 것입니다. 예수님의 사역에서 치유하기를 거절당한 사람은 아무도 없습니다. 청하는 것은 곧 받는 것이기 때문입니다(마 7:7).

이제 책임은 장로들에게 옮겨졌습니다. 그들은 병자를 구하는 믿음의 기도를 합니다. 2차 세계 대전 말에, 나는 세균성 말라리아열을 가지고 집으로 돌아왔습니다. 나는 교회의 장로를 청했습니다. 그들은 믿음의 기도를 해주었습니다. 나는 마지막 공격이 왔던 1946년 1월 7일을 기억합니다. 그 당시 나는 116파운드(≒53kg) 정도 나갔습니다. 그 후 8달 동안 나는 매달 평균 2.5 파운드씩 몸무게가 불었습니다.

장로들이 믿음의 기도를 해주고 나면, 책임은 주님께로 옮겨갑니다. "주께서 그를 일으키시리라"(약 5:14-15).

말씀을 가르치는 사람에게도 책임이 있습니다. 이는 "그가 교회의 장로들을 청하게 하라(Let him call for the elders, KJV)"라는 말에서 찾을 수 있습니다. 당신은 그로 하여금 청하게 해야 합니다. 그가 청하는 것을 방해할 어떠한 권고도 가르치지 마십시오. 그 중 질병은 하나님의 뜻이다, 하나님의 징계다, 질병이 당신을 개선시킬 것이다 등의 가르침에 대해서는 우리가 이미 다루었습니다.

야고보서 5:14-15는 주로 그리스도의 몸, 즉 교회 지체에 대한 사역임을 기억하셔야 합니다. 장로들은 자기에게 와서 청하는 다른 사람들을 위해 기도할 수 있습니다.

구원받은 자들, 즉 하나님의 거듭난 자녀들에 대한 사역에서, 고려해야 할 한 가지가 있습니다. "그러므로 예물을 제단에 드리려다가 거기서 네 형제에게 원망들을 만한 일이 있는 것이 생각나거든 예물을 제단 앞에 두고 먼저 가서 형제와 화목하고 그 후에 와서 예물을 드리라"(마 5:23-24). 당신이 형제와 잘못된 상태에 있을 때 예물이 받아들여지지 않는다면, 치유를 구할 때는 어떻겠습니까?

나는 남아공 워커스트롬에서 65명의 병자들이 모인 신유 집회를 인도했습니다. 우리는 줄을 세우고 한 명 한 명 그들을 위해 기도했습니다. 65명 중 60명이 치유되었고, 5명은 치유되지 않았습니다. 나는 이 5명을 차례로 인터뷰했습니다. 나는 이렇게 물었습니다. "방해물이 무엇입니까? 당신이 치유되지 않은 것에 대해서 이유를 아시는 것이 있습니까? 당신의 삶에 숨겨진 죄가 있습니까?" 한 명은 간음을 고백했는데, 그가 하나님 앞에서 회개하고 다시 기도하자, 즉시 나았습니다. 한 여성은 지속적인 도둑질을 고백했습니다. 우리는 그녀의 죄과를 물었고, 그녀는 할 수 있는 한 모두 고백하고 배상하기로 하나님 앞에서 맹세했습니다. 그녀가 그렇게 고백하고 하나님과 약속한 순간 그녀는 나았습니다. "만일 우리 마음이 우리를 책망할 것이 없으면 하나님 앞에서 담대함을 얻고"(요일 3:21). 그의 죄가 제거되고 불순종이 떠나갔다면, 당신은 그에게 믿음을 주입해야 할 필요가 없습니다. 길은 치워졌습니다. 우리는 이 다섯 명을 다루는데 네 시간을 썼습니다. 65명 모두가 치유받았습니다.

도위 목사님이 한 여인에게 그의 불구인 아들을 데리고 오게 하셨습니다. 그분은 아이를 위해 세 번 기도했으나 결과가 없었습니다. 목사님은 무언가 잘못되었다고 말씀하셨습니다. 그분은 스스로를 점검해 보았지만 문제가 없었습니다. 게다가 주위의 다른 사람들은 다 치유되었습니다. 이런 상황에서 치유되지 않은 사람은 자신의 영혼을 살피는 것이 좋습니다. 그녀는 그렇게 했고, 자신이 행한 잘못을 고백했습니다. 그녀는 그것을 바로 잡았고, 하나님께서는 그녀의 아들을 즉시 치유하셨습니다. 그녀가 자신의 책임 하에 있는 자기 아들의 치유를 간청했기 때문에, 그녀의 죄가 아들의 치유를 막아선 것입니다.

하나님께 대적하는 죄를 지은 사람은, 용서 받아야 치유가 일어납니다(약 5:15). 야고보서 5:16은 무언가 다른 사람과 바로잡을 것이 있는 사람에게 방법을 지시합니다. "너희 죄를 서로 고백하며" 당신의 잘못은 능력의 흐름을 가로막습니다.

레이크 목사님의 사역에서 한 예가 있습니다. 필사적으로 치유가 필요한 남자가 기도를 청하러 왔습니다. 레이크 목사님께서 그를 위해 기도하기 시작하는데, 오천 달러가 보였습니다. 그분은 기도를 멈추고 이것은 그냥 자신과 관련된 무엇일거라 생각하시고는, 그에게 다시 손을 얹으셨습니다. 그런데 목사님은 오천 달러를 또 보셨고, 남자에게 그 돈에 대해 물었습니다. 그는 부모님의 재산 관리자로서 그 금액의 돈에 대해 여동생을 속였다고 고백했습니다. 레이크 목사님은 그 돈이 은행에 있는지 물었고, 그는 그렇다고 했습니다. 레이크 목사님은 여동생에게 그 돈의 수표를 써 주겠냐고 물으셨습니다. 그는 동의했고, 수표를 써서 봉투에 넣고 발송했습니다. 그런 후에 그 남자는 기도를 받고 즉시 나왔습니다.*

교회는 균형 잡힌 사역을 해야 합니다. 성령님의 모든 은사는 필요하며, 그 은사들은 더 많은 구원을 낳습니다. 레이크 박사님의 말씀을 다시 인용해 봅시다. "내 죽은 아내가 살아 있을 때, 그녀는 나보다 더 큰 정도의 영분별의 은사를 가지고 있었습니다. 사람들을 위해 기도할 때, 그들이 치유받지 않으면 나는 그들을 다른 방으로 보냈습니다. 군중이 떠난 후에 나는 아내를 그 방으로 불렀습니다. 그녀는 개개인에게 손을 얹고 말했습니다. '이러이러한 때에 당신은 이런 죄를 지으셨군요.' 다른 이에게는 이렇게 말했습니다. '주님께서 내게 이러저러한 특별한 방해물을 보여주십시다.' 아픈 사람이 하나님과 그 문제를 해결하면, 우리는 다시 기도했고, 주님께서는 그를 치유하셨습니다."* 회복이 있은 후에는, 어떤 의인의 기도라도 치유를 가져올 수 있습니다.

장로를 청할 수 없을 때는 무엇을 할 수 있을까요? "진실로 다시 너희에게 이르노니 너희 중의 두 사람이 땅에서 합심하여 무엇이든지 구하면 하늘에 계신 내 아버지께서 그들을 위하여 이루게 하시리라"(마 18:19-20).

해롤드 씨는 탈장에서 치유받았습니다. 그는 우리에게 거의 저 주전자 정도 크기의 창자가 빠져 나왔다고 말했습니다. 그는 지옥의 고통 가운데 있었고, 때로 그것들을 제자리에 돌려놓기 위해 밤을 지새웠습니다. 그는 17년간 그런 극심한 고통을 받았습니다. 그러던 어느 날 밤 몇몇 친구들이 그를 집회에 데리고 왔습니다. 적은 수의 성도들이 둘러서서 그에게 손을 얹었습니다. 예수님께서 이를 위해 죽으셔서 아버지로부터 받으신 하나님의 불이 그의 영혼과 몸에 임하여 탈장이 치유되었고 그는 일어났습니다. 놀라운 구원입니다, 그렇지 않습니까?

당신은 치유에 대한 믿음이나 치유 은사를 가진 사람을 청해도 좋고, 또는 믿음의 사람에게 찾아가는 것도 괜찮습니다.

결핵으로 죽어가던 한 젊은이가 나에게 찾아왔습니다. 그는 말했습니다. "레이크 씨, 저는 결핵에 걸린 사람입니다. 의사들이 저를 거절했습니다. 나는 여기에서 사람들이 치유되었다고 듣긴 했지만, 하나님을 믿지는 않습니다."

내가 말했습니다. "오, 젊은이, 자네가 믿음이 없다면, 나한테는 있네. 나는 하나님을 알아. 나는 하나님의 자녀라네."

그리스도인은 믿음을 가져야만 합니다. 그것이 초대 교회의 태도였습니다. 예수님께서는 "가서 그들을 치유하라."라고 말씀하셨습니다. 그리고 그들은 가서 치유했습니다(마 10:1-8). 이 젊은이는 치유되었고 오늘날 우리 설교자 중의 한 사람이 되었습니다. 전능하신 하나님께서는 다른 누군가가 아니라, 하나님을 아는 우리 각자에게 이 책임을 주셨습니다.*

이 젊은이가 스스로 기도를 청했고, 그것이 그에게 요구된 전부였음에 주목하십시오. 하나님께서 당신에게 요구하시는 것은 오직 청하라는 것이고, 그것이 바로 믿음의 행동입니다.

스포케인에 있는 내 치유의 방에 램피어라는 이름의 부인이 찾아왔습니다. 그녀는 도시의 한 상인의 아내였습니다. 그녀는 계단에서 떨어져서, 위와 창자와 자궁이 탈수(脫垂)되었습니다. 그녀는 11년간 환자로 지냈습니다. 게다가 그녀는 결핵에 걸렸고, 심지어 더 나쁜 것은 염증성 류머티즘이 발병되어 그녀는 고통의 지옥 가운데 살았습니다. 의사들은 그녀를 위해 할 수 있는 일이 없다면서, 다만 혹시나 온천욕을 하면 좀 나아질까 하여 그녀를 오레곤의 핫레이크에 데려갈 것을 권했습니다.

그들은 그녀를 온탕에 넣었지만, 그녀는 여전히 고통스러웠습니다. 그들은 열탕에 데려갔지만, 치유 효과 대신 왼쪽 다리가 비정상적으로 자라 반대쪽보다 3인치 더 길어졌습니다. 큰 오렌지보다 더 큰 뼈가 무릎 안에서 자라 무릎 관절의 활동을 망쳤습니다. 왼쪽 발은 1인치 더 길어졌습니다. 그녀는 이전보다 더 악화된 상태로 모든 기관을 떠났습니다. 그녀는 오레곤의 포틀랜드에 왔습니다.

그녀의 부모님은 댈즈에 살고 있었습니다. 그녀는 죽기 전에 부모님을 보고 싶어서 남편에게 안겨서 배에 올라탔습니다. 그런 중에, 오순절파 선교사가 다가와서 말했습니다. "부인, 우리는 이제야 하나님께서 왜 이 배에 타라고 하셨는지 알았습니다. 주님께서 우리에게 댈즈행 8시 배를 타라고 말씀하셨습니다." 선교사는 전화를 걸어 그 배의 요금이 자신이 가진 전부인 1.80달러인 것을 알았고, 아침도 거르고 왔습니다.

그녀가 고통으로 울부짖으며 누워있는데, 그들이 말했습니다. "댈즈에 도착하면 우리가 당신을 위해 기도하겠습니다." 댈즈에서 그들은 호텔에 갔고, 선교사 부부는 무릎을 꿇고 그녀를 위해 기도했습니다. 램피어 부인은 그들이 기도하고 손을 얹었을 때, 그들의 손이 빛나는 예수님의 손처럼 보였으며, 그들의 얼굴도 예수님의 얼굴처럼 보여서 두려웠다고 말했습니다. 그러나 무슨 일이 일어났습니다. 고통이 그녀에게서 떠나갔습니다.

이상하게도, 결핵은 계속 남아서 숨쉬기가 어려웠습니다. 다리도 그 길이 그대로 있었습니다. 그녀는 말했습니다. "주님께서 다리 길이를 똑같게 해주시도록 다시 기도해 주세요." 그러나 이 불쌍한 선교사들은 동요했습니다. 그가 말했습니다. "자매님, 고통이 사라졌으니 만족하고 하나님께 찬양을 드리십시오."

그래서 그녀는 3년 반 동안, 기침을 하고, 한 쪽 다리는 다른 쪽보다 3인치 긴 상태로 있었습니다. 어느 날 그녀는 우리 치유의 방에 와서 웨스트우드 목사님께 사역을 받았습니다. 하나님의 치유 활동이 일어났고, 그녀는 놀랍게 편안함을 느꼈습니다. 그녀가 말했습니다. "이제 뱃속에서부터 편하게 숨 쉴 수 있어요."

웨스트우드 목사님이 물었습니다. "왜 다리를 절뚝거리십니까?"

그녀가 답했습니다. "무릎 안에 큰 혹이 있어서, 한쪽 다리가 원래보다 3인치 더 길어요."

그가 말했습니다. "기도해 드리겠습니다."

그런데 그녀가 대답했습니다. "선교사님께서 고통이 사라졌으면 만족해야 한다고 말씀하셨는데요."

웨스트우드 목사님께서 말했습니다. "그는 아직 하나님 안에서 성장하지 않은 것입니다." 그분은 혹에 손을 얹고 기도했습니다. 전능하신 하나님께서 뼈의 혹을 녹이셨고, 다리는 일주일에 1인치씩 짧아졌습니다. 발도 적절한 길이로 짧아졌고, 그녀는 다른 사람들처럼 양쪽에 같은 사이즈의 신발을 신었습니다. 또한 그녀는 태어날 때부터 한 쪽 귓바퀴와 귓불이 없었는데, 그것도 다른 쪽 귀와 같이 자라났습니다.*

장로를 청할 수 없고, 교회에 출석할 수 없으며, 두 사람과 합심하여 모일 수 없는 사람은 어떻게 해야만 할까요? 그는 오로지 혼자입니다. 그에게는 어떤 도움의 길이 열려 있을까요? 예수께서 말씀하셨습니다. "나는 포도나무요 너희는 가지라 …"(요 15:5). "구하라 그리하면 너희에게 주실 것이요 …"(마 7:7). 포도나무의 생명은 가지를 통해 지속적으로 흐르고 있습니다. 당신이 혼자이든 아니든 차이가 없습니다. 이것은 개인적인 관계입니다. 나는 말씀을 통해서는 물론 경험을 통해서도 이 약속이 참이라는 것과 포도나무와 가지 사이의 관계가 너무나도 중요하고 실재적이라는 것을 압니다.

2차 세계 대전 중에, 나는 배편으로 북아프리카로 파송되었습니다. 배에 올라탔을 때, 나의 옆구리에는 날카로운 고통이 있었습니다. 며칠 후에, 배가 움직일 때마다 극심하고 날카롭고 찌르는 듯한 고통이 있었습니다. "그의 영원하신 팔이 네 아래에 있도다"(신 33:27)라는 나를 지지하는 말씀이 머리에 떠올랐습니다. 나는 그리스도를 나의 개인 주치의로 삼았고 그분 안에서 나의 믿음은 굳건했습니다. 그러던 어느 날 무언가가 터졌고, 날카로운 고통은 끝났습니다. 상황적으로는, 내가 맹장이라고 알고 있는 것이 터졌습니다. 제가 놀라서 어쩔 줄 몰랐을까요? 아닙니다. 그것은 마귀가 좋아하는 일입니다. 주님의 말씀이 그에 대항하여 깃발을 드셨습니다(사 59:19). "그의 영원하신 팔이 네 아래에 있도다" 나는 그것이 선한 손이며 모든 것이 잘 되리라는 것을 알았습니다. 나는 일주일 내에 완벽하게 회복되었습니다.

하나님에 대한 신뢰는 그분의 말씀에 대한 지식에 근거합니다. 내가 말씀에 대해 아는 것이 무엇입니까? 이런 상황에서는 어떤 약속이 나의 것입니까? 우선, "우리의 씨름은 혈과 육을 상대하는 것이 아니요 어둠의 세상 주관자들을 상대"한다는 것입니다(엡 6:12). 이 전쟁에서 어떤 무기를 사용합니까? 그것은 "성령의 검"입니다(엡 6:17). 이는 육신의 무기가 아니라 영적인 무기입니다(고후 10:4). 성령의 검은 하나님의 말씀이므로, 즉 우리가 사용하는 말씀을 말합니다. "마귀를 대적하라 그리하면 너희를 피하리라"(약 4:7). "환난 날에 나를 부르라 내가 너를 **건지리니** 네가 나를 영화롭게 하리로다"(시 50:15). "그가 네 모든 죄악을 사하시며 네 **모든** 병을 고치시며"(시 103:3). "… 너희 안에 계신 이가 세상에 있는 자보다 크심이라"(요일 4:4). "내가 너희에게 뱀과 전갈을 밟으며 원수의 모든 능력을 제어할 권능을 주었으니 …"(눅 10:19). "우리의 연약한 것을 친히 담당하시고 병을 짊어지셨도다"(마 8:17). "내 이름으로 무엇이든지 내게 구하면 내가 행하리라"(요 14:14).

내가 아팠을 당시, 나는 이 말씀을 알았고 하나님의 생명이 포도나무에서 나를 통해 흘러 들어온다는 것을 알았기 때문에, 힘을 빼고 그분께서 일하시도록 내어 드렸습니다. 며칠 후에 배가 아프리카 오란에 닿았습니다. 나는 배에서 내려 모든 짐을 들었습니다. 이것이 살아있는 믿음의 행동이었습니다. 살아 있는 믿음은 결과로 증명되며, 행함이 없는 믿음은 죽은 것입니다(약 2:17-18). 예수께서 질병이나 질환에 대항하여 임하실 때, 그분은 예전이나 지금이나 언제나 승리자이십니다. 오직 그리스도께만 순전하게 시선을 집중하는 것은 곧 모든 것이 좋아지리라는 것을 뜻합니다.

나는 얼마나 자주 기도해야 했을까요? 예수님의 대부분의 치유는 즉각적이었습니다. 눈 먼 남자에게는 그가 분명하게 보기까지 두 번 사역하셨습니다(막 8:23-25).

우리[존 G. 레이크 목사님과 그의 직원들]의 치유의 방이 있던 빌딩에 X-레이 장비가 있었습니다. 그들은 치유가망자 중의 몇 명의 사진을 찍게 해달라고 요청했습니다. 이는 특별한 기회였습니다. 우리가 보낸 사람 중에 한 남자는 결핵이 있었습니다. 그가 기도 사역을 받을 때마다 그들은 X-레이를 찍었습니다. 치유의 과정을 볼 수 있었습니다. 각 사진은 더 이상 질병이 발견되지 않기까지 점차 완화되는 것을 나타냈습니다. 그는 완전하게 나았습니다. X-레이 회사 사람들은 단지 어찌된 일인지 알고 싶어 했고, 이 서비스는 어떤 비용도 들지 않았습니다. 우리는 언제나 치유가 완료되었다는 만족이 있기까지 환자를 위해 기도합니다. 사람의 힘에는 의존하지 않습니다. 당신이 건강해질 때까지 사역을 받으십시오.*

이는 인내에 대해 생각하게 합니다. 수로보니게 여인은 예수께서 그녀의 딸을 구해주실 때까지 계속 주장했습니다(마 15:21-28). 역시 인내는 반드시 그 보람이 있습니다.

내[존 G. 레이크]가 아는 남아공의 독실한 감리교인이 있습니다. 그는 10명의 아들이 있는데 모두 감리교 설교자이며, 세 명의 아름다운 딸들도 거룩한 여인들로서, 내가 아는 가장 놀라운 가족 중의 하나였습니다. 그런데 이 노인이 병에 걸렸습니다. 그의 고통은 너무나 커서, 그가 그것을 느끼지 못하도록 약을 투여하는 방법밖에 없어 보였습니다. 몇 년이 지나고 그는 모르핀에 중독이 되었습니다. 그는 매일 시가 24개를 피우고, 위스키 2쿼트를 마시며, 엄청난 양의 모르핀을 쓰고 있다고 말했습니다. 그리하여 73세가 되도록 그 노인은 대부분의 시간을 약에 취해 감각이 없이 지냈습니다.

나는 16시간 동안 그를 위해 끊임없이 기도했지만 소용이 없었습니다. 나의 사역자 중 한 명인 윌리엄 더긴이 이 상황을 듣고 나를 도우러 왔습니다. 나는 그가 어떻게 노인을 지켜보면서 하나님의 능력 안에서 기도했는지 기억합니다. 그러나 어찌된 일인지 아무 답이 없었습니다.

나는 그가 경련하는 것을 지켜보았고, 급기야 딸들은 그가 더 이상 고통 받는 것을 보느니 그에게 모르핀을 넣고 감각 없이 죽게 해달라고 사정했습니다. 나는 말했습니다. "안 됩니다. 나는 죽든 살든 이 전투를 끝까지 싸우겠다는 맹세를 여러분과 아버님께 받았습니다."

이윽고, 내가 거기 서서 끔찍한 경련, 특히 그의 맨발이 침대 아래 부분에 부딪히는 것을 보는데 이 말씀이 떠올랐습니다. "우리의 연약한 것을 친히 담당하시고" 나는 손을 뻗어 그의 발을 쇠고랑을 채운 것처럼 붙잡았고, 우리가 아는 어떤 표현으로도 형언할 수 없이 너무나 깊은 것이 내 영혼에서 별안간 쏟아져 나왔습니다. 그 순간 나는 여전히 누워 있는 그를 하나님께서 고치시는 것을 보았습니다.

많은 날이 지나고 나는 그와 함께 5만 그루의 오렌지 나무와 5만 그루의 레몬 나무가 있는 세 개의 광대한 과수원을 거닐었습니다. 그 노인은 하나님의 사랑과 그분의 임재의 충만함에 대해 말했고, 나는 나의 보상을 받았습니다.*

여기에 기억해야 할 두 가지 위대한 원리가 있습니다. 이것들은 예수님께서 죽은 소녀를 일으키실 때와 그 소녀의 집에 가는 길에 치유된 혈루병 걸린 여인에 의해 증거 된 것입니다(눅 8:42-56). 이 원리들은 죽음과 하나님으로부터 치유를 받는 믿음의 능력이 있는 곳에서만 역사하는 하나님의 능력입니다. 격한 위급 상황을 두려워하지 마십시오. 다만, 강론하는 중에 3층에서 한 청년이 떨어졌을 때 바울이 보였던 침착하고 차분한 자신감을 주목하십시오. 그 젊은이는 죽었습니다. 그러나 바울은 예수 그리스도에 의해 자신에게 부여된 권세를 통해 그를 살렸습니다.

예수님에게서 흘러나가는 능력은 최고치의 필요를 채우기에 충분합니다. 남아공 란드 광산에서 일하는 스웨인폴이라는 남자가 있었습니다. 탄약고가 예정보다 일찍 터졌습니다. 그로 인해 그는 나가 떨어졌고 안구가 터졌습니다. 병원에서 의사들은 그에게 파편을 즉시 제거해야만 한다고 말했습니다.

스웨인폴 씨는 존 레이크의 기적 집회에 대해 듣고 눈을 제거하기 전에 가보기로 결심했습니다. 의사들은 그에게 지체하면 다른 한 쪽 눈의 시력에도 영향을 미칠 수 있다고 경고했습니다. 그럼에도 불구하고 그는 고통이 심했지만 레이크 박사님을 찾아왔습니다. 레이크 목사님은 그가 택시에서 내리도록 부축했고, 스웨인폴 씨는 몇몇 그리스도인들이 모여 있는 방으로 이끌려 들어갔습니다. 눈에서 붕대를 제거하고, 기도가 드려졌습니다. 거기 있던 한 명이 그의 눈을 보았습니다. 놀랍게도 그는 흩어져 있던 모든 파편들이 보이지 않는 손에 의해 모이는 것을 보았습니다. 기도가 끝나자 그의 눈은 이전처럼 온전해졌고, 모든 고통은 사라졌습니다. 스웨인폴 씨는 병원으로 돌아가 완전한 양쪽 눈을 의사에게 보였습니다.

죄와 질병은 침입자들입니다. 이것들은 빨리 다룰수록 좋습니다. 나의 딸 수잔이 감기에 걸렸습니다. 내 아내는 수잔을 위해 함께 기도하자고 나를 불렀습니다. 나는 바빠서 미뤘습니다. 아내는 몇 번이나 더 불렀지만 나는 가지 않았습니다. 결국 아내가 와서 말했습니다. "도둑이 우리 집을 털고 있더라도, 당신은 아무것도 안하고 미루고 있을 건가요?"

"아니," 내가 대답했습니다.

아내가 말했습니다. "마귀가 우리 딸의 건강을 빼앗고 있으니, 같이 제거해요."

예수님은 우리에게 마귀와 질병을 제어할 권능을 주셨습니다 (눅 10:19).

이 지점에서 헌신의 개념을 생각해보는 것이 좋겠습니다. "그러므로 형제들아 내가 하나님의 모든 자비하심으로 너희를 권하노니 너희 몸을 하나님이 기뻐하시는 거룩한 산 제물로 드리라 이는 너희가 드릴 영적 예배니라 너희는 이 세대를 본받지 말고 오직 마음을 새롭게 함으로 변화를 받아 하나님의 선하시고 기뻐하시고 온전하신 뜻이 무엇인지 분별하도록 하라"(롬 12:1-2). 이는 그리스도를 우리 몸의 주인으로 삼는 것입니다. 당신이 당신 영혼의 구원을 위해서 다른 존재에게 갈 수 없듯이, 당신의 치유를 위해서도 당신은 다른 존재에게 갈 수 없습니다. "이 세대를 본받지 말고" 당신은 당신의 치유를 위한 하나님의 온전하신 뜻을 알 것입니다. 당신은 하나님을 신뢰하는 법과 이 세상의 관습을 본받지 않는 법을 알 것입니다.

나의 장인어른께서 헌신의 한 예를 보이셨습니다.

어느 날, 젊은 시절 내가 하늘로부터의 치유를 필요로 할 때, 하나님께서 나의 참된 필요가 무엇인지 깨닫게 하셨습니다. 9년 동안 나를 공격하고 나를 거의 죽일 뻔한 질병은 바로 만성 변비였습니다. 나는 일주일에 세 번씩, 한 번에 3온스의 피자마 기름을 복용했습니다. 나를 위해 기도해 줄 사람은 아무도 없었습니다. 나는 감리교 교회의 교인이었고, 나와 아주 가까웠던 한 사람을 하나님께서 치유하시는 것도 보았습니다. 나는 혼자 앉아서 말했습니다. "주님, 저는 이 세상과도 육신과도 의사와도 그리고 마귀와도 끝내고, 오늘부터 하나님께만 기대겠습니다." 나는 바로 그 때 그 자리에서 하나님께 내 자신을 맡겼습니다. 아무런 분명한 치유의 흔적이나 하나님의 능력의 어떤 나타남도 없었고, 다만 하나님을 향한 나의 헌신만 있을 뿐이었지만, 질병은 떠났습니다.

하나님께 헌신하는 자리가 능력의 자리이자 승리의 자리입니다. 이는 사람들이 결단하고 "나는 하나님과 함께 이 길을 간다."라고 말할 때입니다. 그 길이 승리가 오는 길입니다. 동요하는 일에 대해서 나는 폭풍 속의 배에 있던 한 늙은 아일랜드 여인이 떠오릅니다. 배가 한쪽으로 넘실거리면 그녀는 "오, 좋으신 주님"이라고 말하고, 또 다른 쪽으로 가라앉으면 "좋은 마귀님"이라고 말했습니다. 누군가 그녀에게 왜 그러는지 묻자, 그녀는 말했습니다. "글쎄, 내가 누구의 팔에 떨어질지 어떻게 알겠어요?"

전능하신 그분께 우리 자신을 한 번에 모든 것을 **영원히** 맡기는 자리로 하나님께서 우리를 이끄시고, 우리가 그 헌신에 의해 살고 그 헌신에 의해 죽게 되기를 기원합니다.*

사람들은 어젯밤에 이 집회에 전언을 보낸 한 불쌍한 사람처럼 말합니다. "저는 너무 아픕니다. 만일 제가 이 집회에서 낫지 않는다면, 저는 무엇인가를 해야만 합니다." 물론 당신은 무언가를 할 수도 있습니다. 그러나 당신이 목숨을 걸더라도, 주 예수님을 모욕하고 부인하고 그분께 등을 돌리느니 죽는 것이 마땅합니다. 사람들은 말합니다. "저는 죽을 수 없습니다." 그렇지 않습니다, 당신이 겁쟁이가 아니라면 죽을 수도 있지만, 죄를 짓지는 않을 것입니다. 당신의 몸을 주 예수 그리스도께 헌신하고 나서 의사에게 달려가는 것은 간음이나 다른 죄를 저지르는 것과 같은 죄입니다. 이는 하나님께 대한 당신의 헌신을 위반하는 것입니다.

하나님께 헌신하십시오, 그로 인해 서고, 그로 인해 살고, 그로 인해 기꺼이 죽으십시오. 그러면 당신은 하나님 안에서 당신의 믿음이 기도 응답을 받기에 충분한 정도로 역사하는 경지로 성장할 수 있습니다.

사람들이 왜 하나님의 영의 인도와 통치와 제어에 자신을 좀처럼 내어주지 않는 것일까요? 왜 우리의 심령에 축복된 세어를 가능케 하는 신성한 열정이 없을까요? 오늘 당신과 내가 우리의 하찮은 인간성을 주장하고 우리 자신의 빛에 따라 걷겠습니까, 아니면 지혜로운 자처럼, 생명 안에 가장 신성한 것을 추구하는 자처럼, 하나님께 예라고 말하고 그분으로 하여금 우리

존재를 취하시고 우리 안에 거하시고 우리 안에서 그분의 생명으로 살게 하시겠습니까? 그렇게 하면 그분은 우리를 통하여 그분의 생명을 나타내실 것입니다.*

신유의 가장 큰 적 중 하나는 예수 그리스도께서 사람의 육체적 몸의 주가 되심을 두려워하는 것입니다. 내 친구 중의 한 명은 자기 뜻대로 병원에 가서 수술을 받았습니다. 그녀가 그 문을 통해 들어갈 때, 주의 영이 그녀에게 만일 그녀가 하나님을 그렇게 간절히 찾았다면 그분께서 치료하셨을 것이라고 말씀하셨습니다. 나는 잠시 그 말의 깊이를 깨닫기 위해 깊이 생각하고 나서, 그 의미심장함을 깨달았습니다. 그녀는 그녀의 몸을 의사의 손에 온전히 내어주려고 하고 있었습니다. 그녀는 모든 것이 잘 되고 아무런 실수가 없을 것이라고 그의 기술을 믿고 있었습니다. 이는 사실상 의사를 그녀의 몸의 주님으로 삼는 것이었습니다. 이는 아무 조건 없는 전적인 항복이며, 전적인 헌신이며, 전적인 신뢰였습니다. 이것이 바로 하나님께서 그의 사람들에게 찾고 있는 그런 헌신입니다. 당신이 만일 예수 그리스도를 당신의 의사로 삼았다면, 그분께 최고의 정중과 공손을 보여야 합니다.

모든 도움의 방편을 다 써보고 나서야 우리 영혼의 구원자이자 몸의 치유자이신 그리스도께 가야겠습니까? 신자들이 자신의 삶을 하나님의 뜻에 바쳤을 때, 그들은 예수 그리스도께 자신의 몸을 드린 것입니다. 하나님께서 그의 몸을 소유하셨습니다. 이에 하나님께서 그분의 방식으로 그 몸을 돌볼 권리, 즉 인류를 공격하는 저주를 그분의 방법으로 다룰 권리도 따라왔습니다. 그분은 우리에게 그분의 치유 방법을 보여 주셨습니다. 이는 예수님의 위대한 희생을 통해 주어진 것입니다. 신자에게 다른 치유 방법을 선택할 권리가 있을까요? 만약 그가 그러기로 선택한다면, 그것은 자신의 책임이 아닌 것입니까? 당신은 사람의 방법과 하나님의 방법을 섞을 수 없습니다. 그분의 길은 사람의 길보다 높습니다(사 55:8). 하나님의 치유 방법은 사람의 치유 방법과 함께 동역할 수 없을 정도로 더 높습니다. 이는 마치 쥐 한 마리를 가지고 불도저를 끌고 가려는 것과 같습니다.

    예수님께서 "나를 따르라"라고 말씀하셨을 때, 세상의 다른 종교들을 다 시도하고 겪어보고 오라는 뜻이 아니었습니다. 이는 우리의 몸에 대해서도 마찬가지입니다. 그분은 우리에게 사역하는 첫 존재가 되기 원하십니다. 당신은 많은 고통과 비용을 절약하게 될 것입니다. 보다 더 좋은 것은, 사람들에게 온전한 간증과 모범이 되고, 그리스도를 자신의 의사로 삼은 다른 사람들에게 용기를 줌으로써, 하나님의 이름에 큰 영광을 드릴 것입니다.

    치유받을 수 있기 위해서는 우선 질병에 대해 하나님께 감사를 드려야만 할까요? 그것이 필수 조건입니까? 사복음서를 읽는다면, 예수께서 누구에게도 질병 또는 해로운 무언가에 대해서 하나님께 감사하라고 요구한 적이 없으시다는 것을 발견할 것입니다. 당신이 사도행전을 다 읽었다면, 누구든 그들에게 안 좋은 것에 대해 하나님께 감사하라는 요구를 받은 경우를 단 하나도 찾지 못할 것입니다. "온갖 **좋은** 은사와 **온전한** 선물이 다 위로부터 빛들의 아버지께로부터 내려오나니 …"(약 1:17). 질병이든 질환이든 고통이든 이것들에는 좋고 온전한 것이 하나도 없습니다. 내가 그리스도를 나의 개인 주치의로서 신뢰해온 50년 동안, 나에게 사역했던 누구도 결코 그런 것을 요구하지 않았습니다. 성령님도 결코 나에게 마귀의 억압에 대해서 하나님께 감사하라고 이끄신 적이 없습니다. 그것은 아버지 하나님에 대한 모욕입니다.

우리는 서신서를 예수님의 사역과 삶의 표본에 비추어 해석해야 합니다. 그분은 하나님께서 우리에게 그 자신을 나타내신 최종 계시였습니다. 예수님은 오셔서 아버지의 모든 뜻을 계시하셨습니다.

내가 무엇보다 강조하고 싶은 것은 하나님께서는 아들의 희생을 통해 그분 자신께서 우리와 교제할 수 있게 하셨다는 것입니다. 하나님은 당신의 필요를 채우는 것을 기뻐하시며, 그것이 영적인 것이든 혼적인 것이든 육적인 것이든 상관없습니다. 예수님으로부터 나가서 "그들을 다 고쳤던" 똑같은 능력이 당신 안에 있습니다. 그것은 성령의 능력입니다.

하나님은 언제나 신성한 능력을 다루십니다. 하나님은 영적인 것을 통하여 다루십니다. 예수 그리스도께서 늘 권하고 사용하셨던 유일한 치료약은 **그분 자신**이었습니다. 아버지 하나님께서는 세상을 향해 예수 그리스도라는 유일한 치료약을 권하셨습니다. 그분은 영원하고, 실로 참된 치료약입니다.*

이제 바로 앞에 놓인 질문은 이것입니다. 당신은 예수 그리스도께서 이 땅에 계실 때 사용하셨던 그 동일한 치료약으로 오늘 당신을 치유하시도록 **허락하시겠습니까?** 당신은 예수 그리스도께서 당신을 위해 사신 치유의 **선물**을 받아들임으로써 그분이 당신을 치유하도록 허락하시겠습니까?

제 13 장

치유의 강
The River of Healing

지금까지 우리는 하나님께서 신자들을 위해 예비하신, 특별히 육체적 안녕과 관련된 치유와 건강과 보호에 대해서 생각해 보았습니다. 이 장에서는, 주위 세상에 대한 신자의 책임에 대해 논해 보겠습니다. 우리의 핵심 구절은 요한복음 7:38-39에 있습니다. "나를 믿는 자는 성경에 이름과 같이 그 배에서 생수의 강(들)이 흘러나오리라 하시니 이는 그를 믿는 자들이 받을 성령을 가리켜 말씀하신 것이라 (예수께서 아직 영광을 받지 않으셨으므로 성령이 아직 그들에게 계시지 아니하시더라)"

신자는 하나님에게 중요한 인물(God's big person)입니다. 신자란 무엇입니까? 그는 그리스도와 연합되어 사는 사람입니다. 그는 하나님께서 그 안에 거하시는 사람입니다. 그는 하나님께서 그 안에서 행하시는 사람입니다(고후 6:16).

그는 어떻게 신자가 되었습니까? 자신에게 그리스도가 제시되었을 때, 그는 회개하고 그리스도가 자신의 삶에 들어오시도록 초청했습니다. 남편과 아내가 부모가 되는 데는 두 가지 방법이 있습니다. 아이를 낳거나 입양하는 것입니다. 그분의 아버지 되심과 우리의 자녀 됨을 강조하시기 위해서, 하나님께서는 우리로 하여금 새로운 탄생을 거치게 하셨습니다(요 3:3-5). 그것으로 충분치 않다면, 그분은 우리를 입양하셨습니다(갈 4:5-6). 이는 당신을 이중적으로 하나님의 가족에 속하게 합니다. 우리는 "신성한 성품에 참여하는 자"가 되었습니다(벧전 1:4). "내가 아버지 안에, 너희가 내 안에, 내가 너희 안에 있는 것을 …" (요 14:20).

예수님께서는 그분과 신자들 사이의 불가결하고 깊은 연합의 중요성을 강조하기 위해서, "살아 생명의 예(life pictures)"를 사용하셨습니다. 포도나무와 가지는 포도나무에서부터 가지로 흘러가는 지속적인 생명의 흐름을 묘사합니다. 바울은 이를 인간의 머리와 몸 사이의 관계로 묘사합니다. 이 관계는 신자를 그리스도와 한 영으로 만들어줍니다(고전 6:17). 이 관계는 신자를 "그의 몸과 그의 살과 그의 뼈의" 지체로 만들어줍니다(엡 5:30).

이 관계는 인간을 본래의 정상적인 영역, 즉 기적의 영역으로 회복시킵니다. 기적의 영역은 인간의 본연의 영역입니다. 그는 하나님과 함께 기적을 행하는 동역자로 창조되었습니다. 죄가 사람을 기적을 행하는 영역으로부터 몰아냈지만, 사람은 은혜로 거듭나고 기적의 영역으로 들어왔습니다. 그것이 "당신 안의 그리스도"(골 1:27)입니다. 그것이 "하나님의 능력이신 그리스도"입니다(고전 1:24).

우리는 이 믿음의 생명의 원리를 붙잡기가 어려웠습니다. 태초에 인간의 영은 이 세상을 다스리는 세력이었습니다. 그러나 그는 죄를 범했고, 그의 생각이 그를 지배하게 되었습니다. 죄는 영을 왕좌에서 몰아내고, 지성에게 관을 씌웠습니다. 그러나 은혜가 영을 그의 주권의 자리로 회복시켰습니다. 인간이 이것을 깨달을 때, 그는 애쓰지 않고도 초자연적인 영역에서 거하게 될 것입니다.*

더 이상 믿음은 투쟁이 아니라 하나님의 영역에서의 정상적인 삶이 될 것입니다. 영적인 영역에서는 사람이 하나님과 교통하는 것이 일반적인 경험입니다. 그리고 기적은 지극히 자연스러운 일입니다.*

이 관계는 신자를 **앎**의 단계로 데려갑니다. 당신은 당신이 거듭났음을 믿어야만 할 필요가 없습니다. 당신은 당신이 누구인지 압니다. 당신은 성령이 참이라는 것을 믿어야만 할 필요가 없습니다. 당신은 그렇다는 것을 압니다. 당신은 당신이 영생을 가졌다는 것을 믿어야만 할 필요가 없습니다. 당신은 당신이 가진 것을 압니다. 당신은 성령께서 내주하신다는 것을 믿어야만 할 필요가 없습니다. 당신은 그분이 계신 것을 압니다. 당신은 하나님의 자녀가 되려고 애써야만 할 필요가 없습니다. 당신은 당신이 그렇다는 것을 압니다. 당신은 믿는 자입니다. 당신은 자녀입니다. 당신은 분명한 체계, 즉 살아있는 체계이자 살아있는 유기체인 그리스도의 몸의 일부입니다.

핵심 구절을 다시 봅시다. "그 배[가장 깊이 있는 존재]에서 생수의 강(들)(rivers of living water)이 흘러나오리라" 예수님께서 왜 "강들"이라는 복수형을 쓰셨을까요? 인간이 아주 많은 필요를 가졌기 때문이 아니겠습니까? 이 강들에는 어떤 것이 있습니까? 화평의 강이 있습니다. "화평하게 하는 자는 복이 있나니". 인내의 강이 있습니다. 바울은 "모든 견딤"에 대해서 말했습니다. 위로의 강이 있습니다. 그분은 "모든 위로"의 하나님이십니다. 사랑의 강이 있습니다. 하나님은 그의 아들을 사랑하심과 같이 당신을 사랑하십니다. 당신은 하나님의 모든 활동을 통해 사랑의 강이 흘러가 열린 심령마다 덮는 것을 볼 수 있습니다. 다른 강들도 있습니다. 그러나 우리는 단 하나의 강에 관심이 있습니다. 바로 "치유의 강"입니다.

치유의 강은 예수님으로부터 흘러나왔습니다. "내게서 능력이 나간 줄 앎이로다"(눅 8:46). "이는 능력이 예수께로부터 나와서 모든 사람을 낫게 함이러라"(눅 6:19). 그것은 20세기에도 흘러갑니다.

몇 년 전 인디애나 주에, 포클러 형제와 저의 친구인 한 농부가 있었습니다. 그의 아들은 남아공에 있었고 극심한 장티푸스에 걸렸습니다. 그는 적절한 간호를 전혀 받지 못했고 그 결과 상처는 심한 발진으로 진행되었습니다. 그 지름이 10인치(≒25cm)였습니다. 복부 전체에 비정상적으로 증식된 피부가 다섯 겹이나 일어났고, 간호사는 구더기가 생기지 않도록 그 피부 층들을 들어 올리고 소독해야만 했습니다.

그가 기도받기 위해서 자신의 몸을 보여주었을 때, 나는 충격을 받았습니다. 나는 그런 것을 전에 전혀 본 적이 없었습니다. 그에게 기도하러 가서 나는 손가락을 넓게 펴고 거대한 딱지가 앉은 상처 부위에 손을 얹었습니다. 나는 하나님의 능력으로 지옥의 저주가 부셔지고 다 타버리도록 예수 그리스도의 이름으로 하나님께 기도했습니다. 그리고서 기차를 타고 시카고로 돌아왔습니다. 다음 날 나는 이런 내용의 전보를 받았습니다. "레이크 씨, 정말 이상한 일이 일어났습니다. 당신이 떠나고 한 시간 후에 당신의 손 모양대로 4분의 1인치 깊이로 상처 부위의 딱지가 타들어갔습니다."

하나님의 능력과 천국에서부터 나온 전압을 말한 것입니다! 이것이 예수님의 영혼에 번개가 있는 이유입니다. 예수님의 번개는 그 섬광으로 사람들을 치유합니다. 하나님의 능력이 다가올 때, 죄는 녹아버리고, 질병은 도망칩니다.

그러나 당신은 예수 그리스도께서 우리의 필요를 채우실 정도로 충분히 크신지에 대해 의문하며 확신하지 못할 수도 있습니다. 벽을 허무십시오. 하나님께서 당신의 삶에 들어오도록 허락하십시오. 예수의 이름으로, 당신의 심령은 텅 빈 오순절(an empty pentecost)로는 만족되지 않을 것이며, 당신의 영혼은 하나님의 빛과 예수님의 번개가 당신의 삶에 넘치기를 요구할 것입니다.

한 번은 레이크 목사님이 몇 명의 의사들을 대상으로 어떤 실험을 실시했습니다. 그분은 의사들에게 이렇게 말했습니다. "당신들 병원에 가서 뼈에 염증이 있는 사람을 데려 오십시오. 기구를 그의 다리에 착용하십시오. 단 제가 제 손을 그의 다리에 대기에 충분한 공간은 남겨 두십시오." 기구가 장착되자, 레이크 목사님은 자신의 손을 환자의 정강이에 댔습니다. 그는 말했습니다. "나는 에터 부인[16]처럼 기도했습니다. 이상한 기도가 아니라, 내 심령이 하나님께 부르짖는 것입니다." 그는 기도했습니다. "하나님, 하나님의 능력으로 이 마귀의 질병을 죽여주십시오. 성령께서 이 사람에게 들어가셔서, 그 안에서 거하십시오." 그리고 그는 말했습니다. "여러분, 무슨 일이 일어나고 있습니까?"

의사들이 대답했습니다. "모든 세포가 반응하고 있습니다."

---

[16] 마리아 우드워드 에터(Maria B. Woodworth-Etter, 1844?1924) : 19세기 말에 주로 활동했던 복음전도자이자 치유 사역자 (역자 주)

"하나님의 생명이 질병에 시달리는 부분에 오셔서, 즉시 피가 돌고, 막히고 피가 고였던 세포가 반응하여 기능하게 된 것입니다. 그게 바로 하나님의 신성한 과학입니다."*

치유의 강이 베드로에게서 흘러 나왔습니다. "베드로가 이르되 애니아야 예수 그리스도께서 너를 낫게 하시니 일어나 네 자리를 정돈하라 한대 곧 일어나니"(행 9:33-34). 그것은 지금 우리의 때에도 흘러갑니다. 몇 년 전에 나는 등 부상으로 고통 받았습니다. 두 개의 척추 사이에 지속적인 통증이 있었습니다. 나는 기도 집회에서 기도 부탁을 했습니다. 한 사람이 저의 등에 손을 대고 쓸어내리다가 고통이 있었던 그 지점에서 멈추었습니다. 그리고 마치 불이 난 것 같이 무엇이 흘러 왔습니다. 치유는 즉각적이며 영구적이었습니다.

사도 바울에게서도 치유의 강이 흘러 나왔습니다. "보블리오의 부친이 열병과 이질에 걸려 누워 있거늘 바울이 들어가서 기도하고 그에게 안수하여 낫게 하매"(행 28:8).

베드로와 요한은 성전 미문 앞에서 앉은뱅이에게 생명을 주었습니다. "(베드로가) 오른손을 잡아 일으키니 발과 발목이 곧 힘을 얻고 뛰어 서서 걸으며"(행 3:1-10). 베드로는 말했습니다. "내게 있는 이것을 네게 주노니" 그는 무언가 줄 것을 가지고 있었습니다. 능력이 베드로에게서 나가 그 남자의 모든 부분을 온전케 했습니다. 그는 치유를 구하지 않았습니다. 베드로와 요한은 그를 위하여 기도하지도 않았습니다.

이러한 치유의 강물은 극소수에게서만 흘러갔던 것일까요? "제자들이 나가 두루 전파할새 주께서 함께 역사하사 그 따르는 표적으로 말씀을 확실히 증언하시니라"(막 16:20). 여기에서 "제자들"이 누구입니까? 박해로 인하여 해외로 흩어진 그리스도인들입니다. 예수께서 말씀하셨습니다. "나를 믿는 자는 내가 하는 일을 그도 할 것이요 …"(요 14:12). "그"는 믿는 자들입니다. "믿는 자들에게는 이런 표적이 따르리니 … 병든 사람에게 손을 얹은즉 나으리라"(막 16:17-20). "내게 주신 영광을 내가 그들에게 주었사오니 …"(요 17:22). 강력한 치유의 흐름이 이 영광의 한 부분입니다. 이는 놀라운 영광이며, 굉장한 책임을 가져옵니다.

모든 신자는 주 예수 그리스도의 대사입니다(고후 5:20). 우리는 이곳에 그리스도 대신 있습니다. 주변 사람들에게 그리스도의 구원을 나타내는 것은 신자의 책임입니다. 모든 신자들이 위대한 복음전도자나 목사가 된다는 뜻은 아닙니다. 당신의 삶과 간증이 당신이 속한 지역과 직장에서 본보기가 된다는 뜻입니다. 마찬가지로, 모든 신자는 필요가 있는 곳이라면 어디든 예수님의 사역에서 치유라는 측면을 나타낼 책임이 있습니다. 이는 모든 신자가 위대한 치유 사역자가 된다는 뜻이 아닙니다. 신자는 필요가 있는 자들의 필요를 기회가 있을 때마다 채워주어야만 한다는 뜻입니다. 우리가 인류를 향한 복음의 충만한 복을 나타내려면 반드시 그렇게 되어야 합니다(롬 15:29). 베드로와 요한에게는 성전 미문 앞의 앉은뱅이를 지나치는 것이 "너희가 거저 받았으니 거저 주라"(마 10:8)라는 예수님의 말씀을 위반하는 것이었을 것입니다. 다시 말하지만, 인류를 향한 복음의 충만한 복을 나타낼 기회를 지나치지 마십시오.

어떤 사람은 이렇게 주장할지 모릅니다. "하나님께서는 저에게 그런 믿음의 분량을 주지 않으셨습니다."(롬 12:3) 하나님께서는 모든 사람들에게 그들이 받을 일정한 믿음의 분량을 주셨습니다. "너희가 거저 받았으니 거저 주라" 로마서 12:3 말씀을 예수님의 가르침과 결합해 봅시다. 예수님께서는 "만일 너희에게 믿음이 겨자씨 한 알 만큼만 있어도 … 너희가 못할 것이 없으리라"(마 17:20)라고 말씀하셨습니다. 사람들이 로마서 12:3 말씀을 믿음이 부족한 것에 대한 변명으로 사용한다면, 그들은 자신의 믿음의 성장이 끝났다고 말하고 있는 것입니다. 이는 주님께서 세우신 기준에 미치지 못하고 끝난 것입니다. 그러나 모든 신자들에게 말하자면, "여러분의 믿음은 점점 자라납니다"(살후 1:3). 당신이 성령으로 충만하다면, 당신의 가장 깊은 존재로부터 치유의 강이 흘러나옵니다. 이는 병든 영과 병든 혼과 병든 육체에게 치유를 주기에 충분합니다. 제한하지 마십시오, 마음껏 흘러 보내십시오.

능동적이고 살아있는 믿음에 대한 하나님의 증거들 중의 하나는 병든 자를 치유하는 것입니다. 그것은 보이지 않는 것들의 증거입니다. 믿음은 하나님께서 우리의 삶에서 기대하고 계신 것의 증거입니다. 그것은 우리가 정말 심령으로부터 하나님을 믿는다는 증거입니다. 믿음은 보이지 않는 것을 보이는 생명과 치유와 건강의 형태로 나타나게 하여 살아있는 실재로 가져옵니다.

이 장에서 우리는 영적 이방인과 구원받지 못한 자들에 대한 신자의 사역에 관해 논하고 있습니다. 그리스도의 몸 안에서의 사역은 앞의 장에서 다루었습니다. 불신자와 죄인에게 사역할 때, 그들을 힘들게 하지 마십시오. 수년 전에 텍사스 포트워스에서 있었던 거리 집회에서, 큰 걱정에 빠진 한 여자가 우리에게 왔습니다. 그녀는 죽어가는 자기 남편에게 와서 기도해 달라고 리더들에게 간청했습니다. 그들은 그녀가 우선 하나님께 심령을 드려야 남편을 위해 기도할 것이라고 말했습니다. 그 여자는 불안해하며 당장 와달라고 졸랐습니다. 이는 저에게 예수님께 왔던 신하를 생각나게 합니다. 예수님께서 그에게 "너희는 표적이나 기사를 보지 않고서는 전혀 믿으려 하지 않는다."라고 하시자, 신하는 "선생님, 제 아이가 죽기 전에 내려와 주십시오."라고 대답했습니다. 염려하는 그에게 예수님의 말씀에 대답할 여유는 없었습니다. 예수님은 그에게 치유의 말씀을 주셨습니다. 어떤 사람들은 그들이 행동할 수 있기 이전에 고통과 염려가 제거되어야 하는 경우가 있습니다. 이 여자는 그들의 요청에 응하지 않았고, 그녀의 남편도 도움을 받지 못했습니다. 신유는 하나님의 능력을 물리적인 수준으로 가지고 내려와서, 치유를 받는 자에게 하나님을 매우 실재적인 존재로 만들어 줍니다. 하나님의 능력으로 치유받은 사람 대부분은 하나님께 그들의 심령을 드릴 것입니다. 물론 일부는 그러지 않기도 합니다. 저는 하나님의 능력으로 위궤양이 치유되었지만 하나님께 자신의 심령을 드리기를 10년 동안 미룬 사람을 알고 있습니다. 그러나 사역하고 그로 인하여 기회를 주는 것은 우리의 책임입니다.

누군가 와서 도움을 청하면서 불신자임을 고백할 때 신자들은 어떻게 해야 할까요? 한 여자가 사역을 받기 위해서 치유의 방에 왔습니다. 그녀는 의사도 믿지 않고, 하나님도 믿지 않고, 예수 그리스도도 믿지 않는다고 선언했습니다. 그 여자는 옆구리에 아물지 않은 상처가 있어서 손을 들어 머리를 빗지 못했습니다. 그녀는 레이크 목사님께 자신을 도와줄 수 있는지 물었습니다. 레이크 목사님은 어떤 문제든지 다루는 사람이었습니다. 그는 그녀를 위해 세 번 기도했지만, 어떤 표면적인 성과는 없었습니다. 세 번 기도한 후에, 그분은 하나님께 그녀의 닫힌 심령에 대해 말하고, 하나님께서 그녀의 심령을 열어 주실 것을 기도했습니다. 다음 날 아침 깨어나서 그 여자는 손을 들어 머리를 빗을 수 있게 된 것을 발견했습니다. 옆구리를 살펴보니 상처도 나았습니다. 여기에 모든 문제에 대한 열쇠가 있습니다. 레이크 목사님은 하나님께 그녀의 영혼을 열어달라고 구함으로써 그 열쇠를 건드린 것이었습니다.

신자는 보이는 것이 아니라 믿음으로 행합니다. 보이는 것이란 이성을 뜻합니다. 사탄은 때로 불신앙을 일으키기 위해 우리가 자연적인 눈으로 보는 것을 사용합니다. 우리는 이성이 아니라 믿음으로 행합니다. 치유에 대해 나타나는 것들은 비이성적으로 보일 것입니다. 신자는 이성의 영역이 아니라 기적의 영역, 하나님의 영역에서 행합니다. 레이크 목사님은 종종 입에 암이 있었던 여자의 이야기를 해주셨습니다. 도위 목사님은 그의 손가락을 그 위에 놓고 더듬다가, 이윽고 믿음으로 그 암에게 무언가를 말한 후에, 그 암 덩어리를 입에서 떼어 병 안에 담았습니다. 이게 무슨 일입니까? 이성으로 가능합니까? 오, 아닙니다, 그렇지 않습니다, 이성은 이렇게 말할 것입니다. "당신은 암 절제를 받아야 합니다."

그러나 믿음은 이렇게 말합니다. "암은 죽었습니다." 왜 믿음은 그것이 죽었다고 말할 수 있습니까? 왜냐하면 치유의 강이 흘러나가기 때문입니다. 도위 목사님은 예수님 대신 행동한 것입니다. 그분으로부터 그 능력(**듀나미스**, 권능)이 나와 암을 죽였습니다. 신자는 예수님의 발자취를 따라 걷습니다. 요한일서 2:6을 보십시오.

치유의 강은 우리가 생각하는 것보다 더 광대합니다. 신자는 치유받는 자에게 생명을 전달하는 것입니다.

이제, 저는 무한한 가치에 대해 무언가를 여러분에게 드리고 싶습니다. 예를 들어 봅시다, 저는 그저께 여든 둘에서 셋 정도 된 한 남자 분을 만나러 집에 와달라는 청을 받았습니다. 그는 2년 동안 아팠습니다. 그는 치아에 패혈증을 앓고 있어, 독이 몸 전체에 퍼졌습니다.

저는 건강한 영, 정복하는 영과 함께 그의 집으로 들어갔습니다. (어제 그곳에 있을 때는 이렇게 생각하지 않았습니다. 그러나 오늘 다시 갔을 때 저는 그 효과를 보았습니다. 저는 승리하고 이기는 영과 함께 그 곳에 있었고, 그 남자의 영이 저에게서 승리를 붙들었습니다.) 저는 그의 옆에 앉아 성경을 펼쳤고, 내 안의 무언가 완벽하게 성경적인 것이 그의 영으로 흘러들어 가서 그를 치유했습니다(당신 안의 생명, 즉 당신의 영이자 당신 안의 존재로부터 생수의 강이 흘러 나갈 것입니다). 그는 매우 과묵한 스코틀랜드 사람으로 그다지 많이 반응하지는 않았기 때문에 이러한 것들이 겉으로 드러나지는 않았지만, 저는 내 안에 있는 것이 그의 안으로 들어갔음을 알았습니다. 저는 그와 잠시 말을 하고, 성경을 펴고 그를 위해 기도한 후 떠났습니다.

오늘 오후 사랑스러운 그의 나이 든 아내가 저에게 전화를 걸어 말했습니다. "남편이 목사님을 다시 보고 싶어 해요. 남편은 목사님께 여기 와달라고 청하는 것이 옳지 않다고 생각해서, 목사님을 뵈러 호텔로 갈 거에요." 생각해 보십시오, 당신은 그렇게 하시겠습니까!

저는 말했습니다. "아닙니다, 제가 가겠습니다." 오늘 오후 그의 집에 갔을 때 저는 다시 통치와 승리의 영을 가지고 갔습니다. 어제 저는 통치하고 승리하는 영을 가지고 갔었고, 그 남자는 그에 반응했었습니다. 오늘, 그의 집을 떠나기 전에, 저는 그의 몸의 반응을 보았습니다. 제가 그곳에 앉아서 그를 위해 기도하는 동안, 그의 영이 조절되었습니다. 저의 영은 주님으로부터 건강을 받아 그것을 그의 영으로 전달했고, 그의 영은 반응했습니다. 당신은 불을 켜는 스위치를 누르는 것과 같은 방법으로 하나님의 영에 접촉할 수 있습니다. 이 일이 일어날 때 치유가 그의 몸에 들어갔고, 그는 자신의 모든 태도를 바꾸었으며, 그의 모든 것이 변화되었습니다.*

주는 포도나무시고, 우리는 가지입니다. 가지에는 초자연적인 생명의 흐름이 지속적이고 끊임없이 유입됩니다. 당신이 어떤 사람에게 손을 얹을 때, 약동하는 생명의 흐름이 초자연적으로 유출됩니다. 생명의 흐름은 치유와 구속을 가져옵니다. 그것은 몸 안에서 일어나는 하나님의 지속적이고 멈추지 않는 움직임입니다. 그것은 악을 파괴하며 선을 세웁니다.

예수님께서는 이스라엘 집의 잃어버린 자들에게 보냄 받으셨습니다. 그분은 자신에게 나온 모든 자들을 치유하셨습니다. 그들 중 대부분은 잃어버린 자들이었습니다. 예수님의 사역에서 그랬던 것처럼, 잃어버린 자들에 대한 그리스도인의 사역에서도 모든 것이 치유되어야만 합니다.

제 14 장

생명을 나눠주는 방법론
Methodology in Ministering Life

하나님께서는 필요를 가진 자들을 그의 구속의 매개체에 접촉시킬 수 있는 많은 통로를 가지고 계십니다. 그것들은 많고 다양합니다.

필요를 가진 자들에게 구속을 주기 위해 환상과 꿈도 이용되어 왔습니다. 남아공에 다리를 저는 남자가 살았습니다. 20세기 초의 일입니다. 그는 주께서 요하네스버그로 가라고 말씀하시는 환상 또는 꿈을 받았습니다. 하나님께서는 그에게 참석해야 할 교회 이름을 말씀하셨습니다. 하나님께서는 그가 순종한다면 완전하게 나을 것을 약속하셨습니다. 그 쪽으로 가는 사람들이 그를 차에 태워주었습니다. 어떤 구간은 기어서 가기도 했습니다. 150마일(≒240km)의 거리였습니다. 그는 주일 예배 중에 도착하여 예배당 통로를 기어갔습니다. 레이크 목사님은 예배를 멈추고 그의 이야기를 들으셨습니다. 그에게 손을 얹었고, 예수님에게서 나갔던 것과 동일한 능력이 그에게 흘러 들어가 그는 즉시 온전케 되었습니다.

아이다호 주의 켈로그 숲 속 깊은 곳에 헌트라는 이름의 가족이 살았습니다. 저는 바로 얼마 전 그들의 집에 방문했습니다. 그의 나이 든 아버지는 죽도록 포기된 환자였고, 아들은 아버지를 매우 걱정했습니다. 아버지는 계속 이렇게 말했습니다. "아들아, 나는 죽어서는 안 된다." 아들은 이 문제에 대해 기도했습니다.

어느 날 그가 통나무길에 서 있는데 한 남자가 가까운 거리 앞에 나타났다고 말했습니다. 그 신사는 헌트 씨에게 이렇게 말하면서 다가왔습니다. "저는 레이크입니다. 스포케인에 저희 치유의 방이 있습니다. 만약 당신이 아버님을 모시고 온다면, 주님께서 그를 치유하실 것입니다." 아들은 매우 감동을 받아 아버지를 모시고 저에게 기도를 청하러 왔고, 주님께서는 영광스럽게도 그를 치유하시어 그는 수년을 살았습니다.*

기차에서 일어난 한 사건이 생각납니다. 나이스벤더 신부님은 중풍에 걸렸습니다. 그는 몇 주간 잠을 잘 수 없었습니다. 그를 기차에 태워 레이크 목사님에게로 데려갈 때, 기차의 움직임은 일시적으로 그의 고통을 덜어 주었고 그는 잠이 들어 꿈을 꾸었습니다. 꿈에서 한 천사가 그에게 와서 말했습니다. "스포케인에 도착하면, 레이크라는 사람을 찾아라, 그가 너를 위해 기도하면 하나님께서 너를 치유하실 것이다." 그는 우리에게 올 것을 지시

받았고, 우리가 그를 위해 기도했을 때 마비된 팔과 옆구리를 즉시 쓰기 시작했지만, 완전히 낫지는 않았습니다. 제가 세 번째 가서 기도할 때, 주님께서 저에게 그의 척추 인대에 구슬만한 크기의 응혈(凝血)이 있는 것을 보여 주셨습니다. 저는 응혈이 사라질 때까지 기도했습니다. 누구도 그런 사건에 대해 자연 법칙으로 설명할 수 없었습니다. 따라서 우리는 그것을 기적의 선상에 분류해야만 합니다. 이는 천 년 전이 아니라 **지금 이 시대에** 일어난 일입니다.*

가출한 아들딸의 문제를 가지고 하나님을 신뢰할 수 있겠습니까?

바쇼라는 이름의 가정에는 사랑스러운 아들이 있었는데 그는 집에 만족하지 못하고 가출했습니다. 그는 모르는 농부에게로 가서 다른 이름을 받아 그를 위해 일 년 동안 일했습니다. 그 동안 가족은 경찰의 도움을 받아 모든 곳에서 아들을 찾았지만 찾을 수 없었습니다. 어느 날 그 어머니가 깨어진 심령으로 나를 찾아와 사정을 이야기했습니다. 우리는 무릎을 꿇고 기도하며 아들이 부모와 연락될 수 있도록 하나님께 간구했습니다. 이틀 후 그녀는 아들에게서 편지 한 통을 받았습니다. 그는 우리가 기도하던 날 밤에 자러 갔는데 이상한 환상을 보았다고 했습니다. 예수님께서 그에게 나타나 말씀하셨습니다. "너의 죄를 용서한다, 그러나 너희 엄마에게 편지를 쓰고 가족들에게 돌아가기 바란다." 소년은 크게 감동을 받았습니다. 그는 농부에게 그 사건을 말했고, 그러자 농부는 수레를 끌고 그 소년을 집에 데려다 주었습니다.

이 사건에서 젊은 친구들의 관심을 끌만한 부분은 다음 부분입니다. 내가 워싱턴의 미카에서 설교할 때 이 사건을 말하자 청중 가운데 한 젊은 아가씨가 이 이야기를 들었습니다. 집회가 끝나고 그녀가 나에게 말했습니다. "저는 그 청년과 연락을 하고 싶어요." 그녀는 연락을 했고, 지금 그는 그녀의 남편이 되어 있습니다.*

하나님께서는 천사들을 사용하여 어떤 사람을 그를 도와 줄 수 있는 사람에게 인도하실 수도 있습니다.

크리스마스가 돌아왔습니다. 이 시기에 우리는 미국식 화물차만한 크기의 보어(Boer) 짐수레를 타고 여행을 합니다. 열여섯 마리의 소들이 수레를 끌어 산을 넘습니다. 이 마차는 소들이 산을 내려갈 때 마차가 소를 덮치지 않도록 하는 큰 브레이크가 달려 있었습니다.

저녁 시간이었습니다. 남아공 현지 흑인 수레꾼들의 커다란 외침과 긴 채찍을 휘두르는 큰 소리가 그들이 소들을 멈추려고 애쓰고 있음을 나타냈습니다. 수레의 주인인 보어인(네덜란드인) 농부가 소를 풀라는 뜻으로 "끌러라"라고 외치자, 현지인들이 소를 풀어주고 방목하였습니다. 다른 현지인들은 수레 밑의 바닥에 불을 지피고 저녁을 준비했습니다.

우리가 담요를 펴고 바닥에 누워 밤을 보낼 준비를 하는데,

초원 너머 멀리서 다른 수레가 오는 것이 보였습니다. 그것이 다가오자, 수레를 몰고 온 현지인들 중의 한 명이 우리에게 인사를 하고 자기가 백인인 우리와 이야기를 해도 되는지 물었습니다. 우리는 모두 바닥에 앉았고, 그는 수레 안에 있는 아픈 형과 늙은 어머니에 대해서 우리에게 길게 이야기했습니다. 오래 전에 어떤 백인이 그들의 오두막에 들러, 그의 아픈 형에게 인간을 사랑해서 그들을 위해 죽고 또 인간을 죄로부터 구원하고 질병을 치유한 예수라는 분에 대해서 이야기했었다고 했습니다. 그는 애처롭게 말했습니다. "우리는 우리 형을 고치기 위해서 그분을 찾고 있습니다."

그 남자가 말하기를, 나흘 전 밤에 천사가 오두막에서 자고 있는 형에게 찾아 와 그의 어깨를 잡고 깨우며 말했습니다. "나와 같이 가자." 아픈 형은 자기는 너무 약해서 걸을 수 없다고 대답했습니다. 그러자 천사가 그를 팔로 안고 기대게 한 채, 오두막 바깥으로 이끌어 갈림길이 나올 때까지 짧은 거리를 걷게 했습니다. 천사가 오른쪽으로 가는 길을 가리키면서 말했습니다. "소와 수레를 끌고 이 길로 사흘 동안 가라. 큰 강을 건너 오렌지자유 주로 들어가면 사흘 째 저녁에 해가 질 때, 어떤 백인들이 수레 옆에서 야영하는 것을 발견하게 될 것이다. 그들은 선교사들이다. 그들이 너를 위해 기도하면 너는 치유받게 될 것이다."

그 청년은 아침에 그냥 꿈이라고 여기면서 자기의 늙은 어머니에게 말했고, 어머니는 동생에게 말했습니다. 어머니는 크게 주의를 기울이지 않고 단지 이렇게 말했습니다. "네 형이 꿈을 꾸었구나."

그러나 작은 아들이 말했습니다. "백인들은 지금 크리스마스라는 명절을 보내고 있어요. 저는 크리스마스에 천사가 가난하고 아픈 사람들을 도우러 이 땅에 온다고 들었어요. 아마도 형에게 온 것도 크리스마스 천사일거에요. 우리는 천사 말을 듣는게 좋겠어요."

그래서 소들을 수레에 묶고, 건초 더미를 바닥에 깔고 아픈 형을 누였습니다. 사흘 동안 그들은 천사의 말이 이루어질 것을 기대하면서 힘들게 산을 넘었습니다.

우리는 그 현지인의 말의 담백함과 신실함에 크게 감동을 받았습니다. 밤 11시에, 그는 참으로 꾸밈없는 방식으로 자신의 이야기를 마쳤고, 우리는 그와 함께 아픈 형이 누워 있는 수레로 갔습니다. 아름다운 하늘을 바라보며 우리는 아마도 바로 그 시각 팔레스타인의 똑같이 아름다운 하늘 아래 그리스도께서 태어나셨음을 실감했습니다. 비탄에 잠긴 세상을 향한 하나님의 메시지인 "땅에서는 하나님이 기뻐하신 사람들 중에 평화로다"라는 말이 오고, 목자들은 천사들의 기쁜 소식을 들었습니다.

우리는 그리스도의 말씀에 공손하게 순종하여, 아픈 남자에게 손을 얹고, 하나님의 능력이 임하여 끔찍한 질병으로부터 그를 치유하고 그의 영이 하나님과 그분의 사랑을 아는 지식으로 밝혀지기를 기도했습니다. 그의 얼굴이 바뀌었습니다. 영광의 빛이 그의 영혼 안에서 나타나기 시작하고, 하나님의 평강이 그 안에 있었으며, 예수님의 능력이 그에게로 흘러 들어가, 그의 고통이 사라졌습니다. 그는 잠이 들었습니다. 크리스마스 아침에 그는 이렇게 말하며 작별을 고했습니다. "나는 집에 돌아가서 사람들에게 당신의 예수님에 대해서 또한 그분께서 나를 고치신 것과 크리스마스 천사들과 당신의 놀라운 하나님의 능력이 나를 온전케 하신 것에 대해서 말할 것입니다."

우리는 크리스마스 천사들이 치유하시는 그리스도께 가는 길을 언제나 안내하고 있음을 기뻐하며 여정을 계속했습니다. 그 옛날처럼, 예수님은 또 다시 다른 문둥병자를 깨끗케 하셨습니다.*

필요를 가진 자의 필요를 채우기 위해서 하나님께서 역사하시는 통로는 많고 다양합니다. 당신은 성령 안에서 고통 받고 있는 병자에게로 옮겨질 수도 있습니다.

1912년에, 나는 남아공 요하네스버그의 사도 장막 교회의 담임 목사였습니다. 하나님의 아들인 예수 그리스도를 믿는 믿음을 통한 치유 사역은 우리 교단에서 아주 중요한 가르침 중의 하나였습니다. 전국의 모든 지역에서 온 수천 명의 병자들이 신자들의 믿음의 기도와 안수를 통해 치유되었습니다. 당시 우리 교회는 커다란 영적인 축복과 능력의 시기를 누리고 있었습니다. 성령의 전기 상태(an electrical condition of the Spirit)가 우세하였습니다. 다양한 놀랄만한 성령의 나타남이 일상적으로 일어났습니다.

주일 예배에서 공중 기도가 드려지기 전에, 회중 가운데 한 사람이 일어나서 (요하네스버그에서 바다 건너 7,000마일 떨어진) 웨일즈에 있는 사촌이 치유될 수 있도록 함께 기도해달라고 청중들에게 청했습니다. 그는 사촌이 심각하게 미쳤고 웨일즈의 보호 시설에 수감되어 있다고 말했습니다.

나는 기도하기 위해 강단에 무릎을 꿇었습니다. 특별한 정도의 기도의 영이 내 영혼에 임하여, 나로 하여금 열정과 능력 가운데 기도하게 했습니다. 기도의 영은 동시에 청중에도 임했습니다. 사람들은 기도할 때 보통 자리에 앉아서 고개를 숙이고 기도했는데, 그 때는 수백 명 또는 그 이상의 사람들이 예배당의 곳곳에서 기도하기 위해 무릎을 꿇었습니다. 나는 들을 수 있는 기도를 했습니다만, 그들은 잠잠히 기도했습니다. 하나님의 임재에 대한 크나큰 인식이 나를 사로잡았습니다. 나의 영은 영적 통치를 크게 인식하며 일어났습니다. 나는 그 순간 마치 내가 귀신들을 쫓기 위해 하나님의 영으로 기름부음 받은 것 같이 느껴졌습니다. 내 안의 영적인 눈이 떠졌습니다. 나는 성령 안에서 볼 수 있었고, 역사하는 능력이 함께하는 한 줄기 빛이 기도하는 청중들로부터 나오는 것을 목격했습니다. 기도가 계속되는 동안, 기도하는 사람들에게서 나오는 빛줄기의 수가 증가했습니다. 빛줄기들은 내 영혼에 도달했고, 영적 능력이 점점 더 고조되도록 충동하여서 나는 그것에 거의 압도당하였습니다. 이런 일이 일어나는 동안, 나는 엄청난 힘과 영적인 능력을 의식하면서 말을 하고 있었습니다.

이윽고 나는 몸에서 빠져 나온 것 같았고, 놀랍게도 내가 요하네스버그에서 300마일 떨어진 킴벌리 시를 빠르게 지나가고 있는 것을 보았습니다. 그 다음 의식한 것은 1,000마일 떨어진 해변에 있는 케이프타운이었습니다. 다음은 나폴레옹이 유배되었던 세인트헬레나 섬이었고, 다음은 스페인 연안에 있는 카보베르데 등대였습니다. 여기까지 나는 마치 번개같이 엄청나게 빠른 속도로 공기 중을 통과하는 것 같았습니다. 그리고 프랑스 연안을 따라 비스케 만을 넘어 웨일즈 언덕으로 들어간 것을 기억합니다. 그 곳은 초행길이었지만, 나는 빠르게 그 언덕들을 통과하면서 이렇게 말했습니다. "여긴 마치 노스다코타 고속도로 변의 와이오밍 언덕들 같네."

이윽고 언덕 사이의 깊은 골짜기에 자리 잡고 있는 한 마을이 나타났습니다. 다음은 공중 건물이 있었는데 나는 직감적으로 그것이 보호 시설임을 알았습니다. 나는 입구에서 16세기 스타일의 구식 문고리를 보았는데, 그 세공이 나의 주의를 끌었고, 이런 생각이 내 영에 떠올랐습니다. '이건 의심할 것도 없이 옛날에 무기를 제조했던 대장장이가 만든 거야.'

나는 문이 열릴 것을 기다리지 않고 시설 안으로 들어가서, 한 여자가 누워 있는 간이침대 옆에 나타났습니다. 그녀의 손목과 발목은 침대 옆에 묶여 있었습니다. 다른 한 줄은 그녀의 무릎 위의 허벅지를 묶고 있었고, 다른 한 줄은 가슴 위를 묶고 있었습니다. 이는 그녀를 묶어 두기 위한 것이었습니다. 그녀는 머리를 흔들며 앞뒤가 맞지 않는 말을 웅얼거렸습니다. 나는 그녀의 머리에 손을 얹고, 하나님의 아들이신 예수 그리스도의 이름으로 그녀를 사로잡고 있는 귀신의 영은 쫓겨나고 그녀가 하나님의 능력으로 낫도록 매우 강력하게 명했습니다. 1, 2초 후에 그녀의 안색이 변하는 것을 보았습니다. 얼굴이 부드러워졌고 무엇인가를 알아보는 눈빛이 나타났습니다. 곧 이어 그녀는 눈을 뜨고 내 눈 앞에서 미소를 지었고, 나는 그녀가 나은 것을 알았습니다.

내가 어떻게 돌아왔는지에 대해서는 의식이 없습니다. 나는 즉시 내가 무릎 꿇고 기도하고 있다는 것을 알았고, 내 교회와 예배의 모든 주변 환경을 알아보았습니다.

3주가 지나고, 기도를 요청했던 그 친구가 이상한 일이 일어났다면서 자기 친척이 보내 온 편지를 들고 나를 찾아왔습니다. 7년 동안 웨일즈의 보호 시설에 감금되어있던 그들의 사촌이 갑자기 건강해졌다는 것이었습니다. 그들은 어떤 설명도 하지 못했습니다. 의사는 종종 일어나는 설명 불가한 일 중 하나라고 말했다고 합니다. 그녀는 완벽하게 나았고, 가족들에게로 돌아왔습니다.*

같은 교회에서, 아들이 아이오와 주에 살고 있는 한 미국 여자가 평일 저녁 예배에 참석했습니다. 예배가 시작되기 전, 그녀는 나를 교회 사무실로 불러 며느리에게서 편지를 받았다고 말했습니다. 편지에는 여자의 아들이 확실히 폐병에 걸렸다고 언급되었습니다. 그의 상태는 결핵인 것으로 보이며, 그는 심한 허약으로 인해 대학 교수 자리도 내놓으라고 종용받았다고 쓰여 있었습니다.

그 어머니와 대화하면서, 나는 그녀가 아들이 결핵에 걸렸고 빨리 치유하지 않으면 죽을 것이라고 믿고 있음을 발견했습니다.

예배실로 돌아가서 우리가 막 기도하려고 할 때, 나는 강대상의 끝으로 가서 그 여자에게 편지를 달라고 했습니다. 나는 그것을 손에 쥐고, 모든 참석자들에게 하나님께서 그 남자를 구속하실 것을 믿는 믿음에 동참할 것을 청하며 기도했습니다. 나의 영은 하나님 안에서 올라가는 것 같았고 나는 주변 환경에 대한 모든 의식을 잃었습니다.

이윽고 나는 요하네스버그에서 1,000마일 떨어진 아이오와의 어떤 젊은 남자의 집에 서 있었습니다. 그 남자는 다리에 두 살 정도 된 사내아이를 앉히고, 석탄 난로 옆에 앉아 있었습니다. 나는 세심하게 살펴보고 혼잣말을 말했습니다. "얼굴은 굳었고 영적 성장이나 영적인 삶에 대한 단서는 전혀 보이지 않지만, 아들에 대한 애정은 특별하군." 그의 아내는 탁자의 반대편에 앉아 잡지를 읽고 있었습니다. 그녀를 살피며 나는 또 혼잣말을 했습니다. "억센 여자를 얻었군."

나는 의자 뒤에 서서 그의 머리에 손을 얹고, 하나님의 치유 능력을 그에게 전해주시고 그를 건강하게 해 주시도록, 그리고 그가 세상을 축복하는 자가 되고, 그의 어머니의 심령이 편안해지도록 하나님께 조용히 기도했습니다.

이 경우 또한 내가 돌아온 것에 대해서는 어떤 지각도 없었고, 그 후 순간적으로 내가 교회 강단에서 무릎을 꿇고 들리는 말로 기도하고 있었다는 것과 하나님의 영이 사람들 위에서 깊이 안식하고 계신다는 것을 알았습니다.

6주 정도 지난 후, 그 젊은이가 건강해졌다는 말이 전해졌습니다. 그의 회복이 시작된 날은 그 기도가 드려진 날과 정확히 일치했습니다.*

필요를 가진 자의 필요를 채우기 위해서 하나님께서 역사하시는 통로는 많고 다양합니다. 아나니아에게 바울이 있는 곳에 가서 그의 치유를 위해 안수하라고 지시하셨듯이(행 9:10-19), 그분은 당신에게 사역할 곳을 말씀하실 수도 있습니다.

내가 워싱턴 스포케인의 몬로 가를 운전해가고 있을 때, 주님의 영이 말씀하셨습니다. "성 누가 병원으로 가서 폴 게링의 누이를 위해 기도해라. 그녀가 죽어가고 있다." 나는 곧바로 가서 원무과에 물어 그녀의 병실로 갔습니다. 나는 그녀에게 손을 얹고 기도하기 시작했습니다. 주님의 영이 그 여자에게 임하여 질병이 멸하여졌고, 그녀는 10분 안에 깊이 잠들었습니다. 다음 날부터 그녀는 너무나 빨리 회복되었습니다. 이는 사람들이 하나님 측에 들어올 때 일어나는 일들입니다.

워싱턴 팰루즈에 사는 그들의 늙으신 어머니는 경건한 여인이었습니다. 그녀는 딸이 죽을 것 같다는 소식을 들었습니다. 그 말을 들었을 때, 그녀는 골방에 들어가서 하나님께 탄원하고 딸의 회복을 위하여 기도했습니다. 하나님께서 내게 말씀하셨을 때 나는 이것이 어머니의 기도에 대한 응답이라는 것을 하나님 앞에서 확신하였습니다. 하나님은 나를 통하여 도움을 주셨고, 주님께서 그녀를 온전케 하셨습니다.*

하나님께서 역사하시는 통로에는 가정 방문도 포함됩니다.

제가 당신에게 꼭 전하고 싶은 것은 하나님의 영, 신성한 주님, 하나님의 영원한 능력과 아버지와 아들의 영에 의해 연합된 생명과 임재가 당신에게 주어졌다는 것입니다. 이는 당신을 약한 자로서 어둠의 모든 권세에 종속되도록 버려두지 않고, 당신을 주인이자 하나님 안에서 이전에 존재하던 모든 마귀의 능력에 대한 **통치권**을 가진 자로 삼기 위함입니다. "하나님이 우리에게 주신 것은 두려워하는 마음(spirit, 영)이 아니요 오직 능력과 **사랑과 절제하는 마음**(sound mind)이니"(딤후 1:7). 능력의 영은 성령이며, 이는 단지 능력만이 아니라 사랑과 절제하는 마음입니다. 이는 광기와 정신 이상이 아니라 건강한 정신(sound mind)이며, 이로 인해 당신은 마귀의 얼굴을 마주하고도 웃을 수 있습니다.

한번은 요하네스버스의 한 대장장이를 위해 와서 기도해달라는 청을 받았습니다. 그는 진전 섬망증[17]이었습니다. 내가 집에 도착했을 때, 가족들은 그를 창살 달린 창문이 있는 방에 가두어 두었습니다. 그의 아내가 말했습니다. "레이크 씨, 그 방에는 들어가지 마세요."

내가 말했습니다. "아니요, 들어갈 겁니다."

"형제님, 이해 못 하시네요. 제 아들들은 다 당신보다 힘이 셉니다. 넷이 다 남편을 제압하려고 했지만 하지 못했어요. 남편은 아들들을 거의 죽여 놓았어요."

---

17) 진전 섬망증(delirium tremens): 알코올진전섬망이라고도 함. 장기간 음주하던 사람이 갑자기 음주를 중단 혹은 감량했을 때 몸을 떨고, 불안 초조, 환각, 공포 등의 병적 정신 상태를 보이는 것. (역자 주)

내가 말했습니다. "사랑하는 자매님, 저는 이런 경우에 맞는 제가 믿는 능력의 비밀이 있답니다. '너희 안에 계신 이가 세상에 있는 자보다 크심이라' (요일 4:4). 자매님, 열쇠를 주신 후에, 신경 쓰지 마시고 일을 보십시오."

나는 문을 두드리고 방 안으로 들어가서, 다시 문을 잠그고 열쇠를 주머니에 넣었습니다. 그는 튀어 오르려는 사자처럼 몸을 웅크린 채 기대 있었습니다. 그는 나에게 내가 들어본 모든, 그리고 더 심한 말로 욕을 했습니다. 가까이 오면 사지를 다 찢어서 창문 밖으로 던져 버릴 것이라고 협박했습니다. 그는 나의 두 배는 컸습니다. 나는 평생 그런 팔뚝을 본 적이 없습니다.

나는 그에게 말을 걸었습니다. 나는 "너희 안에 계신 이가 세상에 있는 자보다 크심이라"라는 말씀에 대해 자신했습니다. 나는 내 안의 성령님께서 마귀 또는 어쩌면 군대를 붙잡을 때까지 그에게 말을 붙였습니다. 나는 한 걸음 한 걸음, 때로는 한 번에 3인치(≒7.5cm)만 침대로 다가가서, 30분 정도 되자 그의 손을 잡을 수 있을 정도로 가까이 닿았습니다. 그는 여전히 사자 같은 자세로 웅크리고 있었습니다. 나는 그의 손을 잡고 손목을 꺾었습니다. 저는 어떤 운동 기술을 구사한 것이 아니라, 무의식적으로 그의 손목을 꺾으면서 내 눈을 그의 눈에 가까이 댔다가, 갑자기 일어났습니다. 전능하신 하나님께서는 당신의 눈을 통해서도 볼 수 있으시며, 지옥에 있던 모든 마귀는 예수님의 눈을 똑바로 볼 수 없었습니다. 그 눈에는 하나님의 번개가 있었습니다.

나의 영이 깨어났고, 나는 마귀가 혼비백산하여 벌레처럼 기며 할 수 있는 한 내 눈에서 멀리 떨어지려고 애쓰는 것을 보았습니다. 나는 하늘을 올려다보고 하나님께 이 마귀를 쫓아내 달라고 청했습니다. 내 본성, 내 영, 내 혼, 내 육의 모든 힘에 예수 그리스도를 더했습니다. 하나님께서는 내 머리 끝에서부터 발끝까지 나를 취하셨습니다. 하나님의 번개가 나를 통과하였고, 그는 와르르 무너져서 생선처럼 바닥에서 펄떡거렸습니다. 그리고서 그는 무릎으로 기어 침대에서 나와 울며 기도하기 시작했습니다. 마귀는 떠났고 그의 인격이 다시 돌아왔기 때문이었습니다. 마귀를 두려워하는 것은 말이 안 됩니다. 귀신을 두려워하는 것은 어리석은 일입니다. 하나님의 영이 그리스도인의 심령에 기름 부으면 우리의 영혼은 어둠의 권세 앞에 난공불락이 됩니다.*

어떤 마귀도 예수 그리스도의 피를 견딜 수 없습니다.

필요를 가진 자의 필요를 채우기 위해서 하나님께서 역사하시는 통로는 많습니다. 필요로 하는 치유 사역을 받기 위해서 자기 집에서 집회를 열어달라고 초청할 수도 있습니다.

워싱턴 몬로 지역에 심령술(spiritualism)을 하기 시작한 폴 게링이라는 사람이 있습니다. 그 귀한 친구는 개방적이고 멋진 사람이었습니다. 그는 열심히 일하는 사업가였습니다. 그러나 그가 심령술을 하기 시작한 후, 누구도 그와 같이 살 수 없었습니다. 그는 사람이라기보다는 성난 사자 같았습니다. 그는 아픈 자를 위해 기도하는 온갖 종류의 사람들에게 축사(deliverance)를 받으려고 온 미국을 다녔습니다.

그는 나에 대한 공고를 보았고 관심을 가졌습니다. 그는 나에게 몬로에 와서 집회를 열고, 또한 당연히 자기를 위해 기도해 달라는 내용의 전보를 보냈습니다. 그는 호텔에서 나와 아내를 만나 교외에 있는 자신의 집으로 태워갔습니다. 그는 집으로 들어갔고 거실 한 가운데 멈춰 서서 무릎을 꿇고 말했습니다. "레이크 씨, 나는 당신이 나를 위해 기도해 주셔서 내가 해방받기를 기다리고 있습니다." 우리는 그에게 손을 얹고 기도했고 능력이 그를 통과하기 시작했습니다. 그는 완전히 해방되었고, 귀신은 쫓겨났으며, 그는 성령 침례를 받았습니다.*

하나님께서 역사하시는 통로는 많습니다. 예수님은 자발적으로 치유를 구하지 않은 사람들도 치유하셨습니다. 예수님은 손이 마른 사람을 그가 청하지 않았는데도 치유하셨습니다 (마 12:10-13).

어느 날 아내와 나는 게링과 그의 이웃들이 함께하는 그리스도인 모임에 참석했습니다. 거버라는 이름의 가정에는 열일곱에서 여덟 정도 된 소녀가 있었습니다. 소녀는 우리를 등지고 서있었고, 나는 내 아내에게 말했습니다. "저런 완벽한 모습을 본 적이 있어? 저 아이는 유명한 예술가의 모델이 될 거야." 그러나 그 소녀가 돌아보았을 때 나는 소녀의 외모에 충격을 받았습니다. 나는 그렇게 사시인 사람을 본 적이 없었습니다. 그녀의 모습은 끔찍했습니다.

소녀의 아버지에게 말을 붙이니, 의사들도 소녀의 눈을 바로 잡지 못했다고 말했습니다. 그들은 불가능하다고, 만약 수술을 한다면 시력을 잃을 것이라고 말했다고 합니다.

이윽고, 그 소녀가 우리에게 왔고 나는 말했습니다. "예쁜 아가씨, 여기 앉아요, 해주고 싶은 말이 있어요." 몇 분 대화를 나눈 후, 나는 일어나서 소녀의 눈에 손을 얹었습니다. 하나님의 영이 소녀에게 임하여 3분 내로 눈이 원래 그래야하는 모양으로 바로 잡혔습니다.*

하나님께서는 사람을 다방면으로 사용하십니다. 심지어 휴가기간도 필요를 가진 자들을 위해 사역하는 때가 될 수 있습니다.

1930년대 초반에 레이크 목사님의 설교를 들었던 것은 나의 특권이었습니다. 그 중 한 설교에서 그는 다음의 사건을 언급하셨습니다. 그분께서 설교하시던 도시 가까운 곳에, 바위가 돌출되어 작은 절벽이 있는 언덕들이 있었습니다. 그분은 그곳에 잠시 휴식을 취하고 묵상을 하러 가시곤 했습니다. 어느 날 한 여인이 어린 아이를 데리고 와서 바위에 앉혔습니다. 그녀는 아이와 함께 물과 음식도 두었습니다. 그리고서 그녀는 일을 하러 갔습니다. 아이가 절벽으로 떨어져서 다칠 수 있다는 사실이 레이크 목사님을 괴롭혔습니다. 그러나 더 가까이서 보니, 아이는 장애아였고 앉은 자리에서 움직일 수 없었습니다. 아이를 향한 그리스도의 긍휼함이 그의 영혼에서 흘러 나왔습니다. 레이크 박사는 아이에게 손을 얹었고, 하나님께서 아이를 치유하시어, 아이는 언덕을 뛰어 내려가 엄마에게 갔습니다.

하나님께서는 동물을 치유하기 위해서도 사람들을 사용하십니다. 어느 날 나의 친구인 찰스 웨스트우드 목사가 길을 걷고 있었습니다. 그는 아이들과 마주쳤는데 그들은 애완견이 차에 치어 울고 있었습니다. 그는 개에게 손을 얹었습니다. 개는 즉시 치유되었습니다. 개는 일어나서 아이들과 놀러 갔습니다. 웨스트우드 형제는 가던 길을 계속 갔습니다.

하나님께서는 우리가 복음의 충만한 복을 나타내기를 열망하십니다. 꼭 도움을 구하지 않았더라도, 우리가 기꺼이 나서야 하는 필요들이 발생할 때가 있습니다. 내가 교사로 재직하고 있을 때 직원 중의 한 명인 보든 부인이 나에게 눈앞에 점들이 보이고 시력이 심각하게 흐려지고 있음을 토로했습니다. 나는 기꺼이 그녀를 위해 기도하겠다고 나섰습니다. 그녀는 동의했습니다. 나는 그녀의 머리에 손을 얹고 예수 그리스도의 이름으로 그녀를 치유해 주시기를 하나님께 구했습니다. 나는 문제를 일으키는 것들에게 떠나라고 명했습니다. 몇 년이 지났고 그녀는 여전히 건강합니다. 예수께서 질병에 대항하셨을 때, 그분은 언제나 승리하셨습니다.

예수님께서 기적 사역을 하신 여러 이유 중에는 자신이 하나님에게서 났음을 증명하기 위해 그 역사들을 사용하신 점도 있습니다(요 5:36, 10:25). 때로는 기적에 의해 복음의 진리가 증거 되는 구체적인 예들이 있습니다.

남아공에서 어느 토요일 저녁에, 교회가 사람들로 가득 찼습니다. 모든 가능한 공간이 어깨와 어깨를 밀착하고 선 사람들로 채워졌습니다. 서 있는 사람들 대부분은 태터설 경마 클럽에서 왔습니다. 그들 대부분은 유대인이었습니다. 그들은 기록관, 기수, 마부, 경마 도박꾼 등 모든 종류의 분류에 속한 경마인들이었습니다.

나는 강한 영 가운데 하나님의 능력에 대하여 전했고, 예수 그리스도께서는 어제나 오늘이나 영원토록 동일하시며, 그분의 능력은 늘 그랬듯이 위대하고, 무엇에 대해서든 하나님을 만지기 위해 필요한 유일한 요건은 하나님을 믿는 믿음이라는 것을 나타내기 위해 노력하고 있었습니다. 청중들은 크게 감동을 받았습니다.

이 때 나는 통로에 서 있는 군중을 비집고 나오려는 한 신사와 두 명의 숙녀를 보았습니다. 나는 군중에게 가능하다면 비켜서서 그 숙녀들이 빠져나올 수 있게 해달라고 청하고, 강단 계단에 그들이 앉을 수 있는 자리를 마련하려고 했습니다. 그들이 가까이 다가오자, 나는 숙녀 중 한 명의 팔이 완전히 굳은 상태로 팔을 전혀 움직이지 않는 것을 보았습니다. 직감적으로 나는 그녀가 류머티즘성 장애인 것을 바로 알았습니다.
그녀가 다가오자 나는 물었습니다. "팔을 움직이지 않는 이유가 뭔가요?"
그녀가 대답했습니다. "어깨에 류머티즘이 있어요."
나는 물었습니다. "그렇게 된지 얼마나 되셨나요?"
"10년이요." 그녀가 대답했습니다.
나는 그녀에게 의사의 치료를 받았는지 물었습니다. 그녀는 대답했습니다. "병원에서 치료할 수 없다면서 내보냈어요."
"어느 병원에서요?" 내가 물었습니다.
그녀는 대답했습니다. "킴벌리, 요하네스버그, 프레토리아요."
그리고서 나는 통로와 문 주위에 있던 시끄러운 군중에게 말했습니다. "여러분은 예수께서 사람을 치유하는 것을 평생 한 번도 못 보셨습니다. 여러분은 그런 것에 대해서는 아는 바가 없습니다. 여러분은 하나님의 능력이 나타나는 것을 한 번도 목격하지 못했고, 그러므로 이 일에 대한 여러분의 무지를 고백하고 잠자코 배울 수 있을 정도로 신중하셔야만 합니다. 그것이 제가 바라는 바입니다. 여러분 일행에서 두 명을 고르십시오. 그들에게 나와서 이 여인이 말한 대로 그녀의 팔이 굳어 있는지 아닌지 한번 살펴보게 하십시오."
나는 그들이 선택하도록 기다렸고, 그들은 두 남자를 앞으로 보냈습니다. 나는 둘 중 한 사람의 이름은 잊어버렸지만, 다른 사람의 이름은 멀랙이었던 것을 기억하는데 그는 이발사이며 매우 지적인 사람이었습니다. 그의 가게는 시장 건물 안에 있었습니다. 나는 그가 미국인이었다는 것을 나중에 들었습니다.

그들은 그 숙녀를 면밀하게 살펴보았고, 말한 대로 그녀의 팔이 움직일 수 없는 상태임을 발견했습니다. 나는 그들에게 물었습니다. "조사를 끝내셨습니까, 그녀의 상태가 말한 그대로임을 수긍하시겠습니까?"

그들이 말했습니다. "그렇습니다."

그리고서 내가 대답했습니다. "제가 그녀의 치유를 위해 주님께 기도할 수 있도록 물러나 서 계십시오." 나는 그녀의 어깨에 손을 얹고, 그 숙녀를 묶은 류머티즘의 마귀가 떠나가도록 내 영혼의 모든 에너지와 함께 꾸짖으면서, 하나님의 아들이신 예수 그리스도의 이름으로 명했습니다. 여인의 얼굴에서 땀이 나올 정도로 하나님의 능력이 타는 불처럼 나를 통과해 나갔습니다. 그리고서, 나는 그녀의 손을 잡고 말했습니다. "예수 그리스도의 이름으로, 당신의 팔을 드십시오." 오른쪽 팔이 올라갔습니다. 그리고 나는 말했습니다. "예수의 이름으로, 다른 쪽 팔도 드십시오." 그녀의 팔은 자유롭게 되었습니다.

어깨를 돌리면서 팔을 움직이는데, 관절에서 가는 소리가 나는 것을 발견했습니다. 그녀를 조사했던 남자 중의 한 명에게 말했습니다. "와서 제가 이 여인의 팔을 움직일 때 등에 귀를 대 보세요." 그가 그렇게 하자, 나는 팔을 움직였고 어깨 관절이 갈렸습니다. 아직 관절에 윤활유가 회복되지 않았던 것입니다.

여인은 기뻐서, 손을 들어 올리고 하나님을 찬양했고, 문 쪽으로 갔습니다. 군중들은 그녀를 위해 비켜섰고, 그녀는 사라졌습니다. 나는 그녀를 몇 달 동안 다시 보지 못했습니다.

하나님께서 사람들의 필요를 채우기 위해 역사하시는 통로에는 사무실이나 일터에서 사역자에게 거는 전화도 포함될 수 있습니다.

1909년 3월 6일에, 남아공 요하네스버그의 우체국으로 가는 길에, 한 여인이 내 어깨를 두드리며 말했습니다. "볼 일이 끝나시면, 제 사무실로 와 주세요." 그녀는 나에게 주소가 적힌 명함을 주었습니다. 일을 마치고, 나는 그 사무실로 올라갔습니다. 나는 그녀가 내 청중 중의 한 명이었던 것을 깨달았습니다. 그 방에는 두 명의 프랑스 남자가 있었는데, 그 중 한 명의 이름은 마살리였습니다.

대화를 나누면서, 나는 그녀가 나에게 와달라고 한 이유가 궁금했습니다. 그녀를 지켜보면서 그녀가 고통에 차 있음을 보게 되었습니다. 또한, 그녀의 얼굴 한 쪽 면은 단독[18]이라는 세균성 피부 질환으로 인해 보랏빛을 띠었습니다. 나는 그녀가 나를 오라고 한 이유가 아파서 그런 것인지 물었더니, 그녀는 "확실히 그래요."라고 대답했습니다. 나는 그녀에게 손을 얹고 기도하기 시작했고, 기도하면서 성령님께서 능력으로 임하시는 것을 인식했으며, 그 보랏빛은 내가 보는 가운데 사라졌습니다. 치유는 옆의 남자들이 놀랄 정도로 두드러지게 나타났습니다.

---

18) 단독(丹毒, erysipelas) : 연쇄구균에 의한 피부 및 피하 조직의 질환으로, 주위와 경계가 뚜렷하고 납작한 모양으로 빨갛게 부어오르는 것이 특징. (역자 주)

마살리가 물었습니다. "레이크 씨, 이건 뭡니까?"

내가 대답했습니다. "마살리 씨, 하나님입니다."

그가 대답했습니다. "오, 모든 게 하나님이군요. 나는 동인도인들 사이에서 사는데, 거기는 모든 것이 하나님입니다."

그 말이 내 영에 거슬려서, 나는 이렇게 말했습니다. "형제님, 저는 논쟁을 하고 싶지는 않습니다."

그가 말했습니다, "글쎄, 만약 하나님이시라면 증명해 보십시오. 저는 어느 날 부당한 사업 거래 때문에 매우 화가 났습니다. 그래서 문을 부드럽게 열지 않고 밀어 젖혔습니다. 그런데 한 여인이 문 뒤에 있었고, 그녀는 머리 한 쪽에 엄청난 충격을 받고 의식을 잃었습니다. 며칠 후에 우리는 그녀의 머리뼈가 부서진 것을 발견했습니다. 뿐만 아니라, 시신경이 분리되어 눈이 멀었습니다. 만약 아까 그것이 하나님이시라면, 당신이 그녀에게 손을 얹고 시력이 돌아오도록 기도하십시오."

성령께서 내 영혼에 계셨습니다. 나는 다가가서 기도하기 시작했습니다. 즉시 성령께서 그녀가 성령에 완전히 잠기기까지 그녀에게 임하셨습니다. 이윽고, 그녀는 자기 자신으로부터 벗어나서 아주 먼 곳을 아주 빠르게 여행한 기분이라고 말했습니다. 이어서 또 말했습니다. "나는 키가 큰 아름다운 여자가 나에게 다가오고 있는 것을 보았어요. 그녀는 자기 이름이 젠이라고 했어요. '나는 동정심 때문에 왔어요. 저는 시력에 결함이 있었고 주님께서 고쳐 주셨어요. 저와 함께 가서 제가 당신을 예수님께 데려가면 그분께서 당신을 고쳐 주실 거예요.'

그녀는 자기 팔을 내 팔에 끼웠고, 우리는 함께 여행했어요.

함께 가면서 저는 가장 아름다운 풍경을 보았어요. 이윽고 우리는 산에 도달했고, 그곳에 서 있는데 그 여자는 제게 이사야의 35장 전체를 암송했어요. '광야와 메마른 땅이 기뻐하며 사막이 백합화 같이 피어 즐거워하며 …'"

그 여인은 내가 그 위치를 말해주기 전까지 성경에 그런 장이 있는 것도 몰랐습니다.

그들은 넓게 뻗은 물가로 갔는데, 반대편에는 천사들의 무리가 있었고 그 무리의 한가운데 예수님께서 계셨습니다. 여인은 그녀를 데리고 꽤 멀리 가서 예수님의 임재 안에서 굴복하도록 했습니다. 그분은 그녀를 동정심에 차서 바라보며 말씀하셨습니다. "어찌하여 의심하느냐? 나는 너를 치유하는 주니라." 그리고 그분은 강의 물을 떠서 그녀의 눈에 붓고 볼 것을 명하셨습니다.

이 모든 것은 우리가 사무실에 앉아 있는 동안 일어났습니다. 이윽고 그녀의 눈은 떠졌고 그녀는 정상이 되었습니다. 그녀의 사장은 그녀에게 무슨 일이 있는 것인지, 볼 수 있는지를 물었습니다. 그녀는 길 건너의 시장을 보고 벽에 걸린 간판을 읽었습니다. 그러자 그는 일반 활자의 책을 가져 왔고, 그녀는 그것을 읽었습니다. 그는 책상에 있던 아주 작은 활자의 성경을 그녀에게 건넸습니다. 그녀는 책을 펴고 읽기 시작했습니다.*

하나님께서 역사하시는 통로에는 무생물도 사용됩니다. 사람들은 예수님의 옷깃을 만지고 온전해졌습니다(막 6:56). 바울의 사역에서는, 앞치마와 손수건도 사용되었습니다(행 19:11-12). 다른 가능한 것들도 있습니다.

남아공의 우리 교회에서, 우리는 유인물을 수 만장 인쇄했습니다. 우리는 인쇄소에 그것을 교회로 보내달라고 하여, 백에서 이백 장씩 꾸러미로 강단 앞 곳곳에 두었습니다. 오후 예배에서 나는 회중 가운데서 내가 알기로 살아계신 하나님과 가까이하고 있는 사람들을 불러, 무릎을 꿇고 이 종이 뭉치에 손을 얹게 했습니다. 우리는 유인물의 내용이 각 사람에게 축복이 되고, 종이에 인쇄된 말에 그리스도의 메시지가 나타날 뿐만 아니라, 종이 그 자체가 하나님의 영으로 충만하기를 하나님께 구했습니다. 만약 지금 내가 교회에 있다면, 나는 내 서류철에서 세계 곳곳에서 온 수천 장의 편지들을 보여드릴 수 있습니다. 그들은 종이를 받았을 때 성령이 임하여 치유받았다고, 또는 종이를 받았을 때 구원받았다고, 또는 받았을 때 하나님의 기쁨이 심령에 임하였다고 말하고 있습니다.

남미의 한 여인은 이렇게 말했습니다. "나는 당신의 유인물을 받았습니다. 그것을 손에 넣었을 때, 의자에 앉아 있기 힘들 정도로 몸이 떨리기 시작했고, 나는 그 상황을 이해할 수가 없었습니다. 나는 종이를 내려놓았다가 잠시 후에 다시 잡았는데, 이내 다시 떨렸습니다. 세 번째로 종이를 내려놓았다가 잡았는데, 곧 하나님의 영이 너무나 강력하게 임하여 나는 성령 침례를 받았습니다."*

과거 1930년대에, 나는 설교 중에 레이크 목사님께서 다음의 경험을 말씀하시는 것을 들었습니다. 아프리카에 있는 동안, 필요가 너무나 크고 요청이 많아 그들은 휴식 시간이 매우 적었습니다. 사역에서 벗어나 휴식을 취하기 위해서, 레이크 목사님과 동역자들은 어떤 기둥에 기름을 부었습니다. 그리고 사람들에게 기둥을 만지면 치유받을 것이라고 말했습니다. 이는 손수건과 앞치마와 마찬가지로 작동하였습니다.

다음의 사건에서 필요를 채우기 위한 하나님의 또 다른 역사가 나타났습니다.

우리의 형제 선더스의 무리 중에는 에드워드 라이언이라는 현지인이 있습니다. 그는 불과 몇 년 전에는 옷도 입지 않았고, 문맹이었으며, 우리의 학문 개념에 대해서는 아는 것이 전혀 없었습니다. 하나님께서 그에게 분량의 성령과 하나님의 믿음으로 매우 강렬하게 기름 부으셔서, 한 번은 그는 군중을 만지지도 않고 치유 사역을 하기도 했습니다. 아픈 사람들의 무리가 와서 한 골짜기에 모였습니다. 하나님의 능력이 그에게 임하여 그는 산중턱으로 갔습니다. 신약에도 그런 사건은 기록되지 않았습니다. 예수님은 마지막 날에 그분이 하신 것보다 더 큰 일이 나타날 것을 약속하셨습니다(요 14:12).

사람들의 필요를 채우기 위한 하나님의 공급에는 당신이 사역할 수 있도록 다른 사람들이 마련한 준비도 포함될 수 있습니다. 그 필요가 채워지는 때가 오기 전에는 당신이 알지 못하는 준비 말입니다.

나는 아주 멋진 친구이며, 고학력의 교수인 형제가 한 명 있습니다. 몇 년 전 내가 아프리카에서 돌아왔을 때, 우리는 함께 방문한 곳에 앉아 있었습니다. 그 자리에 있었던 내 여동생이 말했습니다. "존, 이웃에 나이 든 독일 사람들이 있는데, 그들은 어려움을 겪고 있어. 한 노인이 죽었고, 그들 여형제 중의 한 사람도 죽었어. 이런 저런 일들이 있다가, 끝내는 조선 기술자인 아들이 어느 날 떨어져서 다쳤어. 의사가 발가락 하나랑 발의 일부를 잘라냈는데, 이제는 괴저가 있어서 다리를 절단해야 한다고 말하고 있어. 늙은 어머니는 류머티즘성 장애로 2년 반 동안 휠체어에 앉아서 움직일 수도 없고."

나의 형제와 나는 치유라는 주제에 대해 약간의 토론을 했습니다. 그가 물었습니다. "존, 이건 다 심리적인 거라고 생각하지 않아?"

"별로 그렇지 않아," 내가 대답했습니다.

그가 말했습니다. "난 그렇게 생각해. 치유는 강한 정신력의 힘이 나타나는 거라고 생각 안 해?"

"아니" 나는 대답했습니다. "이것이 너의 입장이라면 내가 할 수 있는 대로 좋은 경우를 보여주겠어."

잠시 후에 내 여동생이 말했습니다. "내가 길 건너에 가서, 오빠가 이 사람들을 위해 기도할 수 있도록 마련해놓았어."

내가 말했습니다. "좋아. 짐, 같이 가자."

나는 늙은 여인에게 물었습니다. "어머님, 얼마나 오래 이렇게 계셨나요?"

그녀가 대답했습니다. "2년 반 동안 이렇게 있었어요. 항상 여기 앉아만 있어야 하는 것도 그렇지만, 밤낮으로 쉴 틈 없이 격렬한 고통에 시달려야 하는 것이 끔찍하게 힘들답니다."

그녀의 말을 듣는데, 하나님의 불꽃이 내 영혼으로 들어왔습니다. 나는 말했습니다. "너 류머티즘 마귀야, 예수 그리스도의 이름으로 내가 너를 없애버린다." 나는 그녀에게 손을 얹고 하늘을 올려다보며, 마귀가 떠나고 그녀가 자유롭게 되도록 하나님께 구했습니다. 나는 그녀에게 말했습니다. "어머님, 예수 그리스도의 이름으로 일어나 걸으세요." 그녀는 일어나서 걸었습니다.

내 형제가 말했습니다. "세상에, 마귀가 졌구나." 나는 대답했습니다. "내가 의도한 대로야."

우리는 다리가 잘리게 된 아들의 방으로 들어갔습니다. 나는 몇 분간 앉아서 하나님의 능력에 대해 말했습니다. 내가 말했습니다. "우리는 예수 그리스도의 메시지를 가지고 왔고, 단지 메시지만 가져왔을 뿐 아니라 하나님의 능력도 가지고 왔습니다." 손을 다리에 얹고, 나는 말했습니다. "살아계신 하나님의 이름으로, 그들은 이 다리를 결코 자를 수 없다." 다리는 치유되었습니다.

나는 몇 달간 떠나 있다가 여동생의 집에 다시 방문했습니다. 젊은 여자가 전화해서 말했습니다. "건너 오셔서 우리 엄마와 오빠를 보셔야만 해요. 둘 다 너무 건강해요." 나는 전화했고 늙은 여인이 매우 행복한 상태임을 알았습니다. 그녀가 말했습니다. "오, 제이크는 집에 없어요. 그 애는 너무 건강해서 밤새 술집에서 춤을 춘답니다!"

나는 제이크를 보려고 기다렸습니다. 나는 그에게 그가 몸으로 느꼈고, 또 이제는 그의 영혼을 소유하여 그 안에서 예수 그리스도의 본성을 나타내기 원하시는 살아계신 하나님에 대해 말해주려고 애썼습니다.

오년이 지나 나는 미국에 돌아가 여동생의 집에 들렀습니다. 그녀가 말했습니다. "길 건너편에 오빠가 기도해줬던 사람들 기억해? 지금 제이크가 일마치고 집에 와 있어."

우리는 베란다에 앉아서 이야기를 나누었습니다. 내가 말했습니다. "제이크, 어떻게 지내니?"

"오," 그가 대답했습니다. "저는 이해를 전혀 못하겠지만, 제 안에 어떤 것이 뭔가를 하고 있어요. 처음에는 춤추러 갈 수가 없었고, 다음에는 맥주를 마실 수가 없었고, 또 다음에는 담배가 맛이 없었고요, 그리고 어떤 기쁨이 내 심령에 들어 왔는데, 전 그게 예수님인 걸 발견했어요."

제이크는 하나님의 자녀로 **태어났습니다**. 성령님에 의해 사람의 본성이 하나님과의 연합 가운데로 들어갔습니다.*

사람들을 치유하는 사역은 목사나 복음전도자나 어떤 특별한 사람에게만 한정된 것이 아니라, 모든 신자의 특권이자 의무입니다. "나를 믿는 자는 내가 하는 일을 그도 할 것이요"(요 14:12). 사역은 믿는 자를 향한 것입니다. 예수님은 그것을 개인적인 일로 만드셨습니다. 이런 사역들은 우선적으로 교회를 상대로 하는 것이므로 장로나 치유 은사를 받는 사람들의 사역을 무효화하는 것은 아닙니다. 신자는 필요한 곳이라면 어디에서든 생명을 섬겨야 합니다.

나는 등에 두 개의 상처가 있었습니다. 한 번은 집회에서 치유 은사를 행하던 복음전도자에게 찾아 갔습니다. 그는 자기가 나를 위한 치유의 은사를 가졌다고 확신시켰습니다. 그가 나에게 손을 얹었을 때 나는 그 치유의 은사를 받았습니다. 단지 몇 초가 걸렸습니다. 내가 전에 말했던 바와 같이, 다른 상처는 평신도가 치유해 주었습니다.

하나님께서 역사하시는 통로에는 아침이나 저녁 식사에 참석하는 중의 구원도 포함될 수 있습니다. 아침 식사 교제를 하는 중에 한 복음전도자가 내 딸을 불렀습니다. 그는 딸에게 그녀가 나이 또래에서 매우 희귀한 증상을 갖고 있다고 말했습니다. 바로 안압 문제였습니다. 그는 기도했고 딸은 즉시 치유되었습니다. 압력으로 인해 생겼던 두통도 멈췄습니다. 내 딸은 워싱턴 케네윅의 칼 F. 스톤 부인입니다.

하나님의 역사 가운데, 그분께서는 어린이를 사용하실 수도 있습니다.

어느 날, 나는 남아공 크루게르도르프의 드바케라스 씨의 집에 앉아 있었습니다. 일사병으로 정신에 영향을 받은 남자가 찾아왔습니다. 그는 그 가족의 친구였습니다. 그의 얼굴에 커다란 종양이 자랐습니다. 그는 나를 따라잡으려고 하면서 이리저리 쫓아다녔습니다. 잠시 후에, 내 가까이에 앉아 있던 여섯 살 먹은 여자 아이가 방을 가로 질러서 그의 무릎에 매달려 얼굴에 있는 종양에 손을 얹고 기도했습니다. 나는 종양이 마르고 30분 만에 사라지는 것을 보았습니다. 흉터는 있었지만, 그것도 며칠 안에 치유되었습니다. 아이가 그의 머리 위에 손을 얹었을 때, 그는 이렇게 말하며 일어섰습니다. "오, 내 뇌 속에 있던 불이 나갔어요." 그의 머리는 정상이 되었습니다. "권능은 하나님께 속하였다"(시 62:11). 가장 단순한 영혼이 하나님을 만지고 그분의 바로 그 임재와 능력 안에서 살 수 있습니다.*

필요를 채우기 위해서 하나님께서 역사하시는 통로에는 천사의 도움도 포함됩니다.

사람들이 하나님께 기도할 때, 천사가 그들에게 사역하기 위해 내려옵니다. 우리가 남아공에 머무는 동안, 한 어린이가 자전거를 타다가 교통사고로 심각하게 다쳤습니다. 머리 부분의 피부가 깊은 상처와 함께 일그러졌습니다. 부모는 아이를 침대에 눕히고 밤새 깨어 하나님께 기도했습니다. 부모가 기도하는 동안, 다른 사람들은 어린 천사(천사들의 자녀가 아닌)가 그 아이 주변에서 원을 형성하는 것을 목격했습니다. 그들은 손에 손을 잡고 "어린 아이들이 내게 오는 것을 용납하고 금하지 말라"라고 노래하면서 빙빙 돌았습니다. 그들은 각자

차례대로 부르면서 손을 뻗어 손가락 끝으로 아이의 머리를 건드렸습니다. 그들은 이 일을 새벽 4시 반까지 계속 하다가 갑자기 사라졌고, 아이는 천사들의 손길로 인해 즉시 완벽하게 치유받았습니다.

그것은 과학적으로는 불가능한 경우였습니다. 소년의 머리에 있던 상처는 어른의 손이 2인치 정도 들어갈 정도로 매우 범위가 넓고 깊었지만, 천사의 손길이 닿음으로 인해 아이는 치유되었습니다. 하나님께는 무엇도 불가능한 것이 없습니다.*

다음에 나눌 하나님의 역사는 누군가 하나님의 손에 모든 것을 맡기기를 두려워하는 사람이 그것을 극복할 수 있게 도울 것입니다.

당신은 어떤 사람에게 사역하고 치유가 나타날 때까지 남아 있을 수 없을 수도 있습니다. 나의 선배 목사님 중 한 분인 M. E. 모저 목사님은 매우 아픈 한 여인을 위한 기도 요청을 받았습니다. 그녀는 혼자 살았습니다. 목사님은 심방 목사와 동행 했습니다. 그녀를 위해 기도한 후 그들은 떠났습니다. 심방 목사님은 모저 목사님이 여인을 혼자 두고 가는 것을 이해하지 못했습니다. 모저 목사님은 그녀가 선하신 손 안에 있다고 그를 안심시켰습니다. 목사님은 그녀에게 사역했고, 성령님은 목사님으로 하여금 떠나도록 인도하셨습니다. 목사님은 내일 아침에 그녀에게 전화할 것이라고 심방 목사님을 안심시켰습니다. 다음 날 아침,

그녀는 그들이 떠난 지 10분이 되지 않아 고통이 떠나고 잠이 들었다고 말했습니다.

나의 장인이신 고(故) 존 G. 레이크 박사님은 그의 가장 견디기 힘들었던 경험에 대해 말씀하셨습니다. 그분의 자녀 중 한 명이 사고로 총을 발사했습니다. 탄환은 아이 어머니의 가슴을 통과했습니다. 이런 상황에서 당신은 무엇을 하시겠습니까? 그는 기도조차 할 수 없었습니다. 그분은 아내를 들고 소파에 눕혔습니다. 그분은 흑인 하녀에게 하나님을 믿지 않는 사람은 누구도 들이지 말라고 하고 문을 지키게 했습니다. 그는 아내 옆에 무릎을 꿇고 하나님의 약속들을 그녀의 귀에 읊었습니다. 자정 경에 그녀는 눈을 뜨고 말했습니다. "존, 나 나았어요." 다음 날, 그녀는 일을 하러 갔습니다. "믿는 자에게는 능히 하지 못할 일이 없느니라"(막 9:23).

스포케인에 있는 교회에 프로지라는 이름의 하나님의 너무나 귀한 성도가 있었습니다. 그의 아들 로이드는 쇳조각이 눈에 꽂혀 심각하게 다쳤습니다. 그를 위해 매우 진정한 기도가 드려졌습니다. 고통은 떠났고 그는 자러 갔습니다. 다음날 아침 쇳조각이 그의 베개 위에 놓여 있었습니다. 그는 완전히 나았습니다.

셀리아 프렌티스는 강단에 나왔습니다. 이 소녀는 이제 열일곱 살입니다. 그녀는 하반신 마비로 태어났습니다. 그녀가 아홉 살 때 의사는 목발로 서서 걸을 수 있도록 철제 부목을 주었습니다. 그녀는 날 때부터 왼쪽 다리가 2인치 더 짧았습니다. 그녀는 기도 받으러 나왔고, 처음 사역을 받은 지 열흘 후에, 다리가 정상 길이로 자라났습니다. 그녀는 특별히 더 높은 2인치 굽의 신발을 신었습니다. [레이크 씨는 이 높은 굽의 신발과 철제 부목을 보여주었고, 청중은 하나님께 감사를 드렸습니다.]

이 경우에는 창조적인 역사가 있었습니다. 2인치 짧은 다리가 하나님의 손길로 인해 정상이 되었습니다. 이 장면은 사람의 영혼 안에 있는 하나님의 능력을 얼마나 놀랍게 보여주는지요! 사람들은 이렇게 말합니다. "나는 날 때부터 이런 저런 약함을 갖고 있었어요.", "나는 이런 저런 정신적인 성향이 있어요." 마치 자신이 영원히 그렇게 있어야 하고, 하나님은 안 계시고, 성격과 몸과 혼과 영이 회복되어 예수 그리스도의 형상 즉 완벽한 사람이 되는 것은 자기 일이 아닌 것처럼 말입니다.*

필요를 채우기 위한 하나님의 역사는 구원받지 못한 사람과 죄인들을 향해서도 확장됩니다.

이곳 오레곤의 포레스트 그로브에 사는 우리 형제 클라크 미첼을 소개하고 싶습니다. 미첼 씨는 십년 전에 벌목 사고를 당했습니다. 그는 왼쪽을 심각하게 다쳐서, 무릎은 부서졌고, 왼쪽 어깨도 부서졌습니다. 무릎에는 너무나 큰 종양이 자라서 다리 전체를 채웠습니다. 그는 고통이 크긴 했지만 한 블록 정도는 걸을 수 있던 때가 있었으나, 이후에는 집 안의 의자에만 앉아 있도록 강권되었다고 말했습니다. 10년 동안 그는 극심한 고통을 받았습니다.

3주 전 목요일 오후 2시 경, 퍼시픽 가를 지나가고 있는데, 그의 딸인 크로우 부인이 나에게 손을 흔들었습니다. 그녀는 내가 오는 것을 보고 자기 아버지에게 말했습니다. "레이크 씨를 봤어요, 그분께 오시라고 전화하려고요."

미첼 씨가 대답했습니다. "아니다, 그러지 말거라. 나는 그런 걸 신뢰하고 싶지 않다."

그러나 나는 이런 환경에 대해서는 아무 것도 몰랐고, 알았다고 해도 신경 쓰지 않았을 것입니다. 그 집에 들어가서 나는 이렇게 말했습니다. "미첼 씨, 저는 당신에게 말할 시간이 없습니다." 나는 모자와 겉옷을 벗어 던지고, 기도하려고 무릎을 꿇었습니다. 그는 자기 무릎이었던 곳을 가리켰습니다. 나는 그의 무릎에 손을 얹고 기도하기 시작했습니다. 그러는 동안 나는 그가 치유되는 것을 알았습니다. 내가 말했습니다. "미첼 씨, 다리를 내밀어 보십시오." 그는 다리를 내밀었습니다. 내가 말했습니다. "일어나 걸으십시오." 그는 그렇게 했습니다.

그는 걸으면서 계속 이렇게 말했습니다. "이해가 안 돼, 이해가 안 돼." 그는 되돌아와서 자리에 앉아서도 계속 말했습니다. "이해가 안 돼." 나는 그에게 엉덩이뼈가 갈렸던 찰스 루지농 씨에 대해 말했습니다. 미첼 씨가 말했습니다. "제 어깨 같군요." 나는 그 때 그의 어깨에 문제가 있다는 것을 처음 알았습니다. 나는 다시 그의 딸을 불렀고, 우리는 어깨를 위해 기도했습니다. 그리고서 말했습니다. "팔을 들어 보세요, 형제님." 팔이 들렸습니다. 나는 그에게 완벽하게 자유로운지 물었습니다. 그가 대답했습니다. "완벽하게 자유롭습니다."

나는 그가 아까 한 말에 대해 물었습니다. "어떤 것이 이해가 안 된다는 말씀이셨습니까, 형제님?"

"그게" 그가 말했습니다. "하나님께서 저를 치유하신다는 것을 이해할 수 없습니다. 저는 그리스도인이 아닙니다."

"당신의 심령을 하나님께 드리지 않을 수가 있었습니까?"

그가 대답했습니다. "그랬습니다."

"그렇다면, 형제님, 지금 주님의 이름으로 합시다."

귀한 딸과 그와 또 다른 여인 한 명이 우리와 함께 무릎을 꿇었고, 세 명 모두 그들의 심령을 주 예수 그리스도께 드렸습니다.

다음 날 그는 그의 정원 전체를 파냈고, 그 다음 날에는 일을 하러 나갔습니다. 그는 그 후로 죽 일을 하고 있습니다.*

하나님께는 거리가 장애가 되지 않습니다. 예수님은 다른 사람이 대신 치유를 구할 때 그 자리에 없는 사람도 치유 하셨습니다(눅 7:2-10).

당신의 엉덩이뼈가 탈골된다면 어떻게 하시겠습니까? 여기 길버트슨 부인은 내가 모르는 어떤 질병을 갖고 있었습니다. 그 고통은 류머티즘과 흡사했는데, 훨씬 심했습니다. 그것은 내분비선 안에 있는 것 같았습니다. 골프공만한 혹이 몸속의 분비선에 나타나곤 했는데, 내가 그녀에게 손을 얹고 기도했을 때 그 혹은 분비선을 따라 아래로 움직였습니다. 그것들은 내 손이 움직이는 대로 따라서 빠르게 움직였습니다. 마침내 일종의 위축(atrophy) 상태와 같이 힘줄과 근육이 풀리고, 관절인형의 엉덩이처럼 고관절이 골반에서 떨어져 나와서 덜렁거렸습니다. 나는 길버트슨 부인보다 더 심하게 고통 받는 사람을 알지 못했습니다.

어느 날 아침 나는 포그웰 형제와 그녀를 보러 갔습니다. 그녀의 고통은 차마 눈뜨고 볼 수 없을 정도로 끔찍했고, 살면서 매우 보기 드문 경우였습니다. 마침내 나는 내가 승리를 얻지 못했음을 발견하고 나와서 다른 방에 앉았습니다. 조용히 묵상하고 기도하며 앉아 있는데, 나는 그녀를 떠나 치유의 방으로 돌아가서, 나와 함께 기도할 다른 사람을 불러야만 함을 느꼈습니다. 나는 돌아가서, 웨스트우드 목사와 피터슨 부인과 또 거기 있던 다른 몇 명을 불렀고, 우리는 앉아서 손과 심령을 함께 모았습니다. 우리가 기도할 때, 전능하신 하나님께서 그녀의 엉덩이를 바로 잡아 주셨습니다. 그녀 주변에는 그 어떤 사람의 손길도 없었습니다. 이것이 하나님의 능력에 의한 원거리 치유입니다.*

다음의 간증은 사람들의 필요를 채우기 위한 하나님의 역사하심이 신자, 즉 어느 신자를 통해서나 나타난다는 것을 입증합니다. 이는 레이크 목사님께서 1920년대 예배 중에 말씀하신 애니 노튼 부인의 간증입니다.

이 여인은 내가 아는 중 가장 많은 의학 검사를 받은 사람이었습니다. 그녀는 700명의 의사들에게 검사받고 고칠 수 없다는 선고를 받았습니다. 구 국립 은행 건물에 있는 진료소에서 스포케인 지역의 250명의 의사들이 그녀를 검사했습니다. 닥터 오닐이 이 환자의 담당이었습니다.

노튼 부인은 의사의 검사를 받으러 시애틀로 갔다가, 타코마로, 급기야 포틀랜드로 갔고, 후에는 올림피아에도 갔습니다. 그녀의 사례는 의학사와 의학 잡지에서 유명해졌습니다.

치유를 받은 후, 그녀는 국내 제일의 전문가인 시애틀의 닥터 블레이크 볼드윈에게 자신을 보였습니다. 그는 흉터 외에는 그녀가 아팠다는 근거가 전혀 보이지 않는다는 소견서를 써 주었습니다.

노튼 부인의 사례는 의학사에서 가장 이상한 일 중의 하나였습니다. 사실 그것은 결코 진단되지 않았습니다. 닥터 오닐은 그녀의 옆에 앉아서 반점이 그녀 몸에 나타나 자라는 것을 보곤 했었다고 했습니다. 그것들은 타는 것처럼 나타나서 한 시간 내에 지름이 1인치가 되고 깊이가 2에서 3인치가 되기에 이르렀습니다. 이 상태는 4년간 계속되었습니다. 이 질병은 반점 하나가 타면, 몇 인치 근처에 또 다른 반점이 나타났습니다. 그렇게 생겼다가 나아졌다가 하는 끔찍한 상태가 몇 년 동안 계속되었습니다.

고통으로 인해 그녀는 마취약 없이는 잠들 수 없었고, 점차 진통제에 중독되어갔습니다. 그녀는 스포케인에서 2주에 한 번씩 250알의 약을 받았고, 추가로 한 달에 한 번 올림피아의 한 약제사에게서 약을 받는데 당시 돈으로 9달러가 들었습니다.

[부인의 한쪽 손을 들며] 여러분이 지금 보고 계시는 이 손은 하룻밤 사이에 이런 모습이 되었습니다. 손의 살이 완전히 뼈에 붙어서 손뼈가 다 드러났었습니다. 새끼손가락의 첫 번째 관절은 떨어져나갔었습니다. 어떤 면에서 이 병은 괴저와 비슷했지만, 괴저는 아니었습니다. 어떤 면에서는 문둥병 같았지만, 문둥병은 아니었습니다.

사람들은 이 모든 치유가 레이크 씨나 웨스트우드 씨나 레덕스 씨나 포그웰 씨나 또는 다른 어떤 정식 사역자나 설교자에 의해 이루어졌다고 생각합니다. 전혀 그렇지 않습니다. 이 여인은 한 명은 일곱 살짜리 아이를 둔 과부이고 다른 한 명은 다섯 아이의 엄마인, 주님을 섬기는 일에 약간의 시간을 드리기로 합심한 두 명의 단순한 여신도에 의해 치유받았습니다.

그들은 식당에서 노튼 부인의 어린 아들을 만나게 되어 이런저런 질문을 했는데, 아이는 우연히 엄마가 아프고 의사들이 한쪽 팔을 잘랐는데 다른 쪽도 곧 자를 것이라는 말을 했습니다. 그들은 그녀를 보러 가서, 그녀가 죽음의 고통 가운데에서 앞을 볼 수 없을 정도로 눈이 멀었음을 보았습니다. 의사들은 그녀에게 다른 팔을 자르지 않으면 살 수 없고, 단 며칠만 살 수 있다고 말했습니다.

이 여인들은 그녀 옆에 무릎을 꿇었고, 그들이 기도하는 동안 예수께서는 노튼 부인의 침대 아래쪽에 서 계심으로 나타나셨습니다. 그분은 걸어 다니시면서 그녀에게 이렇게 말씀하셨습니다. "내가 널 고쳐주면, 너는 할 수 있는 한 모든 곳에서 네가 해방된 이야기를 말하겠느냐?" 그녀는 그렇게 하겠다고 대답했습니다. 그분은 사랑의 손을 뻗어 그녀의 손가락 끝을 만지셨고, 순간적으로 하나님의 영이 그녀에게 흘러갔으며, 그 불이 나가자 그녀는 치유 되었습니다.*

사람들의 필요를 채우기 위한 하나님의 역사하심은 원인을 막론하고 간질로부터의 해방도 포함합니다. 믿음은 의식이 없는 사람도 구할 수 있습니다.

핼포드 형제는 스포케인에서의 나의 사역 아래 초기에 치유 받은 사람 중 한 명이었습니다. 핼포드 씨는 간질 환자였습니다. 그를 치유하던 때에 12시간 동안 발작이 일어났습니다. 평균적으로 12분에 한 번씩, 한 번 나아지면 또 다른 발작으로 들어갔습니다. 당연히 그는 의식이 없었습니다.

나는 아침 아홉시에 그가 그런 상태에 있는 것을 알았습니다. 그를 위해 기도하러 가서, 나는 그의 상태가 얼마나 지독한지를 보았습니다. 입술은 모두 잘근잘근 씹혔고, 입에서 피와 거품이 나오며, 이 지옥의 발작은 그를 산산조각 내었습니다. 오, 이는 마귀의 짓이었습니다.

내가 방에 들어갔을 때 하늘에서 무언가가 내 심령으로 매우 강렬하게 내려와, 나는 하나님의 얼굴을 보며 말했습니다. "하나님, 제가 이 마귀를 쳐부수게 하신다면 제 영혼의 모든 에너지를 내어 드리겠습니다." 내가 그의 침대 옆에 서 있을 때, 하나님의 영이 내게 임하여 내 안에 타는 불과 같은 하나님을 느낄 수 있었습니다. 그에게 손을 얹고 예수 이름으로 마귀에게 나갈 것을 명했을 때, 나는 마귀가 나간 것을 알았습니다. 간질로부터 치유받은 것은 실재적이고 순수한 하나님의 능력으로 하나님께서 그 사람에게 기름을 부으실 때만 가능한 것입니다.

하나님께서 한 사람의 인격에 살아있는 힘, 신성한 존재로서 들어오신다는 것을 여러분께서 깊이 명심하시기 원합니다. 나는 지난 몇 년간 심리학에 싫증이 났습니다. 세상의 모든 것은 심리 작용의 영향을 받습니다. 25년의 사역 동안 나는 심리 작용보다 훨씬 고차원적인 무엇인가가 하나님 안에 있다는 것을 배웠습니다.

생각은 훌륭한 것이지만, 어떤 경우에는 인간의 사고력이 그에 미치지 못하기 때문에 심리적인 능력으로는 결코 치유되지 않는 사람들이 있습니다. 하나님께서 하늘의 번개처럼 그의 본성을 통하여 불타오르셔서 하나님의 종의 몸과 혼을 사로잡으시고, 다른 이의 생명도 망칠 저주받은 지옥을 파괴하시고, 하나님의 뜻을 성취하시기 위해서는 영원한 하나님의 살아있는 영이 필요합니다.*

필요를 채우기 위한 하나님의 역사 중의 하나는 당신의 믿음에 대한 응답도 포함합니다. 심지어 당신이 혼자 있을 때에도 말입니다.

내 인생에서 가장 큰 특권 중의 하나는 하나님 안에서 위대한 분들을 만나고 그들과 교제했던 것입니다. 이들 중에는 미주리 세인트루이스의 A. S. 워렐 목사님이 있습니다. 워렐 목사님은 한 명문대학의 학장이셨고, 아마도 이 나라가 낳은 가장 지적인 사람으로 알려진 사람이었습니다.

몇 년 전에 그는 문둥병과 유사한 죽을병에 걸렸습니다. 사실, 일류 외과의사들 사이에서는 그것이 문둥병인가 아닌가에 대해 얼마간 논쟁이 있었습니다. 그 질병의 특징 중 하나는 이빨이 빠지는 것이었고, 다른 징후들도 문둥병에 걸렸을 때와 너무나 흡사했습니다. 실로, 그는 감리교 문둥병자 집단 주거지가 있는 몰로카이 섬으로 보내져야 한다고 여겨졌고, 그도 다른 사람들을 보호하기 위해 그렇게 하는 것이 지혜롭고 또 그렇게 해야만 한다고 생각했습니다.

어느 날 그가 로스앤젤레스의 거리를 걷고 있는데, 하나님의 영이 그에게 이런 말을 하기 시작했습니다. "네 삶의 모든 응급 상황에서 너는 나를 신뢰해왔는데, 이제는 다른 모든 희망은 사라지고 네 믿음도 사라지는 것 같구나."

그는 그 책망하는 진리의 말씀에 충격을 받고, 하나님의 얼굴을 올려다보며 말했습니다. "주 하나님, 저의 상황을 보고 계시군요. 만약 저를 치유해 주시면 이 순간부터 세상에 그리스도의 생명의 새로운 증거를 보이는데 힘쓰겠습니다." 순식간에 그는 신성한 능력이 자신의 몸을 전율케 하는 것을 인식했습니다. 그를 문둥병자로 수감하라는 법원 명령이 내려지기 전에, 그의 상태는 전적으로 변화되었습니다. 그는 참으로 치유받았습니다.

다른 놀랄 만한 일들 중 하나는, 하나님께서 그에게 새로운 치열을 주신 것입니다. 그것들은 자연적으로 자랐습니다.*

성령 충만하고 성령 인도받는 신자는 하나님께서 필요를 채우기 위해 많은 방법들을 사용하심을 발견할 것입니다. 치료법은 언제나 동일합니다. "능력이 예수께로부터 나와서 모든 사람을 낫게 함이러라"(눅 6:19). "그[믿는 자] 배[가장 깊은 존재]에서 생수의 강이 흘러나오리라 하시니 이는 그를 믿는 자들이 받을 성령을 가리켜 말씀하신 것이라"(요 7:38-39).

신약에서 사용된 방법에는 손 댐(마 8:3), 안수(눅 13:13), 큰 소리로 명함(행 14:10), 손을 잡음(행 3:7), 말함(마 8:5-13), 기도하고 명함(행 9:40-41), 행동을 명하여서(눅 17:12-14), 그림자를 통해(행 5:15), 손수건과 앞치마를 통해(행 19:11-12), 옷을 만짐으로(마 9:20-22) 등이 포함됩니다. 가능성에는 한계가 없습니다.

육체를 위한 신유는 치유 능력 가운데 하나님의 영이 사역하는 것입니다. 하나님의 영은 신유의 법에 의해 지배 받습니다. 예수님의 치유 사역은 그분을 통해 성령의 능력을 병자에게로 전이시키는 것이었습니다. 그분이 병자에게 손을 얹으시면, 성령의 능력이 그분에게서 흘러나가 병자들에게로 들어가서, 그들은 나음을 입었습니다.

예수님은 믿는 그리스도인들에게, 어디서나 영원히 그들 자신의 힘이 아니라 병든 자의 치유를 위해 성령의 능력의 필요한 분량을 공급하시는 그리스도께 의지하여 치유의 법을 실행할 것을 가르치셨습니다.

"하나님이 보내신 이는 하나님의 말씀을 하나니 이는 하나님이 성령을 한량 없이 주심이니라"(요 3:34). 만약 당신이 하나님으로부터 보냄 받았다면, 성령 또한 당신에게 한량없이 주어질 것입니다. 오직 예수님으로 인해 이렇게 말할 수 있는 것입니다. 예수께서 뭐라고 말씀하셨습니까? "아버지께서 나를 세상에 보내신 것 같이 나도 그들을 세상에 보내었고"(요 17:18). 하나님께서는 예수님을 보내셨고, 그분께 성령을 한량없이 주셨습니다. 예수님께는 우리를 보내셨고 또한 성령을 한량없이 주셨습니다. 하나님께서 예수님이 가지셨던 것보다 더 적은 장비를 우리에게 주시고서, 우리가 예수께서 하신 그 일을 하기 바란다고(요 14:12) 생각하십니까?

제 15 장

몸의 치유에 대한 성경의 가르침에 대한 개관
Overview of Bible Teaching on the Subject of Healing for the Body

1. **가장들이 믿음과 기도를 통해 하나님의 치유를 실행했다.**

"아브라함이 하나님께 기도하매 하나님이 아비멜렉과 그의 아내와 여종을 치료하사 출산하게 하셨으니"(창 20:17).

2. **하나님은 이스라엘 백성과 치유의 언약을 맺으셨다.**

변함없으신 하나님께서 한쪽 당사자이시므로, 이 언약은 파기될 수 없는 계약이며 결코 폐기될 수 없습니다.

하나님께서는 마라의 물로 백성들을 시험하시고 그들과 **여호와 라파(치유하시는 주님)의 언약**이라 알려진 언약을 맺으셨습니다.

a. "너희가 너희 하나님 나 여호와의 말을 들어 순종하고
b. 내가 보기에 의를 행하며
c. 내 계명에 귀를 기울이며
d. 내 모든 규례를 지키면

내가 애굽 사람에게 내린(brought upon) 모든 질병 중 하나도 너희에게 내리지(put) 아니하리니 **나는 너희를 치료하는 여호와임이라**"(출 15:26). "내리다(brought, put)"라는 동사는 원인의 의미가 아니라 허락의 의미입니다. 이에 대한 질문을 받았을 때, 『분석적인 성경 용어 색인』의 저자 로버트 영은 이것이 참이라고 확증했습니다.

3. 하나님은 이스라엘 백성에게 지속적인 건강을 약속하셨다.

"네 하나님 여호와를 섬기라 그리하면 여호와가 너희의 양식과 물에 복을 내리고 **너희 중에서 병을 제하리니**"(출 23:25). "**재앙(plague; 전염병)이 네 장막에 가까이 오지 못하리니**"(시 91:10). 순종은 지속적인 건강을 가져 옵니다.

4. 다윗은 하나님의 치유 능력에 대한 지식으로 기뻐했다.

"내 영혼아 여호와를 송축하라 내 속에 있는 것들아 다 그의 거룩한 이름을 송축하라 내 영혼아 여호와를 송축하며 그의 모든 은택을 잊지 말지어다 그가 네 모든 죄악을 사하시며 네 모든 병을 고치시며"(시 103:1-3).

5. 이사야는 오실 메시아에 대한 예언에서 치유를 선포했다.

"그 때에 맹인의 눈이 밝을 것이며 못 듣는 사람의 귀가 열릴 것이며 그 때에 저는 자는 사슴 같이 뛸 것이며 말 못하는 자의 혀는 노래하리니 이는 광야에서 물이 솟겠고 사막에서 시내가 흐를 것임이라"(사 33:5-6).

"그가 찔림은 우리의 허물 때문이요 그가 상함은 우리의 죄악 때문이라 그가 징계를 받으므로 우리는 평화를 누리고 **그가 채찍에 맞으므로 우리는 나음을 받았도다**"(사 53:5).

6. 예수님은 치유를 자신의 강령 중의 하나로 삼으셨다.

a. "주의 성령이 내게 임하셨으니 이는 가난한 자에게 복음을 전하게 하시려고 내게 기름을 부으시고

b. 나를 보내사 심령이 상한 자들을 치유하고

c. 포로 된 자에게 자유를

d. 눈 먼 자에게 다시 보게 함을 전파하며

e. 눌린 자를 자유롭게 하고

f. 주의 은혜의 해를 전파하게 하려 하심이라"(눅 4:18-19).

7. 예수님은 병든 자를 치유하셨다.

"예수께서 온 갈릴리에 두루 다니사 그들의 회당에서 가르치시며 천국 복음을 전파하시며 백성 중의 모든 병과 모든 약한 것을 고치시니"(마 4:23).

8. 치유는 그리스도의 속량에 속한 것이다.

a. 문둥병자의 치유(마 8:1-4).

b. 백부장의 하인의 치유(마 8:5-13).

c. 베드로의 장모의 치유(마 8:14-15).

d. 군중의 치유(마 8:16).

e. 그분이 이러한 치유를 주신 **이유**

"이는 선지자 이사야를 통하여 하신 말씀에 **우리의 연약한 것을 친히 담당하시고 병을 짊어지셨도다** 함을 이루려 하심이더라"(마 8:17).

9. 예수님은 열두 제자에게 치유의 능력을 주셨다.

"예수께서 열두 제자를 불러 모으사 **모든 귀신을 제어하며 병을 고치는 능력과 권위를 주시고** 하나님의 나라를 전파하며 **앓는 자를 고치게 하려고 내보내시며** … 제자들이 나가 각 마을에 두루 다니며 곳곳에 복음을 전하며 병을 고치더라"(눅 9:1-3, 6).

10. 그분은 또한 칠십 인에게 치유의 능력을 주셨다.

"그 후에 주께서 따로 칠십 인을 세우사 친히 가시려는 각 동네와 각 지역으로 둘씩 앞서 보내시며 … 거기 있는 **병자들을 고치고** 또 말하기를 하나님의 나라가 너희에게 가까이 왔다 하라"(눅 10:1, 9).

11. 예수님의 부활 이후, 그분은 모든 신자들에게로 치유의 능력을 확대하셨다.

"이르시되 너희는 온 천하에 다니며 만민에게 복음을 전파하라 믿고 세례를 받는 사람은 구원을 얻을 것이요 믿지 않는 사람은 정죄를 받으리라 믿는 자들에게는 이런 표적이 따르리니 곧 그들이 내 이름으로 귀신을 쫓아내며 새 방언을 말하며 뱀을 집어올리며 무슨 독을 마실지라도 해를 받지 아니하며 **병든 사람에게 손을 얹은즉 나으리라** 하시더라"(막 16:15-18).

"나를 믿는 자는 내가 하는 일을 그도 할 것이요 또한 그보다 큰 일도 하리니 이는 내가 아버지께로 감이라"(요 14:12).

12. 그리고 교회가 치유를 놓치지 않도록, 그분은 치유를 성령의 아홉 가지 은사 중의 하나로서 영속시키셨다.

"어떤 사람에게는 성령으로 말미암아 지혜의 말씀을, 어떤 사람에게는 같은 성령을 따라 지식의 말씀을, 다른 사람에게는 같은 성령으로 믿음을, 어떤 사람에게는 한 성령으로 **병 고치는 은사**를, 어떤 사람에게는 **능력 행함**을, 어떤 사람에게는 예언함을, 어떤 사람에게는 영들 분별함을, 다른 사람에게는 각종 방언 말함을, 어떤 사람에게는 방언들 통역함을 주시나니"(고전 12:8-10).

13. 교회는 치유를 행하라는 명령을 받았다.

"너희 중에 고난 당하는 자가 있느냐 그는 기도할 것이요 즐거워하는 자가 있느냐 그는 찬송할지니라 너희 중에 병든 자가 있느냐 그는 **교회의 장로들을 청할 것이요** 그들은 주의 이름으로 기름을 바르며 **그를 위하여 기도할지니라** 믿음의 기도는 병든 자를 구원하리니 주께서 그를 일으키시리라 혹시 죄를 범하였을지라도 사하심을 받으리라 그러므로 너희 죄를 서로 고백하며 병이 낫기를 위하여 서로 기도하라 의인의 간구는 역사하는 힘이 큼이니라"(약 5:13-16).

14. 이를 통해 하나님의 영원한 목적의 불변성이 나타난다.

"예수 그리스도는 어제나 오늘이나 영원토록 동일하시니라" (히 13:8).

"나 여호와는 변하지 아니하나니"(말 3:6).

하나님은 언제나 치유자이셨습니다. 그분은 여전히 치유자시며, 영원히 치유자로 남으실 것입니다. 치유는 **당신**을 위한 것입니다. 예수님은 **그분께 나온 모든 사람을** 치유하셨습니다. 그분은 결코 누구도 돌려보내지 않으셨습니다. 그분은 결코 "너를 치유하는 것은 하나님의 뜻이 아니다."라거나 "너는 계속 아픈 게 낫겠다."라거나 "너는 이 질병을 통해서 성품이 완전해지고 있다."라고 말씀하지 않으셨습니다. 그분은 그들 **모두**를 치유하셨고, 그를 통해 치유와 건강에 대한 하나님의 **영원히** 변하지 않는 뜻을 나타내셨습니다.

동양인들은 치유자 예수님에 대해 늘 이야기했습니다. 그들은 현대 그리스도인의 제한으로 "치유자"라는 단어를 사용하지는 않았습니다. 그들에게 예수님은 언제나 치유자이셨습니다. 때로 그분의 치유 능력은 한 사람을 몸의 질병으로부터 자유롭게 했고, 때로는 혼의 질병으로부터 해방시켰으며, 때로는 그분이 사역하신 영에 이루어졌습니다. 언제나 그분은 성령의 능력이라는 동일한 치료법을 사용하십니다. 성령의 능력은, 인간의 영의 깊은 곳을 꿰뚫고 영적인 죽음에서부터 영원한 생명으로 소생시키는 그분의 사랑을 통하여 역사했습니다.

또한, 혼에도 성령의 능력이라는 동일한 치료법이 역사했습니다. 성령께서 들어가셔서 악한 영향력과 제안과 어두운 생각으로부터 뇌세포를 빼앗아 사로잡으셨습니다.

또한, 예수께서 손을 얹으셨을 때 성령의 능력이 질병에 걸린 몸에 역사했습니다. 그분 안의 신성한 생명이 그분의 손을 통해 모든 세포 구조로 흘러 나가 뇌와 **뼈**와 살과 피의 모든 세포가 하나님의 생명으로 넘치도록 충전되었습니다. 이것이 신성한 치유입니다. 이것이 동양인들이 예수님을 치유자라고 부르는 이유입니다.

예수님의 믿음은 너무나 포괄적이고 포용적이어서, 그분의 손이나 그분의 선포된 말씀에 의해서, 또는 영과 혼과 육에 대한 말이나 심지어 연결점이 없는 전이를 통해서도 성령의 사역은 인간 전체를 치유합니다. 예수님은 단지 영혼이 아니라 인간 전 존재의 구원자이십니다. 그분은 그들을 안팎으로 속속들이 구원하셨습니다.

하나님 안에 더 많은 **치유**가 있습니다. 사람이 치유받을 때, 이는 단순히 질병이나 그를 붙잡았던 신경 상태가 잠시 제거된 것이 아닙니다. 하나님은 창조의 능력이십니다. 성령님은 창조적이고 살아있는 힘으로 오셔서 아픈 사람의 인격으로 들어가십니다. 질병을 몰아내는 생명을 창조하는 것입니다. "내가 온 것은 양으로 **생명**을 얻게 하고 더 **풍성히** 얻게 하려는 것이라"(요 10:10).*

질병은 죽음의 시작입니다. 죽음은 죄의 결과입니다. 하나님 안에는 질병이 없습니다. 이전에도 없었고, 앞으로도 그럴 것이며, 결코 그럴 수가 없습니다. 사람이 땅에 속한 자(earth-man)가 되어, 자기 의지로 자기 스스로에 빠져서 흙(earth)이

---

19) 성경 구절 "여호와께서 이르시되 나의 영이 영원히 사람과 함께 하지 아니하리니 이는 그들이 육신이 됨이라 …"(창 6:3), "네가 흙으로 돌아갈 때까지 얼굴에 땀을 흘려야 먹을 것을 먹으리니 네가 그것에서 취함을 입었음이라 너는 흙이니 흙으로 돌아갈 것이니라"(창 3:19) 참조. (역자 주)

되고 흙 같이(earthy) 되기 전에는19) 사람에게는 어떤 질병도 없었습니다. 그러므로, 넓은 의미에서 죄는 질병의 부모입니다. 질병은 죄의 결과입니다. 우리가 죄가 없다면 질병을 갖지 않을 수 있습니다.*

제 16 장

너희는 왕들이니 다스려라
Ye Are Kings - Then Reign

"그의 아버지 하나님을 위하여 우리를 나라와 제사장으로 삼으신 …"(계 1:6)

신자가 주님과 갖는 관계는 독특합니다. 이와 같은 것은 이전에도 앞으로도 영원히 없을 것입니다. 신자는 흑암의 나라에서 빛의 나라로 옮겨졌습니다(골 1:13). 신자는 주님과 영으로 하나 된 자입니다(고전 6:17). 신자는 "그의 몸과 살과 뼈의 지체"입니다(엡 5:30). 예수님께서는 "그 날[우리가 성령을 받을 때]에는 내가 아버지 안에, 너희가 내 안에, 내가 너희 안에 있는 것을 너희가 알리라"라고 말씀하셨습니다(요 14:20). 우리는 "그리스도와 함께 참여한 자"입니다(히 3:14). 이는 우리의 정체성과 예수님과의 연합의 능력으로 인해 우리가 또한 "그의 거룩하심에 참여"하는 자(히 12:10), 그의 "신성한 성품에 참여"하는 자(벧후 1:4), "그리스도의 고난에 참여"하는 자(벧전 4:13), 그의 영광에 참여한 자 "내게 주신 영광을 내가 그들에게 주었사오니"(요 17:22), 그의 능력에 참여한 자 "내가 너희에게 … 원수의 모든 능력을 제어할 권능을 주었으니"(눅 10:19)이며 그분의 혈족에 참여한 자가 되었다는 (계 1:6) 사실을 가리킵니다.

하나님께서 왕이시므로, 우리도 왕이 걷는 것처럼 걸읍시다. 품위와 겸손을 가지고 걸읍시다. 활력 있는 걸음과 위엄 있는 자태로 걸읍시다. 세상이 우리 안에서 예수님께 있는 왕의 위엄을 볼 것입니다.

"한 사람의 범죄로 말미암아 사망이 그 한 사람을 통하여 왕 노릇 하였은즉 더욱 은혜와 의의 선물을 넘치게 받는 자들은 한 분 예수 그리스도를 통하여 생명 안에서 왕 노릇 하리로다" (롬 5:17). 바로 지금 그분이 우리의 생명입니다. 우리는 바로 지금 그분과 함께 그 생명 안에서 다스립니다. 우리가 무엇을 다스립니까?

첫째, 우리는 그분을 우리의 전 존재, 즉 영과 혼과 육 모두의 주님으로 삼았습니다. 그분은 우리 안에서 우리를 다스리십니다. 그리고 "나는 **너**에게 권능을 주었다.", "내가 한 일을 **너**도 할 것이다.", "**너는** 내 율법을 지키라."라고 말씀하신 것을 볼 때, 그분은 그 통치를 우리와 공유하십니다. 하나님의 영이 한 사람의 삶에 오셔서 보혈을 통해 죄로부터 그의 본성을 깨끗케 하며, 죄의 권세에서 그를 풀어 주십니다. "죄가 너희를 주장하지 못하리니"(롬 6:14). 예수님을 통하여 우리는 죄에 대한 지배권을 가졌습니다. "그러므로 너희는 죄가 너희 죽을 몸을 지배하지 못하게 하여"(롬 6:12). "너희 안에 계신 이가 세상에 있는 자보다 크심이라"(요일 4:4). 그러므로 당신은 언제든 결코 죄를 지어서는 안 됩니다. 누군가는 사람은 죄를 안 지을 수 없다고 말합니다. 그들이 정말 말하는 바는 우리는 우리가 견딜 수 있는 것 이상의 시험(유혹)을 항상 너무나 자주 받을 것이라는 뜻입니다. 그러나 이는 죄를 짓는 것에 대한 변명에 불과합니다. 고린도전서 10:13에서, 성령님은 우리가 감당할 수 없는 시험을 받도록 허락하지 않으신다고 말합니다. 사실상 죄를 짓는 것에는 어떠한 변명도 없습니다. 예수 그리스도 안에서 우리는 주권자로서 다스립니다. 우리는 죄나 육신이나 마귀를 섬기지 않습니다.

둘째, 우리는 우리의 죽을 몸을 다스립니다. 우리의 몸은 거룩합니다(롬 2:1). 우리의 몸은 의의 무기입니다(롬 6:13). 죄는 우리를 주장하지 못합니다(롬 6:14). 하나님께서 창조하신 우리의 모든 정상적인 욕구와 열망은 하나님의 질서 안에서 만족됩니다.

셋째, 우리는 우리의 환경을 다스립니다. "나는 비천에 처할 줄도 알고 풍부에 처할 줄도 알아 모든 일 곧 배부름과 배고픔과 풍부와 궁핍에도 처할 줄 아는 일체의 비결을 배웠노라 내게 능력 주시는 자 안에서 내가 모든 것을 할 수 있느니라"(빌 4:12-13).

J. 허드슨 테일러는 중국을 처음 방문한 후에 영국의 거리를 걷는데 이런 음성을 들었습니다. "네가 나와 동행한다면, 우리가 중국을 복음화할 것이다." 그는 주위를 둘러보았지만 그곳에는 아무도 없었습니다. 보이지 않는 천사가 그에게 말한 것이었습니다. 그러자 그의 심령이 그 비전을 붙잡았고, 그는 말했습니다. "주님, 우리가 할 것입니다." 그는 중국내지선교회(the great Inland China Mission)의 설립자입니다.

테일러가 배를 타고 돌아가는 중에 황해를 건너고 있었습니다. 그곳은 황혼 무렵 일곱 바람(the seven winds)이 불어오는 구역이었지만, 하루의 어떤 시각부터 저녁까지는 바람이 불지 않았습니다. 어느 날 오후 선장이 테일러 씨에게 "이것을 쓰시오."라고 말했습니다. 그리고 그는 안경을 쓰고 보았습니다. 그는 육지 가까이에 왔음을 볼 수 있었습니다. 선장이 말했습니다. "바다의 이 끔찍한 구역에서 최악의 해적이 저기 있습니다. 우리 배는 조류에 묶여 있는데, 세 시간 내에 암초에 부딪힐 것이고 구조될 희망은 없소."

J. 허드슨이 물었습니다. "당신은 그리스도인입니까?"

그가 대답했습니다. "그렇습니다."

테일러 씨가 물었습니다. "여기 다른 그리스도인이 더 있습니까?"

그가 말했습니다. "그렇습니다. 요리사와 목수와 또 다른 사람들이 그리스도인입니다."

테일러가 말했습니다. "그들을 부르세요, 그리고 같이 기도합시다." 그는 그들을 불렀고, 대여섯 명이 각각의 자리로부터 모였습니다. 그들은 기도하고 있지는 않았었지만, 갑판 위로 나오라는 명령을 들은 지 얼마 되지 않아 달려 나왔습니다. 그는 위로 올라갔고 바람이 잔잔한 수면을 가르는 것을 볼 수 있었습니다. 몇 분 내에 돛이 바람을 가득 받았고, 세 시간이 지나기 전에 자연은 바람을 보내 주었습니다.*

나는 하나님의 사람들이 그들에게 갑자기 일어나는 상황들을 활용한다면 더 많은 기적이 일어날 수 있을 것이라고 확신합니다.

우리는 질병에 대해 예수님께서 보여주신 것과 동일한 접근 방법을 취합니다. 질병은 증오해야 하고, 꾸짖어야 하고, 쫓아내야 하고, 파괴해야 하는 것입니다. 질병과 질환 앞에서, 예수님은 언제나 승리자이셨습니다. 그분은 우리가 같은 특성을 갖기를 기대하십니다. 그분은 우리가 그의 이름을 사용함으로써 그분께서 우리에게 주신 권세를 사용하기를 기대하십니다. 그 이름은 우리의 대행권(power of attorney)입니다. 우리는 그분을 대신하여 이곳에 있습니다.

예수님에 대한 모든 것은 그리스도의 교회가 세상을 향해 반드시 그러하도록 그분이 목적하신 것입니다. 첫째, 그분은 그분의 육신의 성품을 통하여 세상을 축복하셨습니다. 둘째, 그분은 많은 지체로 구성되었으되, 하나님의 영으로 하나 된 육체적 몸을 세우셨습니다.

그분이 두 번째 몸인 교회를 세우셨을 때, 그분은 그것이 결코 첫 번째보다 더 적은 권세나 더 적은 능력을 갖도록 하지 않으셨습니다. 두 번째 몸인 교회를 향한 그분의 진짜 목적은 첫 번째가 했던 모든 것들을 실행하고 온전하게 이루는 것이었습니다.

초대 교회의 모든 학생들은 초대 교회 그리스도인과 현대 그리스도인의 영혼 사이의 차이를 즉시 식별합니다. 그 차이는 그리스도의 통치의 영(the spirit of Christ dominion)에 있습니다.

성령님은 초대 교회 교인들이 스스로 자신을 그리스도 안에서 지배자(master)로 보는 의식을 높이기 위해 그들의 영혼에 임하셨습니다. 그들이 죄를 파하면, 사라졌습니다. 그들은 마귀[귀신]들을 쫓았습니다. 그들의 본성으로부터 신성한 섬광이 귀신을 압도하여 쫓았습니다. 그들이 병든 자에게 손을 얹으면, 예수 그리스도의 강력한 영이 그 몸속으로 타올라 질병이 절멸되었습니다. 그들이 마귀를 꾸짖으려 명하면, 마귀는 도망갔습니다. 그들은 통치하는 주권자였으며, 두려움으로 작아지지 않고 믿음으로 극복하였습니다.

이 통치의 영이 그리스도의 교회에 회복될 때, 그것이 전 세계에 있는 하나님의 교회에 영광의 승리를 다시 가져다주고, 그들로 하여금 세상과 육신과 마귀의 종이 되는 대신 하나님의 도구가 되는 자리로 올려줄 것입니다. 그들은 초대 교회가 그랬던 것처럼, 구원하고, 병자를 치유하고, 마귀[귀신]을 쫓고, 예수님의 사역의 모든 과정을 수행하는데 있어 그리스도의 능력으로 사역할 것입니다.

　이 통치 의식은 베드로가 성전 미문 앞에서 앉은뱅이를 만났을 때 그의 영혼 안에 있었던 것이었습니다. 기도도 중보도 없었습니다. 그는 자신의 영혼 안에 있는 통치력을 실행했습니다. "내게 있는 이것을 네게 주노니"(행 3:6). 하나님의 능력의 신성한 섬광이 그의 영혼으로부터 나갔고 앉은뱅이는 일어나 걸었습니다. 기독교는 따분한 견해가 아닙니다. 그것은 하나님의 생각이 강력하고 굉장한 승리를 거둔 것입니다. 그것은 하나님께서 **지금** 자신을 지배자로 삼으신 것을 알게 될 때, 사람들이 각자 소유하는 축복된 승리입니다. 그렇습니다, 이는 사람의 영혼이 **영생**에 대해 더 크게 이해하는 의식(意識)입니다. 왜냐하면 어둠과 죄와 죽음의 세력은 예수 그리스도의 임재로 인해 그의 심령 안에서 정복되었기 때문입니다.*

하나님과 사람을 사랑하라고 주장하면서도, 어떻게 마귀가 사람의 생명과 건강을 훔치는 문제에 대해서는 답을 알면서 입을 다물고 방관하고 보고 있을 수 있습니까?

　여러분은 왕들이니, 왕처럼 말하십시오. "내가 진실로 너희에게 이르노니 누구든지 이 산더러 들리어 바다에 던져지라 하며 그 말하는 것이 이루어질 줄 믿고 마음에 의심하지 아니하면 그대로 되리라"(막 11:23). 당신은 이 능력을 취했습니까? 무엇이든 그가 **말한** 것을 갖게 될 것입니다. 그가 말하는 것은 그의 심령에 든 것을 나타냅니다. "이는 마음에 가득한 것을 입으로 말함이라"(마 12:34-37).

내 친구 중의 한 명인 베르뎅 델가티 목사는 이렇게 표현합니다. "당신은 문제를 의식합니까, 능력을 의식합니까?" 그리고서 그는 이런 예화를 들었습니다. 한 남자가 호숫가에서 하이킹을 하고 있었습니다. 날이 저물어가면서, 그는 멈춰서 목적지까지 얼마나 남았는지 물었습니다. 그는 호수 둘레의 길은 길고 험하다는 말을 들었습니다. 그러나 지름길로 갈 수 있었습니다. 얼음 위로 가로 질러 갈 수 있었던 것입니다. 그는 출발했습니다. 반쯤 건너자 얼음에서 종종 그렇듯이 소리가 났습니다. 그는 자신이 너무 무거워서 얼음이 깨지려고 한다고 생각했습니다. 그래서 그는 무게를 더 넓은 면적에 분산시키기 위해 팔다리를 할 수 있는 한 최대로 벌리고 얼음 위에 엎드렸습니다. 그리고 꿈틀거리면서 길을 갔습니다. 드디어 물가까지 두 걸음 정도만 남았습니다. 그는 한 번에 펄쩍 뛰어 물가에 닿았습니다. 그는 안도의 한숨을 내쉬었습니다. 그는 마침내 안전해졌습니다. 그리고 그가 뒤를 돌아보았더니, 말들이 통나무더미를 끌면서 얼음 위를 건너오고 있었습니다. 무엇이 차이를 만들었습니까? 통나무더미를 가져온 사람은 얼음 하부의 힘을 알고 있었습니다. "그의 영원하신 팔이 네 아래에 있도다"(신 33:27). 당신은 문제를 의식합니까, 능력을 의식합니까?

우리는 하나님 안으로 들어가야 합니다. 우리는 보좌를 올려다보는 대신 우리의 눈을 땅에 고정하고 코를 땅에 처박은 채, 궤도 안을 빙빙 돌아 왔습니다. 예수님은 하늘 하나님의 부활하시고 통치하시고 영광 받으신 아들이시며, 모든 능력과 권세를 가지신 분입니다. 그분은 사망과 음부의 열쇠를 가지셨습니다. 그분은 신성한 권세이시며 승리하시고 영원하신 하늘 하나님의 현현(顯現)입니다. 그리고 통치하시고 영광 받으신 그리스도와 당신은 하나이며, 함께 이 땅에서 하나님을 신성하게 나타냅니다. 보좌로 올라가십시오. 보좌의 생명과 보좌의 사랑과 보좌의 능력과 보좌의 영과 하늘의 성령님께서 당신을 사로잡도록 내어드리면, 당신은 이 세상에서 그리스도의 새로운 차원을 경험할 것입니다. 그리고 당신의 발걸음은 정복자의 행진이, 당신의 노래는 승리의 노래가, 당신의 관은 영광의 관이, 당신의 능력은 하나님의 능력이 될 것입니다.*

예수 그리스도 안에서 나는 통치하는 주권자입니다. 말씀이 "온전한 사랑이 두려움을 내쫓나니"(요일 4:18)라고 강조하여 말하는데, 내가 어떻게 두려움을 말할 수 있습니까? "여러분 안에 계신 분이 세상에 있는 사람보다 더 크십니다."(요일 4:4, 우리말성경).

그분 안에서 나는 통치하는 주권자입니다. 말씀이 "너희가 주 안에서와 그 힘의 능력으로 강건하여지고"(엡 6:10)라고 선포하는데, 내가 어떻게 약함을 말할 수 있습니까?

그분 안에서 나는 통치하는 주권자입니다. 말씀이 "그분[그리스도]으로 말미암아 우리가 이기는 자들보다 더 나으니라"(롬 8:37, 한글킹제임스)라고 말하는데, 내가 어떻게 패배를 말할 수 있습니까? "우리로 그리스도 안에서 항상 승리하게 하시는 하나님께 감사를 드립니다"(고후 2:14, 우리말성경).

그분 안에서 나는 통치하는 주권자입니다. 말씀이 아들이 우리를 자유롭게 했다고(요 8:36) 선포하는데, 내가 어떻게 속박을 말할 수 있습니까?

그분 안에서 나는 통치하는 주권자입니다. 성령께서 바울을 통하여 "나의 하나님이 그리스도 예수 안에서 영광 가운데 그 풍성한 대로 너희 모든 쓸 것을 채우시리라"(빌 4:19)라고 선포하는데, 내가 어떻게 부족함을 말할 수 있습니까?

나는 예수 안에서 통치하는 주권자입니다. 말씀이 "그가 채찍에 맞음으로 너희는 나음을 얻었나니"(벧전 2:24), "너희를 해칠 자가 결코 없으리라"(눅 10:19)라고 강조하며 말하는데, 내가 어떻게 질병을 말할 수 있습니까?

복음의 승리는 누구든지 가장 열광적인 부류의 열렬한 낙천주의자로 만들기에 충분합니다.

헌신 기도

나의 하나님 아버지, 예수의 이름으로 제가 당신께 나왔습니다. 저를 있는 그대로 받아 주옵소서. 저의 영과 혼과 육에서 제가 마땅히 되어야 할 바대로 저를 만드소서. 옳은 일을 할 수 있는 능력을 주시옵소서. 내가 어떤 회개할 것이나, 고백할 것이나, 회복되어야 할 잘못을 했다면 어떤 값을 치르더라도 하기 원합니다. 예수의 피로 저를 씻어 주셔서, 이제 당신의 자녀가 되고, 하나님의 영광에 이르는 온전한 영과 거룩한 생각과 질병 없는 몸으로 당신을 나타내게 하시옵소서. 아멘.

믿음의 말씀사 출판물

믿음의말씀사에서 발행되는 모든 도서는 본사에서 직영판매하며, 본사 대표전화 또는 홈페이지를 통해서만 구입이 가능합니다.
구입문의 : 031-8005-5483 / 5493   http://faithbook.kr

케네스 해긴의 「믿음 도서관」 책들   케네스 해긴 지음·김진호 옮김

- 믿는 자의 권세 (생애기념판) | 양장본 신국판 264p / 값 13,000원
- 당신이 알아야 하는 신유에 관한 일곱 가지 원리 | 국판 112p / 값 5,000원
- 기도의 기술 | 국판 208p / 값 7,000원
- 인간의 세 가지 본성 (증보판) | 국판 128p / 값 5,500원
- 어떻게 하나님의 영으로 인도받을 수 있는가? (생애기념판) | 국판 272p / 값 10,000원
- 믿음의 계단 | 국판 240p / 값 8,500원
- 마이더스 터치 | 국판 272p / 값 10,000원
- 당신을 향한 하나님의 계획 | 국판 256p / 값 8,500원
- 하나님 가족의 특권 | 국판 176p / 값 6,500원
- 나는 환상을 믿습니다 | 국판 208p / 값 7,000원
- 하나님의 계획과 목적과 추구 | 국판 224p / 값 8,000원
- 역사하는 기도 | 국판 256p / 값 9,000원
- 병을 고치는 하나님의 말씀 | 국판 184p / 값 7,000원
- 영적 성장 | 국판 192p / 값 7,000원
- 치유의 기름부음 | 국판 336p / 값 10,000원
- 크게 성장하는 믿음 | 국판 160p / 값 6,000원
- 신선한 기름부음 | 국판 176p / 값 7,000원
- 예수 열린 문 | 국판 216p / 값 8,000원
- 믿음이란 무엇인가 | 국판 64p / 값 2,500원
- 진짜 믿음 | 국판 56p / 값 2,000원
- 기름부음의 이해 | 국판 256p / 값 9,000원
- 그리스도께서 지금 하고 계시는 일 | 국판 64p / 값 2,500원

- 승리하는 교회 | 신국판 496 p / 값 15,000원
- 믿음의 양식 | 국판 384 p / 값 13,000원
- 조에 | 국판 96 p / 값 4,000원
- 그리스도의 선물 | 신국판 368 p / 값 12,000원
- 믿음이 흔들리고 패배한 것 같을 때 승리를 얻는 법 | 신국판 160 p / 값 7,000원
- 충분하고도 넘치는 하나님 엘 샤다이 | 국판 64 p / 값 2,500원
- 하나님의 말씀 : 모든 것을 고치는 치료제 | 국판 72p / 값 3,000원
- 믿음의 선한 싸움을 싸우는 법 | 국판 200 p / 값 7,000원
- 내주하시는 성령 임하시는 성령 | 국판 256 p / 값 9,000원
- 방언 | 신국판 384 p / 값 12,000원
- 그리스도 안에서 | 문고판 48p / 값 1,000원
- 새로운 탄생 | 문고판 48p / 값 1,000원
- 방언기도의 능력을 풀어 놓으라 | 문고판 64p / 값 1,200원
- 재정 분야의 순종 | 문고판 48p / 값 1,000원
- 말 | 문고판 48p / 값 1,000원
- 나는 지옥에 갔다 왔습니다 | 문고판 48p / 값 1,000원
- 하나님의 처방약 | 문고판 48p / 값 1,000원
- 더 좋은 언약 | 문고판 48p / 값 1,000원
- 옳은 사고방식 틀린 사고방식 | 문고판 64p / 값 1,200원
- 속량 - 가난, 질병, 영적 죽음에서 값 주고 되사다 | 문고판 64p / 값 1,200원
- 예수의 보배로운 피 | 문고판 48p / 값 1,000원
- 하나님을 탓하지 마십시오 | 문고판 48p / 값 1,000원
- 네 주장을 변론하라 | 문고판 48p / 값 1,000원
- 셀 모임에서 성령인도 받기 | 문고판 48p / 값 1,000원
- 네 염려를 주께 맡겨라 | 문고판 80p / 값 2,000원
- 성령을 받는 성경적인 방법 | 문고판 64p / 값 1,200원
- 안수 | 문고판 48p / 값 1,000원
- 치유를 유지하는 법 | 문고판 48p / 값 1,000원
- 사랑은 결코 실패하지 않습니다 | 문고판 48p / 값 1,000원

기타 「믿음의 말씀」 설교자의 책들

- 성령의 삶 능력의 삶 | 데이브 로버슨 지음 · 김진호 옮김 / 신국판 480p / 값 13,000원
- 왕과 제사장 | 김진호 지음 / 국판 136p / 값 6,500원
- 새로운 피조물의 실재 | 김진호 지음 / 국판 256p / 값 9,000원
- 믿음의 반석 | 최순애 지음 / 국판 352p / 값 12,000원
- 새 언약의 기도 | 최순애 지음 / 신국판 192p / 값 8,000원
- 위글스워스 : 하나님과 함께 동행했던 사람 | 조지 스토몬트 지음 · 김진호 옮김 / 국판 192p / 값 7,000원
- 위글스워스 : 하나님의 능력으로 불타오른 삶 | 윌리엄 하킹 지음 · 김진호 옮김 / 국판 104p / 값 5,000원
- 승리하는 믿음 | 스미스 위글스워스 지음 · 김진호 옮김 / 46판 112p / 값 4,000원
- 스미스 위글스워스의 천국 | 스미스 위글스워스 지음 · 박미가 옮김 / 신국판 320 p / 값 11,000원
- 스미스 위글스워스의 매일묵상 | 스미스 위글스워스 지음 · 박미가 옮김 / 신국판 600 p / 값 20,000원
- 위글스워스는 이렇게 했다 | 피터 J. 매든 지음 · 박미가 옮김 / 국판 272p / 값 9,000원
- 스미스 위글스워스의 능력의 비밀 | 피터 J. 매든 지음 · 박미가 옮김 / 국판 200p / 값 7,000원
- 행동하는 신자들 | T. L. 오스본 지음 · 김진호 옮김 / 46판 112p / 값 4,000원
- 기적 - 하나님 사랑의 증거 | T.L. 오스본 지음 · 김진호 옮김 / 46판 144p / 값 4,500원
- 새롭게 시작하는 기적 인생 | T. L. 오스본/라도나 오스본 지음 · 박미가 옮김 / 46판 288p / 값 8,000원
- 좋은 인생 | T. L. 오스본 지음 · 박미가 옮김 / 신국판 416p / 값 13,000원
- 성경적인 치유 | T.L. 오스본 지음 · 김진호 옮김 / 국판 272p / 값 10,000원
- 능력으로 역사하는 메시지 | T.L. 오스본 지음 · 김주성 옮김 / 신국판 368p / 값 12,000원
- 100개의 신유 진리 | T.L. 오스본 지음 · 김진호 옮김 / 문고판 48p / 값 1,000원
- 하나님의 큰 그림 | 라도나 C. 오스본 지음 · 문지숙 옮김 / 46판 160p / 값 5,500원
- 믿음의 말씀 고백 기도집 | 잔 오스틴 지음 · 김진호 옮김 / 46판 160p
- 하나님의 사랑의 흐름 | 잔 오스틴 지음 · 김진호 옮김 / 46판 48p
- 견고한 진 무너뜨리기 | 잔 오스틴 지음 · 김진호 옮김 / 46판 48p
- 초자연적인 흐름을 따르는 법 | 잔 오스틴 지음 · 김진호 옮김 / 46판 96p
- 당신의 운명을 바꿀 수 있습니다 | 잔 오스틴 지음 · 김진호 옮김 / 46판 96p
- 복을 취하는 법 | R.R.쏘아레스 지음 · 김진호 옮김 / 국판 128p / 값 5,500원
- 주는 자에게 복이 되는 선물 | R.R.쏘아레스 지음 · 김병수 옮김 / 국판 160p / 값 6,000원

- 믿음으로 사는 삶 | 코넬리아 나줌 지음 · 신현호 옮김 · 김진호 추천 / 46판 176p / 값 6,000원
- 그리스도 안에 있는 나를 인정하기 | 마크 행킨스 지음 · 김진호 옮김 / 문고판 48p / 값 1,000원
- 여기서 머물지 말라 | 크리스 오야킬로메 지음 · 김진호 옮김 / 46판 72p / 값 2,500원
- 방언기도학교 31일 | 크리스/애니타 오야킬로메 지음 · 이종훈/김인자 옮김 / 46판 80p / 값 2,500원
- 이제 당신이 거듭났으니 | 크리스 오야킬로메 지음 · 김진호 옮김 / 문고판 64p / 값 1,500원
- 당신의 인생을 재창조하라 | 크리스 오야킬로메 지음 · Paula Kim 옮김 / 국판 48p / 값 2,000원
- 이 마차에 함께 타라 | 크리스 오야킬로메 지음 · Paula Kim 옮김 / 국판 128p / 값 5,000원
- 붉은 줄의 기적 | 리차드 부크 지음 · 황성하 옮김 / 국판 288p / 값 10,000원
- 당신은 이미 가졌습니다 | 앤드류 워맥 지음 · 두영규 옮김 / 국판 320p / 값 11,000원
- 당신이 말한 대로 얻게 됩니다 | 돈 고셋 지음 · 전진주 옮김 / 국판 288p / 값 10,000원
- 예수 - 치유의 길 건강의 능력 | 윌포드 H. 리트 지음 · 김진호 옮김 / 국판 304p / 값 11,000원

예닮 선교 센터
Word of Faith Mission Center

예닮교회
- MISSION – 선교하라고 복 주신 교회
- WORD – 믿음의 말씀을 전파하는 교회
- SPIRIT – 표적과 기사가 함께하는 교회

목회자 컨퍼런스
믿음의 말씀 네트워크 목회자 대상

국제 기독 학교
New Creation International School, 미국 중고등학교 과정 홈스쿨링

예수선교사관학교
새로운 피조물의 계시를 바탕으로, '믿음의 말씀' 과 '성령의 능력' 으로 구비된 하나님 군대의 장교를 배출하는 사역자 훈련학교
• 홈페이지 : www.ejma.co.kr • 전화 : 031) 8005-8482

믿음의 말씀사
케네스 해긴, T.L. 오스본, 스미스 위글스워스 등 믿음의 말씀 계열 고전 및 대표 서적을 번역·출간하는 전문 출판사
• 홈페이지 : http://faithbook.kr • 전화 : 031) 8005-5483 / 5493

예닮선교센터
Word of Faith Mission Center

경기도 용인시 기흥구 마북동 323-4
Tel : 031) 8005-8894~6
www.jesuslike.org

예수 선교 사관학교
Jesus Mission Academy

당신을 향한 하나님의 계획을 찾아 이루고 싶으십니까?

예수 선교 사관학교는 당신을 위한 훈련소입니다!
예수 선교 사관학교는 '믿음의 말씀'과 '성령의 능력'으로 구비된 하나님 군대의 장교를 배출하는 사역자 훈련 학교입니다.

- 새로운 피조물 – 새 언약의 비밀인 새로운 피조물에 대한 분명한 계시
- 믿음의 말씀 – 말씀이 실재가 되는 능력 있는 그리스도인의 삶

■ 강의 진행
수업 연한 : 1년 (학기제 운영, 매년 연말 입학 지원)
수업 내용 : "믿음의 말씀"에 관한 핵심 이론

■ 모집 대상

모집구분	월요 정규반	온라인 e-JMA
수업방식	매주 월요일(9:30-17:30 종일반) 용인 예닮선교센터에 **직접 출석**	인터넷 eJMA 사이트를 통하여 **온라인 수강**
대 상	믿음의 말씀으로 훈련 받기 원하는 **현직 목회자 및 사역 헌신자**	믿음의 말씀을 배우기 원하는 자
입학전형	서류전형 및 필기, 면접 시험	서류전형만 시행

* 1개 반에만 선택하여 지원할 수 있으며, 입학 후에는 다른 반으로 이동이 불가합니다.

예수선교사관학교
Jesus Mission Academy

경기도 용인시 기흥구 마북동 323-4
Tel : (031) 8005-8482
www.ejma.co.kr